湖南省哲学社会科学基金重点项目"周敦颐理学思想研究"（22ZDB084）。

湖南省"十四五"教育科学研究重点培育基地"湖南省终身教育研究基地"（基本理论方向）。

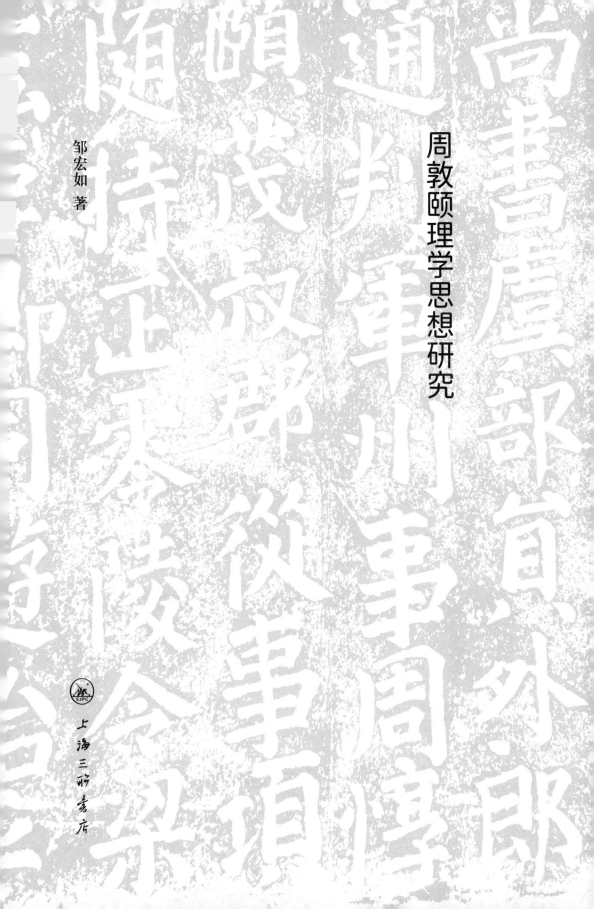

邹宏如 著

周敦颐理学思想研究

上海三联书店

总　序

　　《周敦颐理学研究丛书》的选题范围定位为周敦颐及儒家理学研究。

　　周敦颐的理学思想，主要体现在《太极图说》和《通书》两部著作中，可以视为一个比较核心的系列。其中《通书》初名《易通》，全称当作《易通书》，通论《易经》六十四卦，而合并为四十章，又糅合《中庸》之"诚"，形成一种《易》《庸》之学。而《太极图说》的主体应当是《太极图》，其《说》匹配其《图》，体例上属于上古图文之学，与《河图》《洛书》同一渊源。但《太极图》流传至今，受到雕版的限制，图形多有差异，宋本《太极图》的图形大约有两种类型，各有错讹，均不完备。而对于《太极图》的授受以及"无极"概念是否成立，南宋已有朱子与陆子的激烈辩论。自朱子、张栻以下历元、明、清、民国，对《太极图说》的注解极多，已构成一个专题系列。《太极图说》言"无极而太极""太极本无极"，就其独到价值而言，应当称为"无极图说"，"太极"是《易传》原有概念，"无极"才是周敦颐的独创，"无极"与"太极"的形上思辨应当是中古时期中国哲学的最大问题。

　　周敦颐的相关文献，有《濂溪集》《濂溪志》《濂洛关闽书》《近思录》《性理大全》等，并各自构成一个专题系列。《濂溪集》以及《周子书》分在集部和子部，理学部分则大致相同，宋、明、清时期多有编纂刊刻，近年已有影印集成。《濂溪志》是志书体的周敦颐专志，包括周敦颐的理学著作以及以濂溪祠、濂溪书院为中心的诰命、碑记和纪咏，明、清两代刊刻亦夥。《濂洛关闽书》及《宋四子抄释》是周敦颐、二程、张载、朱子著作选编的合集，而得名则受朱子所编《伊洛渊源录》的影响，这类文献也已构成了一个专题系列。《近思录》出于朱子与吕祖谦之手，卷一收录《太极图说》全文，此书传播极广，学子几于人手一册，而《太极图说》亦借以传播推广。《性理大全》为明儒奉敕官修，清代又有御纂《性理精义》，卷一均首录《太极图说》全文。朱子门人陈淳纂《性理字义》，蔡渊、黄榦弟子熊刚大纂《性理群书》，"性理"之名由是而起，明、清两代由于科举的推动，"性理"类读本层出不穷，推动了理学思想的社会普及，近年性理文献也有影印出版。此外，元儒、清儒都编有《濂洛风雅》，汇集理学家的诗作，可以视为理学诗的合集。周子后裔又汇编纪咏诗文为《濂溪遗芳集》，而在各种《周氏家谱》中也往往收录周敦颐的主要著作，可以视为《濂溪集》的别本。

《宋史·道学传》《宋元学案·濂溪学案》等书阐释了周敦颐在中国儒学史上的地位。周敦颐的思想学说经过朱子等人的阐发，再经史馆官修《宋史》的肯定，确定为理学的开山人物，居于濂洛关闽之首，"周程张朱"遂成为理学的正脉。而两宋理学与晚周时期的"孔曾思孟"同条共贯，与老庄道家之类同时并流，诸子十家均以唐虞三代"姚姒子姬"为总源。"姚姒子姬"是中国学术传统的经学、王官学形态，"孔曾思孟"是中国学术传统的诸子儒家形态，"周程张朱"是中国学术传统的理学、道学形态。"姚姒子姬"是中国学术传统的开端，"孔曾思孟"是中国学术传统的上古中兴，"周程张朱"是中国学术传统的中古中兴。中国学术传统上下绵历四五千年，屡踬屡起而不绝，其大纲谱系称为"道统",其详见于《伊洛渊源录》《道命录》《道南录》各书。

东亚各国,同文同伦。近数百年以来,理学在古代韩国、日本、琉球、越南的影响极大,古代韩国有《圣学十图》,以周敦颐《太极图》为"第一太极图",又有《太极问辩》、《太极书撰集辩诬录》,古代日本有各种《太极图述》《太极图说钞》《太极图说解》《太极图说谚解》《太极图说十论》以及多种《太极图》《通书》和《近思录》讲义。理学在时间上有纵向的展开,在空间上又有横向的展开。

理学、道学,义蕴弘深。"理学"又称"道学",又称"性理学"。推崇"理"而不推崇"欲",故名"理学"。推崇"道"而不推崇"物",故名"道学"。《书经》《道经》《论语》《荀子》四种文献俱载尧舜禹三圣心传"人心惟危,道心惟微;惟精惟一,允执厥中"十六字,前两句揭示"人心""道心"的难题,后两句指出"精一""执中"的对策,花开两朵,各表一枝,一面开出后世"道学"的源流,一面开出后世"心学"的源流。秦汉以后,汉学、宋学、理学、道学、心学,乃至实学、考据学,无一不在"道心""人心"的总纲上延展表现。

理学、道学自有其历史使命与当下意义。宋儒认为"人欲横流"是社会文明的大敌,"人于天理昏者,是只为嗜欲乱着他"。理学的精神宗旨萃集于《四书》,而其悲悯蒿目全在《乐记》一篇,所谓"夫物之感人无穷,而人之好恶无节,则是物至而人化〔于〕物也。人化〔于〕物也者,灭天理而穷人欲者也",恰似预言今日人欲横流之困局。

周敦颐(1017—1073),字茂叔,号濂溪,谥元,学者尊称濂溪先生、周濂溪、周元公、周子。北宋中期真宗、仁宗、英宗、神宗时期在世,曾任湖南郴县知县、桂阳知县及郴州知军,故有"三仕郴阳"之说。又在郴州授学二程兄弟,传《太极图》。为此,湘南学院于2022年6月成立周敦颐研究院,12月周敦颐纪念馆建成开放，2023 年获批湖南省社科研究基地，今年又有组织出版《周敦颐理学研究丛书》之举。

周敦颐的理学著作言简意赅，《太极图说》249 字，《通书》2832 字，其他如《爱莲说》119 字，《拙赋》65 字。学者阐发其哲学思想，或揭示其存世文献，不甚容易，非在义理上不厌其精、反复研磨，在文献上尽量扩充、不遗一言不可。

以"周敦颐理学"为主题的学术丛书是海内首次编纂出版。本丛书在已出著作的铨衡厘正方面，未出著作的选题推荐方面，均望得到学界同仁的关注和支持。

张京华

2024 年 3 月写于湘南学院

目 录

绪　言

一

周敦颐的生平事迹，从其籍贯、历官等方面看，是比较充实的，也是比较寻常的。

周敦颐（1017—1073），字茂叔，号濂溪，谥元，学者尊称濂溪先生、周濂溪、周元公、周子。本名惇实，生前避宋英宗旧名赵宗实之讳改为惇颐，卒后又避讳宋光宗赵惇之讳改为敦颐，宋以后当改回而未改，遂约定成俗。

周敦颐生于宋真宗天禧元年（1017），卒于宋神宗熙宁六年（1073），享年五十七。

他于北宋中期真宗、仁宗、英宗、神宗四朝在世。

天圣九年，十五岁，自营道入京师，依舅氏龙图阁直学士郑向。

景祐三年，二十岁，荫举，试将作监主簿。

康定元年，二十四岁，为洪州分宁县主簿。

庆历四年，二十八岁，为南安军司理参军。

庆历六年，三十岁，为郴县令。

皇祐二年，三十四岁，为桂阳令。

至和元年，三十八岁，为南昌县令。

嘉祐元年，四十岁，为合州通判。

嘉祐六年，四十五岁，为虔州通判。

治平元年，四十八岁，为永州通判。

治平四年，五十一岁，摄邵州知州。

熙宁元年，五十二岁，为郴州军知军，升广南东路转运判官。

熙宁三年，五十四岁，为广南东路提点刑狱。

熙宁四年，五十五岁，为南康军知军，未几，分司南京（应天府，今河南商丘）。

周敦颐是湖南永州道县楼田村人，宋代为荆湖南路道州营道县营乐乡钟贵里 ① 濂溪保 ②。

但历史对周敦颐的评价，则有"挺生舂陵"、"崛起南服"的称誉。这是说周敦颐对中古以来近一千年中华文明乃至东亚文明的思想贡献，远远超过了他的生活实际。

二

在实事求是的前提下，我们能给周敦颐最高作出什么样的评价？

我们可以说周敦颐是哲学家、思想家，这可以成立。我们还可以说周敦颐

---

① 朱熹记为"钟贵里"，张栻记为"钟乐里"，度正记为"钟荣里"。
② 濂溪保一作楼田保。一说"保"当作"堡"，但南宋龚维蕃《重建先生祠记》、赵桸夫《濂溪小学记》、邹尊《游濂溪辞并序》、魏了翁《长沙县四先生词堂记》均作"保"。

是文学家、文学理论家，因为他不仅有《爱莲说》等若干诗文，还提出了"文以载道"的命题，所以也可以成立。我们还可以说周敦颐是教育家，因为程颢、程颐兄弟二人"受学"于他，在"知道"方面传授了《太极图》，在义理方面传授了"孔颜之乐"，所以可以成立。我们还可以宽泛地说周敦颐是儒家、理学家、易学家，进而说他是理学开山鼻祖，以及湖湘学派的开山鼻祖，诸如此类的辞条式的评定都可以成立。

但周敦颐还另外有其不可或缺的独特价值。

朱熹为周敦颐作《像赞》说："道丧千载，圣远言湮。不有先觉，孰开后人。"我们说孔子是"先师"，是最早开辟了教师职业的那个人；而"学，觉悟也"，学习的总体明白是获得觉悟，而周敦颐就是一个率先觉悟的"先觉"。是什么样的觉悟呢？是"道丧千载"之后的觉悟，这句话的分量最重，整部中华文明史能承担此语的只有十几人。

《宋史·道学传序》说："孔子没，曾子独得其传，传之子思，以及孟子，孟子没而无传……千有余载，至宋中叶，周敦颐出于舂陵，乃得圣贤不传之学。"这里具体说到"千有余载"是从战国中期直至北宋中期，从孟子卒到周子生是 1306 年。

贺瑞麟《周子全书序》说："汉四百年得一董子，唐三百年得一韩子，皆不足与传斯道。"这里从反面衬托的角度评价，说周敦颐把汉唐的董仲舒、韩昌黎都淘汰了。具体怎么淘汰的，可看《朱子语类》评论战国汉唐诸子的部分。

黄百家《宋元学案》说："汉儒止有传经之学……若论阐发心性义理之精微，端数元公之破暗也。""破暗"是一个形容词，理学家的正式称谓是"醇儒"。理学家将学者分为两类，圣人与贤人。圣人是开创者，贤人是传承者。圣人何以为圣人？就在于"醇儒"。醇儒何以为醇儒？就在于持久而不偏，依循数百年仍可信赖。

曾国藩《湖南文征序》说，屈原"为后世言情韵者所祖"，周子"为后世言义理者所祖"，百代逸才举莫能越其范围。这既是从全国说的，也是从湖南说的。其后叶德辉说："湘学肇于鬻熊，成于三闾；宋则濂溪为道学之宗，明则船山抱高蹈之节。"讲到"湘学"，只将鬻熊、屈原、周敦颐、王夫之四人并称。钱基博《近百年湖南学风》也将屈原、周敦颐二人并称，说二人"一为文学之鼻祖，一为理学之开山"。

阳明弟子刘魁《谒濂溪先生祠二首》诗云："孔孟以来惟此老，程朱之上更何人。"王闿运作楹联云："吾道南来原是濂溪一脉，大江东去无非湘水馀波。"虽然是辞藻诗料，也都极尽形容。

至于古代朝鲜学者称周敦颐为"中兴道学之祖"、"易学中兴之祖"，古代日本学者称周敦颐为"濂溪翁"、"周老师"，分量极重，情感亲近，也是绝无仅有。

三

湘南学院借助周敦颐"三仕郴阳"的地缘，于 2022 年成立周敦颐研究院，本书是周敦颐研究院成立之后承担的第一个研究课题。我们将课题定名为"周敦颐理学思想研究"，这有三个维度：第一是哲学的维度，第二是历史的维度，第三是文献的维度。为此，我们将全书设计为五个部分依次展开。

第一部分：周敦颐理学思想——以《太极图说》为中心的研究

第一章周子、朱子、宋儒《太极图说》的义理研究

客观题：叙述周敦颐、朱熹、张栻、吕祖谦的《太极图》思想，以及朱陆之辨，顺带梳理元明清时期的《太极图》思想，可以视为一个《太极图》

简史。

主观题：宋代理学之所以成立是因为有《太极图》，对《太极图》的理学意义作出简短评价。

第二章宋元明清《太极图说》的图文研究

客观题：对宋、元、明、清《太极图说》的沿革作出叙述，图文相兼。

主观题：尝试揭示《太极图》的"图文学"意义。

第二部分：周敦颐理学思想——以《通书》为中心的研究

第三章《通书》与《易经》的承接关系研究

客观题：《通书》在图书分类上属于《易经》系统，比较二书的名词概念和结构，可以列表。

主观题：论述《通书》及《太极图说》对《易经》的发展，诸如加入"诚"、"无极"等概念。

第四章宋元明清《通书》的思想史研究

客观题：对宋、元、明、清时期《通书》注解的梳理。

主观题：尝试作出简短的评价。

第三部分：周敦颐理学谱系研究——以《宋史·道学传》《濂洛关闽书》《近思录》《性理大全》为中心的研究

第五章以《宋史·道学传》为中心的研究

客观题：叙述《宋史·道学传》的立传过程、文本结构、主要观点；叙述以朱子为首的历代学者对《宋史·道学传》的评论。

主观题：作出简短的评论。

第六章以《濂洛关闽书》为中心的研究

客观题：叙述《濂洛关闽书》的成书过程、用意和内容；叙述明清儒家对"濂洛关闽"的正统、道统的建构。

主观题：作出简短的评论。

第七章以《近思录》为中心的研究

客观题：叙述《近思录》的成书过程、用意和内容，叙述《近思录》的影响、版本（不包括海外）。

主观题：作出简短的评论。

第八章以《性理大全》为中心的研究

客观题：叙述"性理"概念的渊源、性理书的范围、性理的含义（以宋代陈淳《性理字义》、熊节与熊刚大《性理群书》、程端蒙与程若庸《性理字训》为首）；叙述明清"性理"类图书的版本（以明代《性理大全》、清代《性理精义》为主，可列表）。

主观题：作出简短的评论。

（周敦颐提出"文以载道"的重要命题，元金履祥编《濂洛风雅》六卷，清张伯行编《濂洛风雅》九卷，古代朝鲜黄泌秀编《增删濂洛风雅》四卷，形成"濂洛风雅"一系，本书限于"理学思想研究"的主题，暂不涉及。）

第四部分：周敦颐理学思想的海外传播研究

第九章韩日《太极图说》《圣学十图》的传播学研究

客观题：李滉《圣学十图·第一太极图》的成书过程；韩国、日本《圣学十图》的版本

主观题：作出简短的评论。

第十章欧美《太极图说》《通书》的传播学研究

客观题：客观叙述，尽量详细叙述《太极图说》《通书》在欧美的传播过程，可以引用满文、西文举例分析语言翻译中的问题。

主观题：作出简短的评论。

第十一章韩日《近思录》研究

客观题：叙述韩国、日本的《近思录》版本（可列表）；叙述韩国、日本对《近思录》的新解。

主观题：作出简短的评论。

第五部分：周敦颐理学思想的理论价值和现代转换研究

第十二章周敦颐理学思想的理论价值

分层、递进论述优秀传统文化的重要性、儒家思想的重要性、宋明理学的重要性、周敦颐作为理学开山的重要性。

第十三章周敦颐理学思想的现代转换

论述以周敦颐为代表的宋明理学的"两个结合"、"第二个结合"意义。

迄今学术界还没有以"周敦颐理学思想"为主题的研究著作问世，本书的定位，是希望对"周敦颐理学思想"这一主题做出一个宏观的全面的阐释。

四

2016年5月17日，习近平总书记在哲学社会科学工作座谈会上的重要讲话中引用恩格斯的话说："一个民族要想站在科学的最高峰，就一刻也不能没有理论思维。"无论是在国家治理，还是在民族振兴，或者在学科建设上，哲学家、思想家所起到的作用都是不可替代的。

在科学研究上，有人将复杂性视为第一性原理，有人将简单性视为第一性原理。中国学术思想上也有第一性原理，就是《易经》所揭示的"生生"。无论环境如何变幻，无论大数据、人工智能如何发展，无论人文学科如何远离市场价值，人类文明都将继续秉承"生生"的原则，即一切从自己的生活、自己的感受以及自己的身心痛苦出发，并且生而又生，往复不已，整个人类如此，每一个人也都如此，无可替代。而有"生生"的地方就一定有哲学。人类文明的一面是物质与科技，而另一面就是信仰与哲学。

道不可离，可离非道也。同样，"生生"也不可替代，可以替代的则不是"生生"。在"生生"的第一性原理下，过去和未来势必连成一气，古典文明终将获得最高的价值。

五

《宋史·道学传序》说："'道学'之名，古无是也。三代盛时……四方百姓日用是道而不知。"西洋概念"philosophy"意译为"爱智慧"，经日本汉学家尝试以"哲学"对译，而得到学界的普遍接受。我们也可以说，"philosophy"古无是也，但是中文"哲"字的本义即是睿智。所以，无论中国哲学的框架如何构建，我们认为，中国哲学都是可以成立的。

《尚书·大禹谟》的十六字心传"人心惟危，道心惟微；惟精惟一，允执厥中"，一方面开出"道心"，一方面开出"人心"，道家与儒家，理学与心学，都从这里接续。"道心"与"人心"为一大张力，为哲学最大范畴，为哲学基本问题，为哲学一大主线，亦为哲学一大难题。所以，"十六字心传"的最初命题，即是中国哲学的最早定义与中国哲学的最初开端，而理学以《易经》《太极图》为奠基，推崇形而上学，所以理学无可争议当属现代哲学学科范畴，不可真以为"白马非马"而误弃明珠。

理学就是哲学。理学承接"十六字心传"以来的哲学遗产，包含着非常丰富、非常多样的专有术语。这些名词概念有形而上的抽象层面，如道、德、理、心、性、天、命、气、诚；也有形而下的具象层面，如阴阳、五行、刚柔、善恶、中庸、同和。这些概念大多可以互补和接续，而不构成矛盾与悖谬，因此形成了一个共同的"概念共同体"。

就形而上的层面而言，道、德、理、心、性、天、命、气、诚，甚至道家的无为、佛教的禅定，本质上都属于同一层面，即哲学上的绝对性。因为"道"是最具有共性的概念，所以也可以说，其他这些概念都只是"道"的别称。理一分殊、月印万川，是这个"概念共同体"的最大特征。

这个哲学的"概念共同体"，基于汉语象形文字，而超越了儒释道的家派限制，是汉文化的核心内容。它横看成岭，侧看成峰，辗转取譬，反复晓谕，恰如层层剥笋，渐入佳境。中国哲学概念、范畴的细密性，超过世界任何哲学流派。从宋人《性理字义》《性理群书》《性理字训》，到清代戴震《孟子字义疏证》、王建衡《性理辨义》等，形成了哲学概念、哲学范畴的专门史。

强调"道"就称为"道学"，强调"理"就称为"理学"，强调"心"就称为"心学"。道学未尝不言理，理学未尝不尊道，实质相同，名称则各有侧重。

六

"道"

在"道、德、理、心、性"等形上概念中，"道"是最基本的总持的概念，也是最本体的概念。

"道"是中国哲学的最高范畴；宇宙的起源、天地万物存在的总原理；"道"就是存在（Being）；万物皆体道载道，"道"譬如北极，万物譬如群星。

"道"字的本义是道路，即天体运行的轨道，譬如北斗。所以"道"既有抽象概念的"原理"义，也有具象概念的"规则"义；换言之，"道"既体现本质，也涵盖现象。哲学的原理与现实的规则二者结合，才是完整的"道"。

"道"是唐虞夏商周时期经常使用的概念，是诸子百家以前的始祖性、共同性的哲学遗产。到了晚周，既为道家所发挥（老子著《道德经》），又为儒家所继承（孔子删定《六经》），是道家与儒家的共同概念。但道家之道通常称为"道家"，儒家之道通常称为"道学"。

"道"是绝对的、唯一的，世界上只有一个"道"，所有其他哲学概念都是"道"的化身和变相，犹如"子夏、子游、子张皆有圣人之一体"。

"道德"

"道""德"二字连写，表达体用关系。"道者，德之体；德者，道之用。""道"为本体，"德"为作用；"道"是发出，"德"是获得。古人说："德者道之功"，"德者道之见"，"德者道之舍"，"德者道之泽"。

"道"可以拟人化，虚拟出一位宇宙的主宰，称之为"上天"、"上帝"、"真宰"、"大冶"、"造化"，但在哲学上，"道"就是宇宙存在本身，因此称之为"自然"。而在宇宙创造、物质创造、生命创造的过程中，"道"最重要的性质就是无私。天覆地载，万物并育，然而"天无私覆，地无私载，日月无私照"。"道"生成了所有的存在，而完全不求回报，此之谓"三无私"。无私的最高境界是无名；换言之，有名就已不是"道"。

"德"是天地万物由"道"而获得存在、获得生命、进而获得生命的快乐。"德者，得也。""物得之以生，谓之德。""德"是天地赋予万物以生命，换言之，是万物从天地获得生命的禀赋。（"德"字直译为"天道的禀赋"、"天地的禀赋"、"天然的禀赋"。）

世界上只有一个"道"，就是天道，所以"道"只是"天道"的省称。人类的行为包含在天道之内，所以，人类不能在天道之外另有人类之道，从哲学上说，"人道"是伪名。但是人类可以模仿天道，也应当模仿天道；人类甚至可以"替天行道"，可以在天地之间建立一个相对独立的世界，因此称之为"参天地"（叁天地），即与天地鼎足为三，以此"赞天地之化育"。

世界上也只有一个"德"，就是"天之德"、"道之德"，"德"是"天德""道德"的省称。人类只能模仿天德，也应当模仿天德，亦即在我们个人有资格拥有生存资源的时候而将资源让给别人。"德"的定义就是：自己一方将资源让给别人，而使别人一方获得，则自己一方被称为有德，即"外得于人，内得于己"。简单陈述，人类之德就是"让他人获得"。"德"是获得，关键是谁使谁获得。最大的"道"是天地的道路，最大的"德"是天地的生养。哲学上说，人类中的任何个人都不拥有禀赋生命的能力，因此也不具备任何之德，人类可行的只是模仿天德（否则即成为"贪天之功"）。而人类之德的最高境界仍然是无名，有名即已无德。

有德者不开慈善大会，没有捐赠仪式。如果自己一方在慈善、捐赠中收获了名誉，就已不是"让他人获得"，而是资源的交易。在此意义上，"谦让"是人类之德中最直接的德行，也是中国哲学的名词术语。"谦"是《易经》六十四卦之一，泰伯"三让天下"居于《史记》三十世家之首，伯夷、叔齐"让国"居于《史记》七十列传之首。

"道理"

"道"是最大的哲学概念。"道"是天道，涵盖了人文在内。

"理"的概念，是强调天道中具有规则性、正义性、逻辑性的一面。

"理"的本义是治玉，指事物的纹理、肌理、腠理、条理，引申为规则、秩序、原理、理性、理智、义理、实理、真理、公理。《管子》说："夫玉，温润以泽，仁也；邻以理者，智也。"

"道"是宇宙天地万物的全称，"理"指"道"所具有的理性、公正、法则的一面。《管子》说："行天道，出公理，则远者自亲；废天道，行私为，则子母相怨。故曰：天道之极，远者自亲；人事之起，近亲造怨。"

"天"、"帝"、"鬼神"

关于"道"的性质，则有"天"、"帝"、"鬼神"、"乾"等等之名，实则都是"道"的一个侧面。

总体言之，则谓之"道"；"分而言之，则以形体谓之天，以主宰谓之帝，以功用谓之鬼神，以妙用谓之神，以性情谓之乾"（程颐语）。

"天"是会意字，字形突出头顶，意为至高无上。在哲学概念上，"天"具有"道"的意义，但比较强调自然的、实体的、物理的上天的含义。

"帝"是象形字，象花蒂的全形，通假为帝君，意为王天下者。在哲学概念上，"天"同样具有"道"的意义，但比较强调拟人的主宰者的含义。

"鬼"字的本义是"归"，"魂气归于天，形魄归于地"，古人的这一理解是比较近于物理的、理性的。人在死后复归于黄壤、复归于自然，所以有"视死如归"一语。但"鬼"这一概念同时也肯定了"鬼"的存在，"鬼"是"道"的正常功能，所以说"以功用谓之鬼"。

"神"字从"申"，本义是"伸"，即延伸。古人认为"道"的功能可以延伸到人类的感官以外，因为感觉不到，不可思议，不可企及，所以称之为微妙。"以妙用谓之神"，"神"就是"道"超出人类感官之外的大自然的奇妙能力。

"心"

"心"是独体象形字，意为"心包络"。"心"作为器官。"官"即管，古有五官之说。五官即五种天然的感觉器官，各自管辖一种感觉。"官之为言司也。耳司听，目司视，各有所职。"《荀子》说："耳、目、鼻、口、形能，各有接而不相能也，夫是之谓天官。"耳朵管辖听觉，眼睛管辖视觉，鼻子管辖嗅觉，口舌管辖味觉，身体管辖触觉。心也是感觉器官，但具有特殊性。其一，"心之官则思"，"心则能思，而以思为职"，意即心是思想的器官，具有思想的功能。其二,五官的感觉最终需要回到心上来感知。朱子说:"心"字只一个字母,故"性"、"情"字皆从"心"。……古人制字,亦先制得"心"字,"性"与"情"皆从"心"。

"心"是人对事物的感觉和意识,也是人的思想和主宰,所以"心"就是人的主体性、主动性。朱子说:"心,主宰之谓也。""心是神明之舍,为一身之主宰。"心是道理在人的思想中的映射。言"道"言"理",是更加强调道理的客观性、不可干预性;言"心"不言"道"不言"理",是比较强调人类主体的自觉性、主动性。西哲言"我思故我在"、"存在就是被感知",一切物体的存在都离不开能感知它们的心灵。

"心"是主宰、裁断。孟子说:"仁义礼智根于心。"张载说:"心,统性情者也。"朱子说:"心者,性情之主。""心即管摄性情者也。"心出于性,导出情;心不能主宰性,但情的发生确实必须经过心的裁断。

在大部分状态下"心"都不是纯粹的,所以有恻隐之心、羞恶之心、恭敬之心、是非之心(孟子之四端)、肃敬之心、恻怛之心、凄怆之心、怵惕之心、忠信诚悫之心、不忍人之心,也有悖逆诈伪之心、非辟之心、穿逾之心、害人之心、祸人之心、禽兽之心。所以孟子主张"养心"、"正人心"、提嘶人心,认为"养心莫善于寡欲"。

"心有善恶,性无不善。""心是动底物事,自然有善恶。""操则存,舍则亡,出入无时,莫知其乡(向),惟心之谓与?"所以有修养、学习、觉悟等等人文制度的安排。阳明说:"无善无恶心之体,有善有恶意之动,知善知恶是良知,为善去恶是格物。"

"心"出于道,出于理。所以又有道心、天心、天地之心、上帝之心。《尚书·大禹谟》说"人心惟危,道心惟微","道心"犹言道之性、天之性。"仁者,天地生物之心",是指天地、自然的性质。在天地、天道的层面上说,

"心"不是思之官，也不涉及善恶。

"性"

"性"是生命。"生"字与"性"字是同一个字。"生之谓性"；"性者，生也"；"性者，生之质也"。"生之谓性"（告子），则"性之谓生"。生命的本质就叫作"性"；换言之，"性"的含义就是生命。

"性"是天地自然的性质。人类的生命由天地而来，所以人性也由天地而来。一切生命、世间万物都由天地而来，所以万物也都有"性"，天地也有其"性"。"犬之性犹牛之性，牛之性犹人之性"，告子所言是合理的。因此，"性"是天地自然的性质，是"道"的性质。"天命之谓性。""性是理之总名，仁义礼智皆性中一理之名。""道即性，性即道，固只是一物。然须看因甚唤做性？因甚唤做道？"天地的总称叫作"道"，单指天地的性质叫做"性"。"性即理也，在心唤做性，在事唤作理。""生之理谓性。""性只是此理。"

万物的存在体现为生命，万物的生命体现为存在；因此，说"性"是生命，也等于说"性"是存在。"性"是静态的、抽象的，但"生"则引出"生生"。"生生"是动态概念，犹"一阴一阳"、"玄之又玄"。凡一字之定义是静态义，凡叠一字即表动态。

"食色性也"（"言人之甘食悦色者即其性"），则"生是食色"。"食色"二者是生命自身奉养、生命持续延续的最主要的两项。荀子所说趋利避害的"性恶"也指此意。告子、荀子所谓"性恶"其实不是善恶问题，而是生物本能、生命本能问题。欲望的自我膨胀才是善恶问题。

"情"

"情"字从青，青是木之色，木在五行中居东，所以"请"字的本义是东方木色青青，也是春天虫动蠢蠢。

"道"的第一义是居于中央不动，第二义是依循五行，即分为五段道路，东南西北次第运行，运行始于东方，就是"情"。所以，"情"与"道"的关系为："道"是体，"情"是用。"理者，天之体；命者，理之用。性是人之所受，情是性之用。""情"与"性"的关系为："性"是静态的原理，"情"是动态的表象。"性是不动，情是动处，意则有主向。""性者，心之理；情者，心之动。"

"情"有动态性，是最初的萌动。"情者，性之动。""性则理也，发者情也。""性是未动，情是已动，心包得已动未动。盖心之未动则为性，已动则为情。""情"偏于感性，而缺乏理性。"情"具有倾向性，直接关联着"欲"。"欲是情发出来底。""心如水，性犹水之静，情则水之流，欲则水之波澜，但波澜有好底，有不好底。""性则纯是善。""情"是最感性的，因此也是最真实的，被称为"情实"。感性是理性的基础，"理"高于"情"，但"情"亦不可否定。

七

如何看待周敦颐理学思想的地位？

理学思想是一个历史概念。对于历史上的问题，要待之以历史的态度。在中国以及整个东亚的古代历史上，儒家学说、理学思想无疑处于中国传统文化的主导地位，并且向周边国家辐射，在东亚形成了儒家文化圈。在古代历史上，儒家学说、理学思想对古代文明的发展延续起了积极的正面的作用，是毋庸置疑的。我们面对历史，面对我们的列祖列宗，对古人所作的贡献，对古代的思想学说和文献著作，应当给予积极的肯定，待以温情和敬意。对历史问题的学术研究，要在实事求是的前提下，结合具体的环境、语境，不厌其精地寻求每一个细节的真相，还原每一句文献的本义。

由周敦颐开创的理学思想是宋元明清时期将近七百年间的正统思想，具有历史的合理性。换言之，周敦颐理学思想放在今天，未必是十全十美的，但是我们却不能这样看。我们既不能用今天的眼光看待历史，未来也不能用未来的眼光看待今天。而如果我们学会了用历史的眼光看待历史，就可以发现，周敦颐理学思想具有历史的先进性，推动了中古时期的文明进程，为整个东亚社会做出了巨大贡献。

北宋政权与辽、金、元、西夏并列共存，如何保有华夏文明，如何在极低的行政成本下实现教化，如何管束一亿左右的人口，华夏民族之文化如何演进而造极于赵宋之世，乃至于为即将到来的蒙元、满清统治预先做出准备，不是一句空话可了。

儒家思想学说在不同的历史时期呈现为不同的历史形态。唐虞三代是《六经》次第形成的时期，《六经》所构成的经学称为王官学。晚周是诸子百家次第形成的时期，孔子开创私人讲学之风，晚周的儒家是原始儒家。汉代宗师仲尼，折中六艺，推尊经学文献，汉代的儒学是经学文献学的儒学。魏晋大畅玄风，融汇释老，魏晋的儒学是玄学的儒学。宋代理学又称为道学，儒学到了宋代就呈现为理学、道学的新形态。此后到明清时期，又有心学、实学乃至考据学等等形态。

凡是一种思想学说，不可能一成不变地永远有效，必须顺应新的时代环境，应对新的历史局面，自我更化，重新注入活力。宋代理学就是儒学在两宋阶段的创造性转化和创新性发展，周敦颐以他卓越的理论贡献，成功地完成了这一历史使命，从而使得儒家思想自孔孟以来，经历汉唐一千三百余年，破除迷暗，获得新生。

历史、现实、未来是连续的整体，而书写和记住历史则是人类文明的最高形式。所有的历史都是我们国家、民族的文化遗产。历史是中华民族的根基和血脉，是中华民族的文化脐带和精神家园，对于当代社会的社会发展和文化建设，仍然可以发挥出积极的借鉴作用。宋明理学是中国思想史上最讲究活水活力、活学活用的流派，也是最强调社会担当、社会责任，最具有文化自觉和文化自信的流派。儒家理学在中古时期的中兴，树立了一个思想自我更新、文明复兴再造的成功模式，为当代文化创新提供了可资借鉴的范例。

八

周敦颐理学思想不是唯心主义。

2014 年 1 月 14 日，习近平总书记《在十八届中央纪委第三次全体会议上的讲话》说道："古人说：'一心可以丧邦，一心可以兴邦，只在公私之间尔。'"《河南程氏遗书》卷第十一载程颢此语，朱熹作《论语章句集注》加以引用，表明公心与私心的极大差别。或公或私，裁断于心，但不是"唯心"。

习近平总书记《在十八届中央纪委第三次全体会议上的讲话》又提到，朱熹在漳州任知府时，曾在白云岩题写楹联："地位清高，日月每从肩上过；门庭开豁，江山常在掌中看。"唐人李忱《百丈山》诗："大雄真迹枕危峦，梵宇层楼耸万般。日月每从肩上过，山河长在掌中看。"日月在肩，江山在掌，主观的感觉是日月、江山亲切友好。佛教可以这样知觉，儒家也可以这样知觉。知觉中有物有心，但不是"唯心"。

2016 年 1 月 12 日，习近平总书记《在第十八届中央纪委第六次全体会议上的讲话》引用王阳明、龚自珍之语，说道："'身之主宰便是心'；'不能胜寸心，安能胜苍穹'。'本'在人心，内心净化、志向高远便力量无穷。对共产党人来讲，动摇了信仰，背离了党性，丢掉了宗旨，就可能在'围猎'中被人捕获。只有在立根固本上下功夫，才能防止歪风邪气近身附体。"王阳明《传习录》："身之主宰便是心，心之所发便是意，意之本体便是知，意之所在便是物。"人的内心与宇宙万物原本互相关联，两两照应。龚自珍《丁亥·自春徂秋，偶有所触，拉杂之，漫不诠之，得十五首》其一："不能胜寸心，安能胜苍穹。"由志向高远的民族伟业而言，发挥人的主观能动性是非常重要的。但这些都不是"唯心"。

2013年6月28日，习近平总书记《在全国组织工作会议上的讲话》说道："理想信念就是人的志向。古人说：'志之所趋，无远弗届，穷山距海，不能限也。志之所向，无坚不入，锐兵精甲，不能御也。'"宋真德秀《西山文集》卷三十三《志道字说》："夫志者，心之用也。心无不正，而其用则有正邪之分。……志者进德之基，若圣若贤，莫不发轫乎此。志之所趋，无远不达，穷山巨海，不能限也。志之所向，无坚不入，锐兵精甲，不能御也。"湛若水《格物通》卷四、姚舜牧《性理指归》卷十一、胡广《性理大全》卷三十三均有引用，"穷山巨海"一句写作"穷山穷海"、"穷山极海"、"穹山穷海"，稍有不同。这里强调理想、信念的重要，但也不是"唯心"。

2015年12月11日，《习近平在全国党校工作会议上的讲话》提出："党性教育是共产党人修身养性的必修课，也是共产党人的'心学'。"2016年1月14日《中国共产党第十八届中央纪律检查委员会第六次全体会议公报》指出："党性教育是共产党人的'心学'，是党员正心修身的必修课。"习近平总书记2021年9月1日在2021年秋季学期中央党校（国家行政学院）中青年干部培训班开班式上讲话指出："我常说要修炼共产党人的'心学'，坚持学思用贯通、知信行统一，其中一个重要目的就是要求党员干部坚定理想信念、增强党性。"（习近平《努力成为可堪大用能担重任的栋梁之才》，《求是》2022年第

3 期）"共产党人的心学"之"心"，不同于普通名词的心思、心愿、心胸、心情。"心"是人对事物的感觉和意识，是对社会人生的意愿和期望，是对是非善恶的区别和裁断，是对于人类未来的信念和觉悟。"心"是思想的器官，五官的感觉最终都要回到心头，"心"是人们认识世界直截了当获得切肤之感的最前哨。

从建国后到文革前，有学者提出，周敦颐是宋代著名的唯心主义哲学家、周敦颐是客观唯心主义者。1961 年李德永在《光明日报》发表《周敦颐的唯心主义哲学思想》①，1965 年张岂之在《光明日报》发表《周敦颐太极图说的形而上学反动实质》②。同期，杨荣国也发表《周敦颐的哲学思想》，提出《太极图说》的宇宙本体和《通书》的整个体系"是彻头彻尾的唯心主义"③。

文革后，学者的认识有所转变。如张岂之撰文，强调"'新儒学'即宋明理学的产生和发展反映中华文化的会通精神"，"儒学对中国和世界都有深刻影响"。④ 李德永撰文，认为："宋明时期围绕周敦颐'太极说'展开的哲学论争……以更典型的形式反映了中国中世纪哲学思维的特点和理论水平，是中国哲学史上一个重要的发展阶段。""周敦颐被称为'道学宗主'，是宋明理学的开创者。……'无极而太极'的宇宙本体论，在酝酿理气关系和心物关系问题的讨论中具有理论上的'发轫之功'。"⑤ 这些评价侧重肯定周敦颐思想的历史进步性。据郭齐勇追忆，"李老师十分欣赏周濂溪高洁的风范，肯定其贵真、志学、知几的'乾乾不息'的人生哲学，指出：'他主张贵真去伪，在思想情操上多做净化工作，让"纯粹至善"的心灵放射出"光风霁月"的道德光辉。这

① 李德永：《周敦颐的唯心主义哲学思想》，《光明日报》1961 年 12 月 22 日。
② 张岂之：《周敦颐太极图说的形而上学反动实质》，《光明日报》1965 年 9 月 17 日。
③ 杨荣国：《周敦颐的哲学思想》，《学术月刊》1961 年第 9 期。
④ 张岂之：《从儒学认识今人精神历史来由》，《人民日报》2015 年 1 月 19 日。
⑤ 李德永：《由周敦颐"太极说"展开的哲学争论》，《论宋明理学：宋明理学讨论会论文集》，浙江人民出版社，1983 年，第 91、76 页。

种圣洁光明的人生哲学具有永久的魅力。'李老师推崇圣贤人格，一生都在体验孔颜乐处。"①

周敦颐理学思想不是唯心主义，也不是唯物主义，更不是二元论。周敦颐的"太极–无极"哲学是彻底的一元论，是物心合一，天人合一，是全面、中正、整体、无一遗漏地看待世界。

周敦颐理学思想是一元论，不是二元论。二元论意味着宇宙的分裂和不可知，僵死而无变化。一元论意味着世界是统一的，万物有共同本质，宇宙有共同规律，宇宙一切现象最终都可以得到解释。

九

2018 年 5 月 28 日，国务院新闻办公室召开发布会公布"中华文明探源工程"重大研究成果：

1. 距今 5800 年前后，黄河、长江中下游以及西辽河等区域出现了文明起源迹象。

2. 距今 5300 年以来，中华大地各地区陆续进入了文明阶段。

3. 距今 3800 年前后，中原地区形成了更为成熟的文明形态，成为中华文明总进程的核心与引领者。

儒家思想在各个历史阶段中表现为各种不同的形态，亦即各有不同的思想侧重。其对后世的影响，简明概括，有三个大的阶段：

1. 影响上古时期（虞夏—西周）：姚姒子姬，或称虞夏商周。

2. 影响中古时期（秦汉—隋唐）：孔曾思孟，或称学庸语孟。

---

① 郭齐勇：《李德永先生的为人与治学》，《守先待后：文化与人生随笔》，北京师范大学出版社，2011 年，第 322 页。

3. 影响近古时期（宋代—清代）：周程张朱，或称濂洛关闽。

三个阶段各自影响后世一千年上下，在思想上成为中华文明总进程的核心与引领者。

第一个千年，为历代学者所认同，被近代思潮所摧毁。其史实可证，重建古史，重拾自信，第一个千年最为重要。

第二个千年，如日中天，人所共知。

第三个千年，实为儒家思想中兴典范，最为艰苦卓绝，影响今日最大。

第一阶段：姚姒子姬（虞夏商周）

虞夏商周，又称姚姒子姬，合称"四代"。

虞朝（约前 23 世纪—约前 21 世纪）：姚姓。

夏朝（约前 21 世纪—约前 16 世纪）：姒姓。

商朝（前 16 世纪—公元前 1046 年）：子姓。

西周（公元前 1046—公元前 771 年）：姬姓。

儒家系统的中国文明史，始于《尚书》的《尧典》《舜典》。

四代是中国古代文明的黄金时代。社会伦理的开端、王政道统的开辟、中国学术的起源，都在这一时期高调亮相。

这时"儒家"的名称还没有出现，但是儒家思想的真实内容已经存在。（按照发生学原理，通常是先有事实，后有名称。）

《中庸》说，仲尼"祖述尧舜，宪章文武"。《汉书》接着说，儒家者流"祖述尧舜，宪章文武，宗师仲尼"。可知姚姒子姬是儒家公认的开创阶段。

《尚书·虞夏书》记载的十六字心传，"人心惟危，道心惟微，惟精惟一，允执厥中"，尧之所以授舜，舜之所以授禹。十六字心传指出，宇宙天地间万事万物的存在可以划分为两类：人心和道心。既然认为有"道心"，就必然是承认世界上有统一的客观的规则；既然认为有"人心"，就必然是承认人类的主观能动性，也承认人类的作为与天道相背离的可能性，而时时加以警惕。这一界定和分疏，就是儒家哲学的开端。

在中华文明的肇始阶段，我们的祖先就已经认识到，有一种珍贵的重要的事物，人类社会必须首先去寻求它。这个事物就是"道"。

四代探索出来的"道"，为后来世世代代的人们引为最高典范，称之为"唐虞之道""尧舜之道"。

这时期的学术著作，最主要的是《六经》。

《诗》以道志，《书》以道事，《礼》以道行，《乐》以道和，《易》以道阴阳，《春秋》以道名分。《六经》具有不可替代的社会教育和思想指导作用，所以称之为"经"。

《诗经》温柔敦厚，《书经》疏通知远，《乐经》广博易良，《易经》絜静精微，《礼经》恭俭庄敬，《春秋经》属辞比事。《六经》是虞夏商周四代特有的学术思想，古人称之为"王官之学"。

唐虞时代距今大约4300年，夏禹时代距今大约4100年。从尧舜到孔孟，姚姒子姬的思想影响持续了1800余年。

在姚姒子姬的时代，我们的祖先创立了"唐虞之道""尧舜之道"，影响着上古时期大约1800年的文明历程，直到孔子、孟子出现。换言之，在整个上古时期，是姚姒子姬的思想光芒照耀着我们的前程。

第二阶段：孔曾思孟（学庸语孟）

孔子（前551—前479）：传承删订《六经》，弟子记录《论语》。

曾子（前505—前432）：传承《大学》《孝经》。

子思（前483—前402）：作《中庸》。

孟子（前 372—前 289）：著《孟子》。

儒学的发展，与时偕行，应时而变，在不同的历史条件下呈现为不同的形态。

虞夏商周是"王官之学"的形态，东周是"原始儒家"的形态。

孔子私家讲学，删订《六经》，始名"儒家"。

汉代宗师仲尼，折中六艺，推尊经学，汉代的儒学是经学的儒学。其中"古文经学"一派以保存文献为急务，收拾残篇余烬，从事章句训诂，提倡"实事求是"；"今文经学"一派以传承思想为宗旨，记录古来口耳相传的微言大义，提倡"经世致用"。

魏晋大畅玄风，融汇释老，魏晋的儒学是玄学的儒学。

唐代汇纂《五经正义》，唐代的儒学仍是经学的儒学。

到了宋代，儒学就呈现为"理学""道学"的新形态。宋儒承五代之丧乱，内则佛教、道教相逼，外则辽、金、西夏、蒙古相迫，故专注于反躬内心，坚守文化信仰，言理、言道、言心、言性，反而凌越汉唐而上之，承接尧舜禹十六字心传。

到了明代，又有"心学"的形态，更加内向，更加简捷，更关注人心人性。

到了清代，又有"实学""考据学"的形态，实学实用，注重古代文献的可信性论证。

秦代距今 2240 余年，宋代距今 1060 余年。

从孔子到周敦颐，孔曾思孟的思想影响持续 1500 余年。

东周之后，人文疲敝，王室夷陵，王官失守。这时候，孔曾思孟崛起，开创了"孔孟之道"，影响了其后中古时期差不多 1500 年的文明历程。换言之，在从汉到唐的中古时期，是"孔曾思孟"的思想光芒照耀着我们的前程。

第三阶段：周程张朱（濂洛关闽）

周敦颐（1017—1073）：世称濂学，著《太极图说》《通书》。

程颢（1032—1085）；程颐（1033—1107）：世称洛学，著《定性书》《识仁篇》《程氏易传》《二程全书》。

张载（1020—1077）：世称关学，著《西铭》《正蒙》《横渠易说》。

朱熹（1130—1200）：世称闽学，著《四书章句集注》《周易本义》《诗集传》《近思录》《朱子语类》《楚辞集注》《韩文考异》《朱文公文集》《朱子全书》。

宋代距今 1060 余年，清代距今 110 余年。

五代衰世，人伦斁败，鲜廉寡耻，斯文扫地。两宋时期，五星聚奎，文运大开，名儒辈出。周程张朱，凌空崛起，开创出了"理学""道学"的新形态，影响了其后近古时期将近 1000 年的文明历程。换言之，在从两宋到清代的近古时期，是"周程张朱"的思想光芒照耀着我们的前程。

十

两宋理学兴起的思想背景，是五代的人文沦替、廉耻丧尽。如欧阳修《新五代史·冯道传序》所说："不廉则无所不取，不耻则无所不为。"社会动荡，导致人们只剩下本能欲望，而丧失了人作为人的创兴精神，"灭天理而穷人欲"。所以宋儒振起，提出要遵循天道、天理，节制人欲。

"灭天理而穷人欲"原本是《礼记·乐记》里的一句警告。它说，人类身上有纯净的天性，也有物质的欲望。如果好恶没有节制，无所不为，就是人化于物，天理灭矣。可见"灭天理而穷人欲"的根本原因，是人化于物。（《乐记》"人化物"一语，朱熹《答胡季随》补字为"人化于物"。）人类的物质欲望无限膨胀，"强者胁弱，众者暴寡，智者诈愚，勇者苦怯，疾病不养，老幼孤独不得其所"，于是导致天下大乱。

两宋距离我们有大约一千年之远了，当时的时代背景和社会问题都已经过去了。但是，"人化于物"的问题，今天仍然存在着。因而，今天重读周濂溪的经典、两宋圣贤的著作，似乎可以感到，他们的指点和警告不是对宋朝人说的，而恰像是针对我们今天的人们、针对当代的社会问题而作出的预言一般。只要人群社会中还有"人化于物"的想象存在，周濂溪的思想就仍然具有伟大的思想意义和积极的现实作用，是可以肯定的。

第一部分　周敦颐理学思想

——以《太极图说》为中心的研究

第一章　周子、朱子、宋儒《太极图说》的义理研究

宋代理学是符合历史发展，具有积极、进步、领先意义的精神构建。

宋代理学的产生有三个维度。第一，外部环境、草原法则、游牧冲突的维度。有见于后世蒙元、满清入主的压力，宋儒必须凝聚适宜中古环境的中华文化类型，其主要途径就是占据义理的高度。第二，宋代政治与党争的维度。君主有昏明，党争有意气，既需要分别善恶，又需要涵盖、兼容善恶，因此需要建构超越善恶的哲学体系。第三，儒学本身的维度。儒学需要尽最大可能地贴近天地自然，尽最大可能地持之长久，需要摆脱夷夏之辨的困局，摆脱政统更迭的困局，建立颠扑不破的道统，而道统首先是完备自洽的哲学系统。

限于本书的主题，这里只讨论儒学、理学的维度。

第一节 "无极"前传

一、哲学本质上是名学

中华文明既是物质文明，也是精神文明。象形文字的创造本身，即是文明起源的重大标志；《世本·作篇》记载："沮诵、苍颉作书。"沮诵、苍颉均为黄帝史官，史官制度的建立，则是中华文明的重要特征。国际学术界依据两河流域文明和古埃及文明的特征，概括出"文明三要素"，以文字、冶金术和城市作为进入文明的标准。对于中国而言，文字的发明应当是进入文明的第一大因素。

中国文字是象形文字，象形、象事、象意、象声，这一特征在独体字中表现尤为明显，古文字学家称之为"图画字"。中国的象形字不同于世界其他象形文字，它的理论基础是遵循天道、学习天道、模仿天道，因此既能保持更多的自然理性，又能建立人类复杂的精神世界。《淮南子·本经训》说："昔者仓颉作书，而天雨粟，鬼夜哭。"中国文字的发明是一个伟大的事件，因此就连天地鬼神都为之震惊了。

中国文字的本质是模仿自然。现代汉语里常说的"写字"的"写"，本义就是模仿。古人作字作画皆曰写。《史记·秦始皇纪》："秦每破诸侯，写放其宫室，作之咸阳。"（《太平寰宇记》"放"作"做"），"写仿"就是依照原样的模仿。

哲学本质上是名学。古人发明文字的目的，是依照自然的原样记录自然。譬如古人看到天、地、雷、风、水、火、山、泽，不仅要求看到它们，还要求将它们捕捉下来，于是就用文字记录它们。因此，每一个文字，都是对自然现象、社会现象、精神现象的捕捉。"捕捉"的过程实际上也是哲学思考的过程，所以确切地说，中国的文字就是中国的文明，而中国的哲学也就是中国的语言文字学。

《道德经》开宗明义说"名可名，非常名"。"自，命也"，自然现象自己像什么，人们就称之为什么，换言之，人类用语言文字来"捕捉"自然现象，语言文字不是自然现象本身，而是人类"捕捉"住的自然现象。

中国哲学运用中国文字，不仅"捕捉"了大量形而下的现象，也"捕捉"了大量的形而上概念。朱子与其弟子讨论学术，经常说到"下一语"、"安不安"，这就是在斟酌怎么样用文字"捕捉"现象。运用象形文字"捕捉"宇宙现象的过程，首先具有更多的客观合理性，其次又能建立文明程度较高的精神世界。人类的精神世界不是孤立的，古人只是称之为发现了天地的奥秘。

譬如"象"是动物大象的象形字。《说文解字》："象，长鼻牙，南越大兽，三年一乳，象耳牙四足之形。""象"字恰当地捕捉了动物大象的特征。

文字发明以后，依类推衍，譬如"凡象之属皆从象"、"凡犬之属皆从犬"之类。动物大象的"象"字，因此推衍为一切物象、现象的"象"。《左传·僖公十五年》："物生而后有象。"

史官又依循象形字的规则发明了"大"字。《说文解字》："天大，地大，人亦大。故大象人形。凡大之属皆从大。"

史官又发明了表示否定的"亡"、"无"、"無"字。

《道德经》说"大象无形"，最大的图像是没有图像，以此为界，文字学进入了哲学的范畴，进入了宇宙的深层奥秘，从形而下的现象层面提升到形而上的"道"的层面。

"无"字表达着三种含义：

第一，物理事实上的无，即没有。

第二，语言文字命名称谓上的无，即无可命名、无可称谓。

第三，哲学上的无，即抽象概念的自我否定。

程朱说"'人生而静'以上不容说",说太极"不属有无,不落方体",认为太极不附属于"有无",也不下落到形象、方位的层面,亦即不下落到形而下的层面,而保持在形而上的层面,这就是用哲学在说话。这种形上的、超越形下的话语,到底容不容说出来?到底"捕捉"到了什么?这就是哲学所思考的问题。

二、《易经》常见否定性词语

《易经》又称《周易》,古称伏羲画八卦,造书契,文王重卦,作卦辞,周公作爻辞。

《易经》中常见否定性的词语,用法多为物理意义上有或没有的没有。

《易经》本为占卜吉凶而设,今卦爻辞中往往有无妄、无疾、无眚、无咎、无悔、无不利、无初有终、无丧无得、无咎无誉、"教思无穷,保民无疆"、"无平不陂,无往不复"等语。甲骨文亦为占卜而设,往往以"其雨"、"其不雨"为固定格式。《易经》与甲骨文句型相连贯。

《易经》中常常内涵相反相成之意,譬如《既济》、《未济》二卦。

《易经》共计六十四卦,第六十三卦为"既济",意为已渡,但紧接着的最后一卦却是"未济",意为未渡。先儒说:"《未济》男之,穷也。刚柔失位,其道未济,故曰穷也。""《既济》、《未济》为最终者,所以明戒慎而全王道也。"

《既济》虽然已渡,却是"亨小,利贞,初吉终乱"。《未济》虽然未渡,却仍有希望。"未"是否定,但尚不同于"不"的否定。先儒说:"《未济》之义,凡言'未'者,今日虽未济,后有可济之理。以其不当其位,故即时未济。刚柔皆应,足得相拯,是有可济之理。故称'未济',不言'不济'也。"

三、《易传》的"太极"内涵着否定之意

《易传》十篇，包括《彖传》上下篇、《象传》上下篇、《文言传》、《系辞传》上下篇、《说卦传》、《序卦传》、《杂卦传》，又称"易十翼"，孔子作。

《易传》中的词语"无"，已可表达抽象义理上的否定。如《易传》说"神无方而《易》无体"，"《易》无思也，无为也，寂然不动，感而遂通"。

《易传》又说："易有太极，是生两仪。两仪生四象。四象生八卦。"此处第一次提出"太极"的概念。"太极"的字面意思是"大极"，亦即最大的极。"最大的极"在字面上看是最大的肯定，而在哲学上看，则是内含着否定之意。因为"最大的极"就是绝对的极，而绝对的极称之为"最大的极"已经没有意义；换言之，"最大的极"在语词上已经无法表达，如果可以表达即不是"最大的极"。

也就是说，《易传》的"太极"虽然不同于"无极"，但却内含着自我否定的义理。

四、作为秦汉时期普通语词的"无极"

秦汉瓦当、铜镜铭文中屡屡出现的"无极"语汇，兼有天文术语和世俗长生观念两种含义。冯云鹏《金石索》有汉未央宫瓦当"长生无极"，徐锡台等《周秦汉瓦当》有"长生无极"、"与华无极"。镜铭有"乐无极"、"与天无极"、"周流无极"。

铭文瓦当为宫廷、官府及苑囿中殿堂建筑遗物，属于社会上层，但铭文以祝语、吉语为多，内容近乎世俗，不同于正式朝廷诏诰文书之复古与典雅风格，可谓上层社会中的世俗之风。

冯云鹏说："申氏兆定云：'瓦出汉城土中，虽未详所施，而字体浑朴，魄力极大，当为汉篆第一品。'鹏按其语句及字法结构，疑是秦瓦。"又说：

"《史·本纪》始皇作信宫渭南，已更命信宫为极庙，象天极，此疑即极庙之瓦。"

《史记·秦始皇本纪》记载："作信宫渭南，已更命信宫为极庙，象天极。"又载："今始皇为极庙，四海之内皆献贡职，增牺牲，礼咸备，毋以加。"司马贞索隐："为宫庙，象天极，故曰极庙。《天官书》曰'中宫曰天极'是也。"

《三辅黄图》卷三"长信宫"："宫在西，秋之象也。秋主信，故殿皆以长信、长秋为名。"陈直校证解"长秋"引《汉书》颜师古注："秋者收成之时，长者恒久之义，故以为皇后官名。"又引毕沅《释名补遗》云："长秋自皇后官，非天子卿。长秋主宫中。凡物次，春生秋成。"《宋书·百官志上》韦曜曰："长秋者，以皇后阴官，秋者阴之始，取其终而长，欲其久也。""长信"之意当与"长秋"相近，要之与天文历法相关。

"极庙象天极"，"天极"即北极星，尤其与天文相关。但所说之"象"，不知是就宫殿规模之广大，模仿中宫紫微垣而言，还是就主殿之高峻，模仿北极星而言？但既为礼敬供奉"北极"之神，要当突出北极星的象征。

由此可知，"与天无极"的"极"字，明显具有天文术语"北极星"的含义，而"与天"二字也正与之相应。"与天无极"见于瓦当，乃是表明宫殿与天象之间具有一种关系，而与居住的主人不直接相关。

值得注意的是，周敦颐"无极"的"极"字，从木，本义为建筑术语，即屋栋之最高者，引申为天文术语，即北极。瓦当铭文"无极"恰是以建筑连通天文，暗指天道。秦汉瓦当、镜铭中"无极"的"无"，不是周敦颐《太极图》"无极"的"无"，但秦汉瓦当、镜铭中"无极"的"极"，却正是周敦颐《太极图》"无极"的"极"。

从秦汉到北宋，日常词语必有较大变化，但从常用普通词语"无极"衍变到哲学术语"无极"，语言上所遗留的痕迹未必完全消失。

两汉存在于宫廷与士大夫之家进而渗透到整个民间的"无极"观念，通过世代相传以及瓦当、铜镜的载体传衍。作为语源的途径之一，北宋周敦颐受其启发，从而将具有天文术语和世俗观念的"无极"转化提升为义理、哲学的概念，此种可能性应当是存在的。

五、陈抟与寿涯

1. 宋人有《太极图》出于陈抟之说。

朱震《汉上易传表》记述《太极图》的传授渊源说："濮上陈抟以《先天图》传种放，放传穆修，修传李之才，之才传邵雍；放以《河图》《洛书》传李溉，溉传许坚，坚传范谔昌，谔昌传刘牧；修以《太极图》传周敦颐，敦颐传程颐、程颢。是时张载讲学于二程、邵雍之间。"（《经义考》称"放授许坚、穆修，坚授李处约，处约授范谔昌"，有误。范谔昌《证坠简》自谓其学出于溢浦李处约、庐山许坚。李处约即李溉。）

朱震的这一记述，自朱子《再定太极通书后序》、张栻《南轩语录》、陆九渊《与朱元晦书》、度正《濂溪先生周元公年表》，下至《宋史·朱震传》、《性理大全》、《宋元学案》、《经义考》，无不引用，儒家系统既不否定，也不排斥。（宋刻《元公周先生濂溪集》十二卷本引张栻《南轩语录》："濂溪始学陈希夷，后来自有所见。"刘克庄《用强甫蒙仲韵十首》："季宣《易》尚资到溉，茂叔《书》曾取寿涯。"）

康熙《华阴县志》卷十六《金石》著录"陈抟无极图石刻"，今未见。

朱彝尊《太极图授受考》云：

> 陈抟居华山，曾以《无极图》刊诸石。为圜者四位，五行其中。自下而上，初一曰元牝之门，次二曰炼精化气，炼气化神，次三五行定位，曰

五气朝元，次四阴阳配合，日取坎填离，最上日炼气还虚，复归无极。故谓之《无极图》，乃方士修炼之术耳。相传抟受之吕岩，岩受之钟离权，权得其说于魏伯阳，伯阳闻其旨于河上公。

2. 宋人又有《太极图》出于老子之说。

陆九渊《象山全集》卷二《与朱元晦书》引用朱震说："朱子发谓濂溪得《太极图》于穆伯长，伯长之传出于陈希夷，其必有考。希夷之学，老氏之学也。"又说："《老子》首章言'无，名天地之始；有，名万物之母'，而卒同之。此老氏宗旨也。'无极而太极'即是此旨。"

至清代，黄宗炎著《太极图说辨》，提出《太极图》"太极图者创于河上公"。毛奇龄著《太极图说遗议》又提出《太极图》"而实本之二氏之所传"。朱彝尊著《太极图授受考》，也认为"陈抟居华山，曾以《无极图》刊诸石"，"元公取而转易之"，"更名之《太极图》，仍不没'无极'之旨"。

朱彝尊《斋中读书十二首》之三："太极非有象，一元气浑沦。阴阳至精数，义由道士伸。列图自下上，三五理具陈。番番希夷叟，以此勒贞珉。元公一丁倒，遂为席上珍。后来费朱陆，往复辞纷纶。仲尼不可作，谁与别伪真。"自注："陈抟《无极图》倒易，即为周子《太极图》。"

3. 宋人又有《太极图》出于寿涯之说。

南宋以来又有《太极图》为鹤林寺僧寿涯所传之说。晁公武《郡斋读书志》引晁说之（自号景迂生）云："景迂云：胡武平（胡宿，字武平，谥文恭）、周茂叔同师润州鹤林寺僧寿涯，其后武平传其学于家，茂叔则授二程。"度正《濂溪先生周元公年表》："或谓先生与胡文恭公同师润州鹤林寺僧寿涯。或谓邵康节之父邂逅文恭于庐山，从隐者老浮图游，遂同授《易》书。所谓隐者，疑即寿涯也。""或谓"即晁说之。

4. 当代学者认为《太极图》兼容儒释道三教之说。

晚近以来的中国哲学研究，往往纠葛于周敦颐《太极图》的文献来源，热心于儒释道三家融合的话题，而对于《太极图》本身的义理思想则疲于解读，实际上是将哲学问题偏转成了哲学文献学问题，成为理学研究的最大障碍。

在周敦颐以前，宋代传承《易经》的人不多，有之则誉称为"知道"。兹举二例：

王安石《答韩求仁书》："所问于《易》者，尚非《易》之蕴也。能尽于《诗》、《书》、《论语》之言，则此皆不问而可知。某尝学《易》矣，读而思之，自以为如此，则书之以待知《易》者质其义。当是时未可以学《易》也，惟无师友之故，不得其序。"

欧阳修著《易童子问》三卷，朱子评曰："欧阳作《易童子问》，正王弼之失者才数十事耳。"朱彝尊《经义考》引朱子曰："然因图书之疑并系辞不信，此是欧公无见处。"施德操《北窗炙輠录》记载："欧公语《易》，以为《文言》、《大系》皆非孔子所作，乃当时《易》师为之耳。魏公（韩琦）心知其非，然未尝与辩，但对欧公终身不言《易》。"（《经义考》、《宋元学案》均引其说。）

历考周敦颐以前的《太极图》传人，大多曾为科举中人物，并不能简单归于道教。陈抟早年读经史百家之言，唐末举进士不第，遂隐居武当山九室岩、华山云台观、少华石室。种放之父种诩，为吏部令史、长安主簿。种放不应科举，奉母隐居终南山，讲学为生。穆修学《易》，又学《春秋经》，举进士不第，受赐进士出身，历官泰州司理参军、颍州文学参军、蔡州文学参军，以能文著名，为北宋古文先驱。李之才赐同进士出身，历官获嘉主簿、共城令、孟州司法参军、泽州签署判官。范谔昌为毗陵从事。刘牧举进士，历官兖州观察推官、广南西路转运判官、湖北路转运判官。而朱震本人是谢良佐弟子，《宋元学案》卷三十七《汉上学案·文定朱汉上先生震》列朱震于"上蔡门人、二程再传"，评价朱震："祖望谨案：上蔡之门，汉上朱文定公最著，三《易》象数之说未尝见于上蔡之口，而汉上独详之"，"然汉上之立身则粹然真儒也"。

张立文在《周敦颐"无极"、"太极"学说辨析》中已经指出，"无论是'无极'还是'太极'，在周敦颐之前，儒释道三家都按照自己的需要和理解，来运用这些概念。此两个概念既非某家所独有，亦非只反映某家思想，而说明周敦颐是融儒、释、道为一的。"所举证的儒家、道家文献有《逸周书》《周易参同契》《老子》《庄子》《列子》《淮南子》等，大多为学者必读之书。

如果追溯《太极图》的源流，仅仅溯源至陈抟是不够的，溯源至河上公也是不够的。周敦颐《太极图》与陈抟《先天图》或《水火匡廓图》细节不同，大体同源，应当均有更早的母本来源。儒家与道家同出于唐虞三代王官之学（道学、心学亦然），应当看其哲学，不当看其家派，"学老子者则绌儒学，儒学亦绌老子"，实非可取。"太卜掌三易之法"，《易经》出于王官之学。孔子作《易传》，仍渊源于太卜。"吾非瞽史，焉知天道"，道家出于史官，《道德经》与《金人铭》同归一类。陈抟、穆修诸人只是《易》学末流，鹤林寺僧寿涯等辈更不足道，面对唐虞三代学术之大源，皆不足以独揽《太极图》之版权。

第二节　周子《太极图》的版本

周敦颐集迄今存世的最早版本是两种南宋刻本，两种刻本中的《太极图》各不相同，一种可称为"各半型"，一种可称为"纯圆型"。元明清以来流传至今的《太极图》主要分为两种类型，分别直接或间接来源于两种宋刻。

宋刻《元公周先生濂溪集》十二卷全本，咸淳六年（1270）之后不久刻于江州，中国国家图书馆藏孤本。以下简称"十二卷本"。全本中的《太极图》最大的特征是第二圈最里面的小圆是阴阳各半。以下简称"各半型"。这个图形符合周敦颐《太极图说》的本义，但却不是朱熹《解义》的图形。

宋刻《濂溪先生集》不分卷残本，宝祐四年至景定五年（1256—1264）间刻于邵州，中国国家图书馆藏孤本。以下简称"不分卷本"。残本恰好保存了《太极图》和《太极图说》的部分，其中的《周子太极图》最大的特征是第二圈最里面的小圆是一个纯圆的小型太极。以下简称"纯圆型"。这个图形与朱熹《解义》的文本吻合，但却不符合周敦颐《太极图说》的本义。

迄今存世最早的朱熹文集是宋刻《晦庵先生文集》前后集，淳熙（1174—1189）、绍熙（1190—1194）坊刻，台湾故宫博物院藏孤本。其中前集第四卷中《太极图解义》中的《太极图》与不分卷本中的《太极图》类型相近，可作参考。

十二卷本总目、正文均题为"太极图"，正文"太极图"三字在图正上方。不分卷本目录题为"太极图"，正文题为"周子太极图"，在图右侧。宋刻《晦庵先生文集》前集题下有注："濂溪周先生作，以授二程先生。"

以下将两种图形并列陈示。

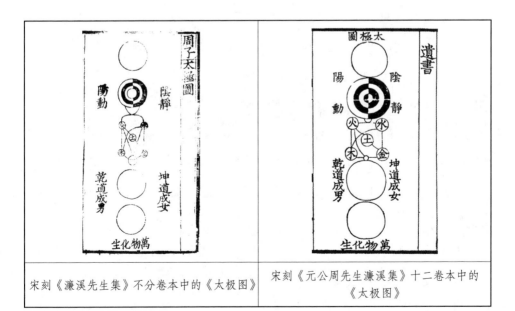

| 宋刻《濂溪先生集》不分卷本中的《太极图》 | 宋刻《元公周先生濂溪集》十二卷本中的《太极图》 |

第三节 周子《太极图说》的文本

《太极图说》是对《太极图》的文字解释。

《太极图说》文本的标点断句，宜细不宜粗。

依据周敦颐本义，在"五气顺布，四时行焉"之后，先说"五行一阴阳也，阴阳一太极也，太极本无极也"一段，是《太极图》上面三层追溯重申；接着说"五行之生也，各一其性"一段，是说第三层；接着又说"无极之真，二五之精，妙合而凝"一段，是从上面三层往下到第四层的过程；然后"乾道成男，坤道成女"是第四层；最后"二气交感，化生万物"是第五层。从"五行一阴阳也"到"妙合而凝"，分为三段。

张栻《太极图说解义》的标点断句是，"五行一阴阳也，阴阳一太极也，太极本无极也"一段，"五行之生也，各一其性"一段，"无极之真，二五之精，妙合而凝"一段，分为三段，符合周敦颐本义。

不分卷本在朱熹《太极图说解义》下，有双行小字原注："南轩将上文'五行之生也，各一其性'二句连'无极之真'解。"

明刻周木重辑《濂溪周元公全集》在张栻《太极图说解义》下，有双行小字原注："正本'五行之生，各一其性'附在下段。"

张栻主张"五行之生，各一其性"单独作为一句，认为："元本以'五行之生，各一其性'附在下段，而以'无极之真'属上句。"见十二卷本"《南轩文集》并语录、答问"。"正本"、"元本"指张栻句读并且自认为符合周敦颐本义的版本。

朱熹《太极图说解义》的标点断句是，"五行一阴阳也，阴阳一太极也，太极本无极也"与"五行之生也，各一其性"合为一段，"无极之真，二五之精，妙合而凝"与"乾道成男，坤道成女"、"二气交感，化生万物"合为一段，分为二段。其中的焦点是对"五行之生也，各一其性"一段的理解和章句处理，与周敦颐本义不合，与张栻亦不合。

以下依据周敦颐本义标点断句分段。

《太极图说》

无极而太极。

太极动而生阳，动极而静，静而生阴，静极复动。一动一静，互为其根。分阴分阳，两仪立焉。

阳变阴合，而生水火木金土。五气顺布，四时行焉。

五行一阴阳也，阴阳一太极也，太极本无极也。

五行之生也，各一其性。

无极之真，二五之精，妙合而凝。

乾道成男，坤道成女。

二气交感，化生万物。万物生生，而变化无穷焉。

惟人也，得其秀而最灵。形既生矣，神发知矣，五性感动，而善恶分，万事出矣。

圣人定之以中正仁义，而主静，立人极焉。故圣人"与天地合其德，日月合其明，四时合其序，鬼神合其吉凶"。

君子修之吉，小人悖之凶。

故曰："立天之道，曰阴与阳；立地之道，曰柔与刚；立人之道，曰仁与义。"

又曰："原始反终，故知死生之说。"

大哉《易》也，斯其至矣！

《太极图说》首句共有三个不同文本：

其一，"无极而太极"——朱熹《太极图说解义》本

其二，"无极而生太极"——九江故家传本

其三，"自无极而为太极"——洪迈《国史·濂溪传》本

朱熹坚持判定"无极而太极"这一版本，并且说："'无极而太极'，先生谓此五字添减一字不得。"（《朱子语类》）

朱熹《记国史濂溪传后》说：

> 戊申（淳熙十五年）六月，在玉山邂逅洪景卢（洪迈）内翰，借得所修国史，中有濂溪、程、张等传，尽载《太极说》及《通书》，盖濂溪于是始得立传，作史者于此为有功矣。然此《说》本语首句但云"无极而太极"，今传所载，乃云"自无极而为太极"，不知其何所据而增此"自为"二字也。夫以本文之意，亲切浑全，明白如此，而浅见之士犹或妄有讥议。若增此字，其为前贤之累，启后学之疑，益以甚矣。谓当请而改之，而或者以为不可。昔苏子容特以为父辨谤之故，请删国史所记草头木脚之语，而神祖犹俯从之，况此乃百世道术渊源之所系耶？正当援此为例，则无不可改之理矣。

符合周敦颐本义的版本应当是"无极生太极"。凡言形上概念，《易传》、《道德经》及郭店楚简《太一生水》均用"生"字，不用"而"字。"无极生太极"与"太极本无极"，语法与《孟子》"为富不仁矣，为仁不富矣"相似，是颠倒反复互证（古人称之为"对待"）。

首句的三个文本中，"无极而生太极"和"自无极而为太极"很明白都是"无极生太极"之意，"无极"和"太极"是各自独立的两个概念。"无极而太

极”的文本同样也是“无极生太极”、“无极”和“太极”两个概念各自独立的意思，但不用“为”、“生”，而用“而”，因此增多了“无极”与“太极”二者的混同性，表示：“无极”，同时而又是“太极”；“太极”，同时而又是“无极”。这仍然符合周敦颐的本义。

第四节　周子《太极图》《太极图说》的本义

“无极”为先秦两汉习语，在经传则见于《左传》《榖梁传》《大戴礼记》《尔雅》；诸子儒家见于《荀子》；诸子道家则见于《管子》《鹖冠子》《老子》《庄子》《文子》《列子》。汉代子书，见于《贾谊新书》《春秋繁露》《论衡》《孔丛子》《孔子家语》《说苑》《新序》《盐铁论》《风俗通》，又多见于《淮南子》。如《荀子·修身》说：“夫骥一日而千里，驽马十驾，则亦及之矣。将以穷无穷，逐无极欤？……不识步道者，将以穷无穷，逐无极欤？”《成相》说：“臣下职，莫游食，务本节用财无极。”

“无极”的本义为屋栋，在汉代瓦当中分常见。但作为“纯哲学”术语，则始于周敦颐。《太极图说》的首句“无极而太极”，第一次将“无极”升华为重要的形上概念。

试将《太极图说》首句作出今译，共有五种：

（1）无极同时又是太极——“无极而太极”版本，周敦颐本义。

（2）绝对的没有极（无极），同时也就是绝对最大的极（太极）。——“无极而太极”版本，白话意译。

（3）无极生成太极——“无极而生太极”版本，符合周敦颐本义。

（4）最初是无极，而后有了太极——“自无极而为太极”版本，亦符合周敦颐本义。

（5）宇宙的本原是无形的理——"无极而太极"版本，朱熹之意。

"极"，其字从"木"，本义是屋宇正中间最高处的房梁。古人用房屋形容宇宙，也用"极"借指宇宙的中心和最高点，同时也是宇宙起源的原点，称之为"北极"。《尚书·洪范》说"皇建其有极"，古人也用"皇极"称谓"大中之道"。此处指宇宙的本原、一切存在的所以然。

"无极"，白话意译为绝对没有极。作为哲学概念，首见于周敦颐《太极图说》。

"太极"，白话意译为绝对最大的极。作为哲学概念，首见于孔子《易传》。

依照周敦颐的本义：

（1）《太极图说》"无极而太极"、"太极本无极"两句文本与《太极图》第一层正圆形图形相对应。《太极图》第一层的图形既是"太极"，又是"无极"。"太极"是一个专有名词术语，它的字面含义是"大极"，哲学上指的是"最大的极"。"最大的极"只有一个，所以"太极"便是"绝对的极"。"无极"也是一个专有名词术语，它的字面含义是"没有极"，哲学上指的是"绝对的无"，是"太极"的自我否定。

《四部丛刊》景上海涵芬楼藏宋刊《周易·系辞上传》作"大极"："是故易有大极，是生两仪。"晋韩康伯注："夫有必始于无，故'大极生两仪'也。'大极'者，无称之称，不可得而名。取其有之所极，况之'大极'者也。"

（2）"无极"和"太极"都是绝对性的概念。只有在最大、唯一、绝对的前提下，"无极同时又是太极"或者"太极就是无极"的命题才是成立的。

（3）周敦颐《太极图说》言"无极而太极"、"太极本无极"，"无极"和"太极"显然是两个独立的平行的概念。

（4）"无极"和"太极"是两个形上概念。从物理上看，"无极"和"太极"都只是宇宙最大的存在；从概念上看，"无极"和"太极"是异名同实，二名一理。形上的概念思辨是本体论哲学。

（5）在《易经》中已经内在着"无"的含义，但《易传》才明确提出"太极"概念，《太极图说》才第一次提出"无极"的形上概念，因而成为宋代理学的哲学基础。换言之，如果没有周敦颐提出"无极"的形上概念，宋代理学便不能成立。

（6）如果没有提出"无极"的形上概念，而只有"太极"概念，《太极图说》就只是普通的易学著作，而没有超越《易传》。换言之，周敦颐的独特贡献不能是"太极"，只能是"无极"。

朱熹说："'无极而太极'，正恐人将'太极'做一个有形象底看，故又说'无极'言只是此理也。"实际上，学者读《易传》千百年，从来不会将"太极"看作一个实物，而需要添加"无极"二字。换言之，《易传》"易有太极"一语的含义，原本就是有其义理，无其实物，不待周敦颐做出解释。孔颖达云："'太极'谓天地未分之前，元气混而为一，即是太初、太一也。"晋韩康伯云："'太极'者，无称之称，不可得而名，取有之所极，况之太极者也。"区别在于王弼诸人多言"无名无象"，朱熹诸人多言"无形状、无方所"。

中国古代哲学有五种思维模式：

第一，万物无别、混沌不分的整体思维模式（原始思维，巫术、萨满教所长）。

第二，互相对立、互不两立的矛盾思维模式（法家所长）。

第三，阴阳互补、相辅相成的相对思维模式（《易经》、阴阳家、医家所长）。

第四，五行嬗替、五德更始的思维逻辑（五行家所长）。

第五，有无同一、天地一体的绝对思维逻辑（同时也是对原始思维模式的哲学超越）（道家老庄所长）。

周敦颐《太极图》的第一个贡献是提出了"无极"的绝对概念，超越了《易传》的"太极"概念。《易经》本含"太极""无极"之理，但提出"太极"概念者是《易传》，提出"无极"概念者是《太极图》。

周敦颐《太极图》的第二个贡献是提出了"二五之妙"，即采用"阴阳"与"五行"兼容的方式，超越了矛盾对立的思维模式，同时也超越了善恶对立的思维模式。

第五节　周敦颐的无极哲学

《太极图》共有五层，自下而上分别是：

第五层：万物化生。

提出"万物"这一总谓的概念，表达着最大范围的关怀。万物一体，万物平等，万物无不相互关联；万物均有生命，万物都体现"道"。上承子思《中庸》的"赞天地之化育"，下启张载《西铭》的"民胞物与"。

在图像上，这一层代表宇宙万物的实存，是最具有感性的表象层面，应当有充盈饱满之象，应当完全涂实。传本作空白的圆形，是受刻板的局限。

生化物萬

第四层：坤道成女，乾道成男。

提出宇宙万物均可以区分为阴阳两类。男女亦即阴阳，阴阳彼此双方相互依赖而存在。因此男女平等，各得其分。

坤道乾道，对应着阴静阳动。坤与阴虽然是受动的，但却排序在乾与阳之前，因为坤与阴更加紧接宇宙万物的本原，所以周敦颐"主静"。

在图像上，这一层专门表达阴阳，传本空白的圆形中间，宜有一条均等的划线，如后世"阴阳鱼"的 S 形划线。

第三层：水火木金土五行。

提出宇宙万物又都基于五种元素构成的主张，在《易经》在两仪系统中融入五行系统，构成所谓"二五之精"。"行"即是"道"，五行就是"天道"运行的五个阶段。金是西方之行，木是东方之行，火是西方之行，水是北方之行，金木火水亦即东南西北，亦即春夏秋冬。所以由水（绕过土）到木，再由木到火；由火（绕过土）到金，再由金返回水，土则居中不动。由此构成春夏秋冬，四时顺布。天道四时嬗替，五行各一其性，人类、万物的化生不仅原于阴阳，而且基于五行，意味着承认宇宙万物的运动性、多样性、复杂性。

在图像上，这一层应当仍为完整的圆形，五行、四时均统一于天道之内。传本或呈方形，或呈六边形，没有包裹以圆形，是由于表达之误。

第二层：阴静阳动。

提出宇宙万物是以阴、阳为基本元素的最大范围的统一体。阴阳对立而统一，各自以对方的存在作为自己存在的依据。阴阳相互环抱，互为首尾，你中有我，我中有你。阴阳一刚一柔，一主动一受动，相互运动与相互作用，推动着宇宙的发展变化。

在图像上，这一层中分为两半，阴阳各半；又细分为四个同心圆，亦阴阳各半。传本中间的圆形为纯白，不分阴阳，有误，宋本为阴阳各半。四圆，完整体现阴阳相抱，动静相接。若是纯白，则与第5层重复。

第一层：无名的圆框。

宇宙万物的存在，是一个完整的整体，就其最大范围的包涵而言，犹如混沌。宇宙万物的性质，也只有一个共同的性质，就是物质性。所以宇宙又统称为"万物"，又称为"万有"、"大有"，《易经》则称为"太极"。"太极"即是"大极"，即是最大范围的宇宙存在。而最大范围的宇宙存在是绝对的，绝对的宇宙存在是无可描述的，所以称为"无极"。

圖極太

（图）

"书不尽言，图不尽意。"宇宙本原在哲学上是存在的，在物理上也是存在的，然而却是难以描述的，所以人类的认知会由物理的层面上升到形上的层面，即所谓"形而上者谓之道，形而下者谓之器"。

确定宇宙万物是整体性的存在，故称之为"太极"。确定宇宙万物整体存在的绝对性，故称之为"无极"。"太极"、"无极"是两个不同的概念，而表述的则是同一个宇宙。换言之，表述同一个宇宙，需要用两个不同的概念。

"太极""无极"两个不同的概念，其实只是同一个内容，所以"无极"又就是"太极"，"太极"又就是"无极"。所以说"无极而太极"、"太极本无极"。

"《易》以道阴阳。"《易经》的基本概念是阴阳，而阴阳是相对的概念，只可互为消长，不可互相取代。周濂溪《太极图》与《太极图说》的最高概念却是无极、太极，无极、太极是绝对的概念，因此无极就是太极，太极就是无极，无极、太极是完全同一的。《易经》揭示了"阴""阳"构成同一的宇宙整体，《太极图》与《太极图说》则是强调了宇宙整体的绝对性。

"不言无极，则太极同于一物，而不足为万化之根；不言太极，则无极沦于空寂，而不能为万化之根。"有"太极"而无"无极"，不免"一统就死"；有"无极"而无"太极"，不免"不统就乱"。

由此可见，"无极""太极"是对"阴""阳"的超越，是更加彻底的一元论。"无极"是绝对而无可描述的，意味着宇宙万物具有无限可能的发展变化。

在图像上，这一层有传本标出"无极而太极"，其实宋本并无一字。"太极"固然可以绘作圆形而涂实，但"无极"不仅不可涂实，甚至就连浅细的圆形边框都不可绘出。绘出边框，只是为了表达的权宜。

人类具有认识宇宙的能力。就客体方面而言，宇宙是客观存在的；就主体方面而言，人类对于宇宙的认识不能脱离人类自身的思想。客体、主体这两个方面，是一事之两面，是统一的整体。周敦颐的哲学思想，近代、当代学者或称之为"濂溪哲学"、"太极哲学"。但周敦颐的哲学贡献，突出表现为"无极"这一概念，应当称之为"无极哲学"，或者完整地看，也可以称之为"无极-太极"哲学。其主张是将宇宙视为一个完整的整体，无极与太极、太极与人极，均统一为一个整体。

周敦颐的哲学思想是统一了客观的宇宙真理与主观的人类精神的整体观哲学。"无极-太极"哲学是彻底的一元论，是物心合一，天人合一，是全面、整体、无一遗漏地看待世界。

《太极图》和《太极图说》是象数和义理结合的表达，也是对宇宙万物和人类社会最简明的表达，因而也最能代表中国固有的整体性的思维方式。

《太极图》各层的圆形，表达的是宇宙万物为一个整体，完整无缺。

儒家哲学上的"无极-太极"一元论，对应着儒家历史学上的"《春秋》大一统"。近代以来，史学家褒扬国家统一，而哲学家褒扬百家争鸣，史学与哲学分途，表明史、哲二科均未达于一间。

《太极图》的五层，分别是宇宙万物发展变化的五个阶段。五层之间有连线，表明五层相互连贯。宇宙万物的发展变化当然是一个整体，因此五层图绘需要上下叠加。分层绘图，如同一个圆柱体，是为了理解的需要。

因此，周敦颐的哲学思想，一言以蔽之，就是绝对的整体、绝对的同一。

周敦颐的哲学思想是一元论，不是二元论。二元论意味着宇宙的分裂和不可知，僵死而无变化。一元论意味着世界是统一的，万物有共同本质，宇宙有共同规律，宇宙一切现象最终都可以得到解释。

第六节　二程、张载与周敦颐的理学授受

一、周程授受

二程没有直接提到《太极图》，但《太极图》因为二程弟子而流传于世，从而即可以肯定周程之间的《太极图》授受关系。

清池生春编《明道先生年谱》六年癸丑四十二岁居洛，"六月七日周子卒"条说：

> 陆世仪云：二程之学，本于周子。或谓伊川作《明道行状》言"明道得不传之学于遗经"，不言周子，此不善读书者也。明道自言"见周茂叔后吟风弄月以归"，《定性书》即周子"定之以仁义中正而主静之旨"，至伊川《颜子所好何学论》"惟人得其秀而最灵"，皆周子《太极图》之言也，岂得云不本于周子？所谓得不传之学于遗经者，大抵圣贤之人一经指点，他自会去寻头路读书，终不然只守定这几句师说，亦不善学者矣。

朱子《濂溪先生行实》言："先生在南安时，年甚少，不为守所知。洛人程公珦摄通守事，视其气貌非常人，与语，知其为学知道也，因与为友，且使其子颢、颐受学焉。""知道"二字，具体有所指，就是易学之道。明于易学，才足以称之为"知道"。这在宋代已经逸出科举范围，被人们视为一种特殊的学问。

《二程遗书》中有不少条目直接提到周敦颐。朱子《伊洛渊源录》卷一《濂溪先生事状》附遗事十四条，主要记录周程授受。"周程授受"应该得到肯定。兹再撮述十条如下：

1. 《二程遗书》卷二上：明道曰："昔受学于周茂叔，每令寻颜子仲尼乐处，所乐何事。"

2. 《二程全书》卷一、《二程粹言》卷上："子（明道）谓门弟子曰：昔吾受《易》于周子，使吾求仲尼、颜子之所乐。要哉此言，二三子志之。"

3. 伊川《明道先生行状》："先生为学，自十五六时，闻汝南周茂叔论道，遂厌科举之业，慨然有求道之志。"（《二程遗书》明弘治陈宣刻本作"为学"，杨时订定、张栻编次江宁刊本作"之学"。）

朱子《伊川先生年谱》："年十四五，与明道同受学于舂陵周茂叔先生。见哲宗徽宗实录。"

朱子《戊申封事》："臣闻仁宗时有程颢者，与其弟颐同受学于周敦颐，实得孔孟以来不传之绪。"

4. 朱子编《伊川语录》及《伊洛渊源录》云："（伊川）先生曰：古人有言曰，共君一夜话，胜读十年书。若一日有所得，何止胜读十年书也。尝见李初平问周茂叔云：'某欲读书如何？'茂叔曰：'公老矣，无及也，待某只说与公。'初平遂听说话，二年乃觉悟。"

"周茂叔窗前草不除去。问之云：'与自家意思一般。'"

"明道先生言：'自再见周茂叔后，吟风弄月以归，有吾与点也之意。'"

《二程遗书》卷七："猎，自谓今无此好。周茂叔曰：何言之易也？但此心潜隐未，一日萌动，复如初矣。后十二年因见，果知未也。"（原注："明道年十六七时，好田猎，既而自谓已无此好。闻周先生此语后十二年，暮归，在田间见猎者，不觉有喜心。"）

《二程遗书》无"既而自谓已无此好。闻周先生此语后"十五字，见朱子《伊洛渊源录》。

5. 程颐《颜子所好何学论》："圣人之门，其徒三千，独称颜子为好学。夫《诗》《书》六艺，三千弟子非不习而通也，然则颜子所独好者何学也？""学以至圣人之道也。""圣人可学而至欤？"

朱子《太极图通书后序》："程先生兄弟语及性命之际，亦未尝不因其说，观《通书》之诚、动静、理性命等章，及程氏书之李仲通铭、程邵公志、颜子好学论等篇，则可见矣。"

6.《二程遗书》明道先生行状附门人朋友叙述：河间刘立之曰："从汝南周茂叔问学，穷性命之理，率性会道，体道成德，出处孔孟，从容不勉。"

7. 邵雍之子邵伯温《易学辨惑》："伊川同朱公掞访先君，先君留之饮酒，因以论道。伊川指面前食卓曰：此卓安在地上，不知天地是安在其处？先君为之极论天地万物之理，以及六合之外。伊川叹曰：平生唯见周茂叔论至此，然不及先生之有条理也。"

8. 尹焞弟子祁宽《通书后跋》："《通书》即其所著也。始出于程门侯师圣，传之荆门高元举、朱子发。宽初得于高，后得于朱，又后得和靖尹先生所藏，亦云得之程氏，今之传者是也。""或云图乃手授二程，故程本附之卷末也。"

9.《宋史·道学传·周敦颐传》："侯师圣学于程颐，未悟，访敦颐，敦颐曰：'吾老矣，说不可不详。'留对榻夜谈，越三日乃还。颐惊异之，曰：'非从周茂叔来耶？'其善开发人类此。"

10. 朱子弟子度正《濂溪先生周元公年表》："先生手以《太极图》授之。"

二、《太极图说》与《西铭》

张载《西铭》原名《订顽》，为《正蒙·乾称篇》中的一部分，张载曾将其录于学堂双牖的右侧，题为《订顽》，将篇中的另一部分录于左侧，题为《砭愚》。后程颐将《订顽》改称为《西铭》，《砭愚》改称为《东铭》。至朱熹又将《西铭》从《正蒙·乾称篇》中分出，加以注解，成为独立的篇章，向来被视为张载的代表著作。

这两段话本是张载为批评人的顽愚品性而说的，因为很好地阐述了儒家思想大意，所以一向被视为儒家经典篇目，评价极高。

二程都曾将《西铭》与孟子相提并论。程颢说："《西铭》，颢得此意，只是须得他子厚有如此笔力，他人无缘做得。孟子已后未有人及此文字，省多少言语。要之仁孝之理备于此，须臾而不于此，则便不仁不孝也。"（《程氏遗书》卷二上）程颐说："横渠道尽高，言尽醇，自孟子后，儒者都无他见识。""若《西铭》一篇，谁说得到此！今以管窥天固是见北斗，别处虽不得见，然见北斗不可谓不是也。"（《张载集·张子语录·张子后录上》引《程氏遗书》）

朱熹写有《西铭解》，《朱子语类》中《西铭》一篇的言论有三十余条之多。

《太极图说》的"无极"概念，在字面上不同于《道德经》的"无"。理学之所以单独成为一个儒家的新学派，一个重要的区分标准就是不杂用道家和佛教的术语，亦即所谓"醇儒"。朱子对汉唐诸儒的评判也以"不驳杂"为标准。在这个意义上，宋代理学有两个典范，一个是《太极图说》，一个是《西铭》。《西铭》纯用五经文字，所以与《太极图说》同样受到朱子的推许。

两宋之际，佛道鼎沸，儒学不竞，儒学面临很大危机与挑战。所以此篇一出，程颢就立即称道说："《订顽》之言，极醇无杂。秦汉以来，学者所未到。"又说："《订顽》一篇，意极完备，乃仁之体也。"（《近思录》卷二本注）谓韩愈的《原道》"语固多病"，"子厚之文，醇然无出此文也，自《孟子》后，盖未见此书"、"此横渠文之粹者也"。而朱熹也由"不杂"一面为《太极图说》辩解："《太极》之旨……绝无毫发可疑"、"《西铭》《太极》诸说，亦皆积数十年之功，无一字出私意……不著毫发意见夹杂"（《朱子文集》卷三十八《书（问答）·答黄叔张（黄维之）》）。"醇儒"问题，自汉代已提出。降及宋明，内有佛道异端之争，外有辽金华夷之辨，问题更显突出。二程之所以称道张载《西铭》一篇，即由其纯用儒家概念术语之故。

张载虽然不是周敦颐弟子，但《太极图说》偏于无极、太极，天极、地极，而比较忽略人极，《西铭》则是以一身一家比拟邦国天下，构建出一个宗法制的人极，恰是对于《太极图说》的续补。

《西铭》一篇主要阐述孔子《易传》的天道思想，说明乾坤一体，天地一家，归结为一个"孝"字。朱熹说此篇："中间句句段段，只说事亲事天。自一家言之，父母是一家之父母。自天下言之，天地是天下之父母。这是一气，初无间隔。'民吾同胞，物吾与也。'万物皆天地所生，而人独得天地之正气，故人为最灵，故民同胞，物则亦我之侪辈。"（《朱子语类》卷九十八）

朱熹充分肯定《西铭》表达出了儒家的重要"道理"，其核心在于仁孝，说："《西铭》有个劈下来底道理，有个横截断底道理。""圣人之于天地，如孝子之于父母。""仁是天德之全。事亲如事天，即是孝；自此推之，事天如事亲，即仁矣。"朱熹及其弟子还将《西铭》与《太极图说》并论，说："《西铭》一篇，始末皆是'理一分殊'。""看《西铭》，觉得句句是'理一分殊'。""《西铭》说，是形化底道理，此万物一源之性。《太极》者，自外而推入去，到此极尽，更没去处，所以谓之'太极'。"（《朱子语类》卷九十八）

第七节　朱子《太极图解义》《太极图说解义》

一、《太极图说解义》的三个刻本

理学自周敦颐、二程、杨时、罗从彦、李侗，至朱熹为六传弟子。

理学自周敦颐、二程、谢良佐、胡安国、胡宏，至张栻亦为六传弟子。

朱熹、张栻、吕祖谦合称"东南三贤"，张栻比朱熹小三岁，吕祖谦比朱熹小七岁。

朱熹（1130—1200），字元晦，一字仲晦，号晦庵，又号紫阳，世称晦庵先生、朱文公。祖籍江西婺源，生于福建尤溪。师承李侗，为周敦颐六传弟子。

张栻（1133—1180），字敬夫，后因避讳改字钦夫，号南轩，谥宣，后世又称张宣公。名相张浚之子，师承胡宏。乾道元年，朱熹奉祠监潭州南岳庙，张栻主管岳麓书院教务，遂约于乾道三年在岳麓书院会讲，史称"朱张会讲"。

吕祖谦（1137—1181），字伯恭，婺州金华人，郡望东莱，世称东莱先生。淳熙二年，朱熹与吕祖谦合编周子、程子、张子之书为《近思录》。乾道二年吕祖谦以太学博士补严州学教授，至乾道六年任太学博士并兼国史院编修官、实录院检讨官。

绍兴三十一年（1161），朱熹与李侗有书信往来，讨论《太极图说》，作《辛巳二月二十四日书》。乾道元年，朱熹奉祠监潭州南岳庙，张栻主管岳麓书院、城南书院教务，乾道三年（1167），二人相约在岳麓书院会讲，论学两个月，史称"朱张会讲"。

乾道五年（1169），陆九渊有答朱熹书，辩《太极图说》，朱熹作《答陆子美》。朱熹完成《太极图说解义》初本，作《太极图》《通书》后序（建安本）。

朱熹与张栻、吕祖谦讨论《太极图说》。乾道二年吕祖谦为严州学教授，乾道五年张栻任严州知州（在今浙江），乾道六年（1170），张栻在严州刊刻了朱熹《太极图说解义》初本，并作《通书》后跋，说："濂溪周先生《通书》，友人朱熹元晦以《太极图》列于篇首，而题之曰《太极通书》，栻刻于严陵学宫，以示多士。"此为《太极图说》的第一个刻本，今已不存。

在此期间，吕祖谦作《太极图义质疑》，对朱熹的理解提出异议，朱熹斟酌修改，在乾道九年形成《太极图说解义》定本。张栻也作出自己的《太极图说解义》，在乾道八年刊刻成书，成为《太极图说》的第二个刻本。此本刻于高安，今已不存。

但张栻的见解与朱熹不尽相同，因此朱熹通过吕祖谦劝说张栻收回印版。帮忙张栻刊刻《太极图说解义》的是刘清之。朱熹《答钦夫仁疑问》："刘子澄前日过此，说高安所刊《太极说》，见今印造，近亦有在延平见之者，不知尊兄以其书为如何？如有未安，恐须且收藏之，以俟考订而后出之也。"吕祖谦《与朱侍讲元晦》："《太极说》俟有高安便，当属子澄收其板。"刘子澄即刘清之，字子澄，号静春，乾道间曾任高安县丞（在今江西）。刘靖之、刘清之兄弟，江西清江人，号称清江学派。①

乾道九年（1173）朱熹的《太极图说解义》和《通书解义》定本由张栻安排刊刻，讲于严州。朱熹作《太极解义注后记》，张栻作《太极图解》后序，说："近岁新安朱熹尝为《图传》，其义固已多得之矣。栻复因之以己见，与同志者讲焉。"此为《太极图说》的第三个刻本，今存宋刻《晦庵先生文集》前集第四卷中。

乾道九年刘清之仍在高安任上，与朱熹往来甚密，朱熹为刘清之作《刘氏墨庄记》，因此帮忙刊刻朱熹《太极图说解义》的人可能仍是刘清之。

黄瑞节《朱子成书》说："按朱子于书无不绪正，而周子二书解在乾道九年已脱稿，至淳熙十五年始出以授学者。庆元五年三月，将终之前五日，犹为诸生讲《太极图》至夜分，则其于是书盖终身焉。"此处"始出以授学者"大概是朱熹开始传布给其弟子。

---

① 参见陈来：《朱子〈太极解义〉的成书过程与文本修订》，《文史哲》2008年第4期。陈来引证朱、吕书信，但未考证刘清之为高安县丞。

二、朱子解义的三次变化

（一）乾道六年朱熹的第一次解义本

吕祖谦《东莱别集》中载有《太极图义质疑》十四条，其中引用的朱熹解义是乾道六年朱熹的第一次解义本。吕祖谦引用的部分不全，其中有些朱熹修改了，有些没有修改。

《太极图义质疑》原文如下：

第一条：

朱：无声无臭，而造化之枢纽，品汇之根柢系焉。

吕：太极即造化之枢纽品汇之根柢也，恐多"系焉"两字。

第二条：

朱：所谓"一阴一阳之谓道"。"诚者圣人之本"，物之终始，而命之道也。"动而生阳"，诚之通也；"继之者善"万物之所资始也。"静而生阴"，诚之复也；"成之者性"，万物各正其性命也。

吕：以"动而生阳"为"继之者善"，"静而生阴"为"成之者性"，恐有分截之病。《通书》止云"一阴一阳之谓道，继之者善也，成之者性也。元亨，诚之通；利贞，诚之复"，却自浑全。

第三条：

朱：太极，道也；阴阳，器也。

吕：此固非世儒精粗之论，然似有形容太过之病。

第四条：

朱：太极立，则阳动阴静而两仪分。

吕：太极无未立之时，"立"之一字，语恐未莹。

第五条：

朱：然五行之生，随其气质而所禀不同，所谓"各一其性也"。"各一其性"则各具一太极，而气质自为阴阳刚柔，又自为五行矣。

吕：五行之生，随其气质而所禀不同，所谓"各一其性"，则各具太极，亦似未安。深详立言之意，似谓物物无不完具浑全。窃意观物者当于完具之中，识统宗会元之意。

第六条：

朱：有无极二五，则妙合而疑。

吕：二五之所以为二五者，即无极也。若有无极二五，则似各为一物，阴阳五行之精固可以云妙合而凝，至于无极之精，本未尝离，非可以合言也。

第七条：

朱：妙合云者，性为之主，而阴阳五行经纬乎其中。

吕：阴阳五行非离性而有也。有为之主者，又有经纬错综乎其中者，语意恐未安。

第八条：

朱（三句）：

男女虽分，然实一太极而已。

分而言之，一物各具一太极也。

道一而已，随事著见，故有三才之别，其实一太极也。

吕：此一段前后皆粹，中间一段似未安。

第九条：

朱：生生之体则仁也。

吕："体"字似未尽。

第十条：

朱：静者，性之贞也，万物之所以各正性命，而天下之大本所以立也，中与仁之谓也。盖中则无不正，而仁则无不义也。

吕：中则无不正，仁则无不义，此语甚善。但专指中与仁为静，却似未安。窃详本文云"圣人定之以中正仁义而主静"，是静者用之源，而中正仁义之主也。

第十一条：

朱：五行顺施，地道之所以立也。中正仁义，人道之所以立也。

吕：五行顺施，恐不可专以地道言之。"立人之道曰仁与义"，亦似不必加"中正"字。立人之道，统而言之，仁义而已。自圣人所以立人极者言之，则曰中正仁义焉。文意自不相袭。

第十二条：

朱（两句）：

☾者，阳之动也，○之用所以行也。☽者，阴之静也，○之体所以立也。☾者，☽之根也；☽者，☾之根也。

无极二五，理一分殊。

吕："理一分殊"之语，恐不当用于此。

第十三条：

朱：非中则正无所取，非仁则义无以行。

吕：未详。

第十四条：

朱：阳也，刚也，仁也，☾也，物之始也。阴也，柔也，义也，☽也，物之终也。

吕：后章云太极之妙，阴中有阳，阳中有阴，动静相涵，仁义不偏，未有截然不相入而各为一物者也。此语甚善，似不必以阴阳、刚柔、仁义相配。

（二）乾道九年朱熹的解义定本

迄今所能看到周敦颐《太极图》的最早版本，其一宋刻《濂溪先生集》不分卷本，书首为《太极图》，有直排的图题"周子太极图"，其二宋刻《元公周先生濂溪集》十二卷本，书首为《太极图》，有横排的图题"太极图"。不分卷本《目录》题为"《太极图》，朱熹氏解"、"《太极说》，朱熹氏解"，正文无标题。十二卷本《总目》题为"《太极图》，晦庵解义"、"《太极图说》，晦庵解义"，正文题为"附晦庵解义"、"朱熹解附"。此时周敦颐《太极图》的内容分为三个部分：第一是《太极图》，第二是《太极图解义》，第三是《太极图说解义》。

《太极图解义》实际上是参照《太极图说》和《通书》，注解《太极图》五层中的图形，所以每条注解的主语都是图形。朱熹弟子熊节、熊刚大在所作《新编音点性理群书句解》中，用文字对这些图形加注了名称，所以也可以直读。

以下排列出朱熹《太极图解义》的原文，分段尽量详细，共计分为20段：

○：此所谓"无极而太极"也，所以动而阳、静而阴之本体也。然非有以离乎阴阳也，即阴阳而指其本体，不离乎阴阳而为言尔。

◎：此○之动而阳、静而阴也。中○者，其本体也。

）者，阳之动也，○之用所以行也。）者，阴之静也，○之体所以立也。

）者，）之根也。）者，）之根也。

：此"阳变阴合，而生水、火、木、金、土"也。

＼者，阳之变也。／者，阴之合也。

水：阴盛，故居右。火：阳盛，故居左。木：阳稚，故次火。金：阴稚，故次水。土：冲气，故居中。

而水、火之✕交系乎上，阴根阳、阳根阴也。

水而木，木而火，火而土，土而金，金而复水，如环无端，五气布、四时行也。

："五行一阴阳"，五殊二实无余欠也。"阴阳一太极"，精粗本末无彼此也。"太极本无极"，"上天之载，无声无臭"也。

"五行之生，各一其性"，气殊质异，各一其〇，无假借也。

〇：此无极、二、五所以妙合而无间也。

〇："乾男坤女"，以气化者言也。各一其性，而男女一太极也。

〇："万物化生"，以形化者言也。各一其性，而万物一太极也。

此以上引《说》，解剥《图》体。此以下据《图》，推尽《说》意。（此句是不分卷本的双行小字夹注。）

"惟人也，得其秀而最灵"，则所谓"人〇"者，于是乎在矣。

然形，☽之为也；神，☾之发也。五性，✕之德也。善恶，男女之分也。万事，万物之象也。此天下之动所以纷纭交错，而吉凶悔吝所由以生也。

惟圣人者，又得其秀之精一，而有以全乎〇之体用者也。是以一动一静，各臻其极，而天下之故，常感通乎寂然不动之"中"。

盖中也，仁也，感也，所谓☾也，〇之用所以行也。正也，义也，寂也，所谓☽也，〇之体所以立也。"中正仁义"，浑然全体，而静者常为主焉。则人〇于是乎立，而〇、◉、✕、天地、日月、四时、鬼神，有所不能违矣。君子之戒慎恐惧，所以修此而吉也。小人之放僻邪侈，所以悖此而凶也。

天、地、人之道，各一○也。阳也，刚也，仁也，所谓◖也，物之始也。阴也，柔也，义也，所谓◗也，物之终也。此所谓《易》也，而三极之道立焉，实则一○也。故曰"《易》有太极"，◎之谓也。

朱熹《太极图说解义》，先列出周敦颐《太极图说》原文，然后加以注解。因为《太极图说》和朱熹解义原文篇幅不长，以下也录出原文，共计10段，并将周子本意与朱子之意适当加以分析比较。

（1）

无极而太极。

朱子解义："上天之载，无声无臭"，而实造化之枢纽，品汇之根柢也。故曰："无极而太极。"非"太极"之外，复有"无极"也。

此处"无极"与"太极"之间的连词，朱熹主张用"而"字，不用"生"字或"为"字。

"而"，字义为"若"。顾炎武《日知录》言，"而"古通"如"，"如何"又作"而何"，"如今"又作"而今"。据此，"而"字可以理解为如若、如同、差不多、接近于。所以，"无极而太极"一句可以意译为"无极"而又是"太极"，或"无极"同时又就是"太极"，或"无极"差不多就是"太极"。

"而"，读音为轻声。《朱子语类》载朱熹说："'无极而太极'，此'而'字轻，无次序故也。""无次序"是说"无极"和"太极"在书写上只能有先有后，但在概念上各有其重要性，所以不分先后。"而"字读轻声，是说淡化"无极"和"太极"的区别，而让"无极"与"太极"之间成为一种含混而微妙的过渡。

朱熹云："以理言之则不可谓之'有'，以物言之则不可谓之'无'。"可知是无而不无、有而不有，介于"有"、"无"中间的一种状态。

"而"字虽被淡化，却是连接"无极"和"太极"的唯一链条。"而"字的淡化恰好是"无极"和"太极"关联的强化，所以朱熹更强调"无极"、"太极"是一非二。

（2）

太极动而生阳，动极而静；静而生阴，静极复动。一动一静，互为其根；分阴分阳，两仪立焉。

朱子解义：太极之有动静，是天命之流行也，所谓"一阴一阳之谓道"。"诚者，圣人之本"，物之始终，而命之道也。其动也，"诚之通"也，"继之者善"，万物之所资以始也。其静也，"诚之复"也，"成之者性"，万物各正其性命也。"动极而静，静极复动"，"一动一静，互为其根"，命之所以流行而不已也。"动而生阳，静而生阴"，"分阴分阳，两仪立焉"，分之所以一定而不移也。盖太极者，本然之妙也；动静者，所乘之机也。太极，形而上之道也；阴阳，形而下之器也。是以自其著者而观之，则动静不同时，阴阳不同位，而太极无不在焉。自其微者而观之，则冲漠无朕，而动静阴阳之理，已悉具于其中矣。虽然，推之于前而不见其始之合，引之于后而不见其终之离也。故程子曰："动静无端，阴阳无始。非知道者，孰能识之？"

（3）

阳变阴合，而生水、火、木、金、土。五气顺布，四时行焉。

朱子解义：有太极，则一动一静而两仪分；有阴阳，则一变一合而五行具。然五行者，质具于地而气行于天者也。以质而语其生之序，则曰水、火、木、金、土，而水、木阳也，火、金阴也。以气而语其行之序，则曰木、火、土、金、水，而木、火阳也，金、水阴也。又统而言之，则气阳而质阴也；又错而言之，则动阳而静阴也。盖五行之变，至于不可穷，然无适而非阴阳之道。至其所以为阴阳者，则又无适而非太极之本然也。夫岂有所亏欠间隔哉！

（4）

五行一阴阳也，阴阳一太极也，太极本无极也。

五行之生也，各一其性。

朱子解义：五行具，则造化发育之具无不备矣。故又即此而推本之，以明其浑然一体，莫非无极之妙，而无极之妙，亦未尝不各具于一物之中也。盖五行异质，四时异气，而皆不能外乎阴阳。阴阳异位，动静异时，而皆不能离乎太极。至于所以为太极者，又初无声臭之可言，是性之本体然也。天下岂有性外之物哉！

然五行之生，随其气质而所禀不同，所谓"各一其性"也。各一其性，则浑然太极之全体，无不各具于一物之中，而性之无所不在，又可见矣。

此处据张栻解义分段。

"五行一阴阳也，阴阳一太极也，太极本无极也"三句，是回溯《太极图》第一、二、三层，并且句型整齐，语义明显。"五行之生也，各一其性"二句开始讲"人极"，当在下一节。张栻解义分章符合周敦颐本意，朱熹分章与周敦颐本意不符。

十二卷本、不分卷本朱熹解义，"五行一阴阳也，阴阳一太极也，太极本无极也"三句与"五行之生也，各一其性"二句合为一章。

不分卷本朱熹解义下，有双行小字原注："南轩将上文'五行之生也，各一其性'二句连'无极之真'解。"

明刻周木重辑《濂溪周元公全集》载张栻解义下，有双行小字原注："正本'五行之生，各一其性'附在下段。"

《近思录集解》载张南轩曰、《朱子成书》载南轩张氏曰，"五行之生也，各一其性"二句均单独作解义，可知张栻以"五行一阴阳也，阴阳一太极也，太极本无极也"三句作一章。

（5）

无极之真，二五之精，妙合而凝。乾道成男，坤道成女。二气交感，化生万物。万物生生，而变化无穷焉。

朱子解义：夫"天下无性外之物"，而性无不在，此无极、二五所以混融而无间者也，所谓"妙合"者也。"真"以理言，无妄之谓也。"精"以气言，不二之名也。"凝"者聚也，气聚而成形焉。盖性为之主，而阴阳、五行为之经纬错综，又各以类凝聚而成形焉。阳而健者成男，则父之道也。阴而顺者成女，则母之道也。是人物之始，以气化而生者也。气聚成形，则形交气感，遂以形化，而人物生生，变化无穷矣。

自男女而观之，则男女各一其性，而男女一太极也。自万物而观之，则万物各一其性，而万物一太极也。盖合而言之，万物统体一太极也；分而言之，一物各具一太极也。所谓"天下无性外之物"，而性无不在者，于此尤可见其全矣。子思子曰："君子语大，天下莫能载焉；语小，天下莫能破焉。"此之谓也。

"夫天下无性外之物"以下逐句解释《太极图说》，是向分处讲，即所谓"分而言之"符合周敦颐本意。

"男女各一其性"、"万物各一其性"，犹言"五行各一其性"，"各一"的"一"是名词，一个，性是气质之性。

"男女一太极"、"万物一太极"，犹言"五行一阴阳"、"阴阳一太极"，单字的"一"是动词，一于、原于，太极亦即天命之性。

"男女各一其性，而男女一太极也"，按周子义则是转折：虽然男女各自具备一个不同的气质之性，然而男女的气质之性也都原于太极。

而朱子之意则说："自男女而观之"以下将阴阳、五行、男女、万物统归于天命之性，即统归于太极，是向合处讲，即所谓"合而言之"，却是朱熹自己的理解。

"男女各一其性，而男女一太极也"，按朱子义则是顺承：男女各自都具备天命之性，因而也就是男女各自都具备一个太极。

（6）

惟人也，得其秀而最灵。形既生矣，神发知矣，五性感动，而善恶分，万事出矣。

朱子解义：此言众人具动静之理而常失之于动也。盖人物之生，莫不有太极之道焉。然阴阳、五行气质交运，而人之所禀独得其秀，故其心为最灵，而有以不失其性之全，所谓天地之心，而人之极也。然形生于阴，神发于阳，五常之性，感物而动，而阳善阴恶，又以类分，而五性之殊，散为万事。盖二气五行，化生万物，其在人者又如此，自非圣人全体太极有以定之，则欲动情胜，利害相攻，人极不立，而违禽兽不远矣。

（7）

圣人定之以中正仁义，（圣人之道，仁义中正而已矣。）而主静，（无欲故静。）立人极焉。故圣人"与天地合其德，日月合其明，四时合其序，鬼神合其吉凶"。

朱子解义：此言圣人全动静之德，而常本之于静也。盖人本阴阳、五行之秀气以生，而圣人之生，又得其秀之秀者。是以其行之也中，其处之也正，其发之也仁，其裁之也义。盖一动一静，莫不有以全夫太极之道而无所亏焉，则向之所谓欲动情胜、利害相攻者，于此乎定矣。然静者诚之复而性之贞也，苟非此心寂然，无欲而静，则亦何以酬酢事物之变，而一天下之动哉！故圣人中正仁义，动静周流，而其动也必主乎静。此其所以成位乎中，而天地、日月、四时、鬼神有所不能违也。盖必其体立而后用有以行，若程子论乾坤动静而曰"不专一则不能直遂"、"不翕聚则不能发散"，亦此意尔。

此处讲"人极"，"人极"指的是什么？《通书》中除讲义理 7 条之外，其他讲圣人 11 条，教化 9 条，礼乐 5 条，政刑 6 条，文辞 2 条，讲的都是人事，"人极"的范围大概可知。

（8）

君子修之吉，小人悖之凶。

朱子解义：圣人，太极之全体，一动一静无适而非中正仁义之极，盖不假修为而自然也。未至此而修之，君子之所以吉也；不知此而悖之，小人之所以凶也。修之悖之，亦在乎敬肆之间而已矣。敬则欲寡而理明，寡之又寡，以至于无，则"静虚动直"，而圣可学矣。

（9）

故曰："立天之道，曰阴与阳；立地之道，曰柔与刚；立人之道，曰仁与义。"

又曰："原始反终，故知死生之说。"

朱子解义：阴阳成象，天道之所以立也；刚柔成质，地道之所以立也；仁义成德，人道之所以立也。道一而已，随事著见，故有三才之别，而于其中又各有体用之分焉，其实则一太极也。

阳也，刚也，仁也，物之始也；阴也，柔也，义也，物之终也。能原其始而知所以生，则反其终而知所以死矣。此天地之间，纲纪造化流行，古今不言之妙。圣人作《易》，其大意盖不出此，故引之以证其说。

（10）

大哉《易》也，斯其至矣！

朱子解义：《易》之为书，广大悉备，然语其至极，则此《图》尽之，其指岂不深哉！抑尝闻之，程子兄弟之学于周子也，周子手是《图》以授之。程子之言性与天道，多出于此，然卒未尝明以此《图》示人，是则必有微意焉，学者亦不可以不知也。

（三）度正记录的朱熹解义

朱子对《太极图说》还有第三种解释。嘉定六年度正在《书晦庵太极图解后》中说到朱熹命他搜访周子遗文，他"始读先生所释《太极图说》，莫得其义，然时时览而思之，不敢废。其后十有余年，读之既久，然后始知"。接着度正有一段话是对《太极图说》大意的梳理，理解与朱子相同，但是叙述比朱子清晰。

度正说："所谓上之一圈者，太极本然之妙也。及其动静既分，阴阳既形，而其所谓上之一圈者，常在乎其中，盖本然之妙未始相离也。至于阴阳变合而生五行，水火木金上各具一圈者，所谓'分而言之'，一物一太极也。水而木，木而火，火而土，土而金，复会于一圈者，所谓'合而言之'，五行一太极也。然其指五行之合也，总水火木金而不及土者，盖土行四气，举是四者以该之，'两仪生四象'之义也。其下之一圈为乾男坤女者，所谓男女一太极也。又其下之一圈为万物化生者，所谓万物一太极也。以见太极之妙，流行于天地之间者，无乎不在，而无物不然也。"

此下度正追述了朱子对他所说的一段"密语"，意思不见于《太极图说解义》，可以视为朱子不对人言的真实想法。

度正《书晦庵太极图解后》说：

先生尝语正曰："万物生于五行，五行生于阴阳，阴阳生于太极，其理至此而极。"正当时闻之，心中释然，若有以见夫理之所以然，名之所以立者。

先生又曰："'乾道成男，坤道成女'，何也？此程子所谓'海上无人之境，而人忽生乎其间'者，此天地生物之始，礼家所谓'感生'之道也。"

又曰："'生天生地，成鬼成帝'，即太极动静生阴阳之义。"盖先生晚年，表里洞然，事理俱融。凡诸子百家，一言一行之合于道者，亦无不察，况圣门之要旨哉！

度正，字周卿，号性善，合州人，朱熹弟子。作《濂溪先生周元公世家》《濂溪先生周元公年表》。

此篇"先生"均指朱熹。

"海上无人之境，而人忽生乎其间"，出处不详。"海上"指海外，中原以外的荒漠之地。《汉书·苏武传》："徙武北海上无人处，使牧羝羊。"

"礼家"指《礼记》之学。《礼记·丧服小记》："王者禘其祖之所自出"，郑玄注："始祖感天神灵而生。"

"感生"，感应而生。

"生天生地，成鬼成帝"语出《庄子·大宗师》，原文作："神鬼神帝，生天生地。""神鬼神帝"犹言生鬼生帝。"神"解为申出、引出，用为动词，与下文"生天生地"之"生"相对。

朱子曾说，"如老、佛窥见这个道理，《庄子》'神鬼神帝，生天生地'，释氏所谓'能为万象主，不逐四时雕'，它也窥见这个道理。"见《朱子语类》。但在《太极图说》的注解中，朱子从未用过"感生"的概念。

三、"无极而太极"的哲学解释

"无极而太极"，可以有几种解释：

（1）版本上的完整表达："无极生太极"、"太极本无极"；"无极"产生出"太极"，"太极"本原于"无极"。一句话顺说，一句话逆推，两句话互证，在正序和逆序中的关系都依然不变。"而"应该解释为"生"，或者说"无极而生太极"、"自无极而为太极"的版本是对的，也是更加清晰的。

（2）字面上的表达：绝对的没有极（无极），产生出最大的极（太极）；最大的极（太极），本原于绝对的没有极（无极）。

（3）图形上的含义：绝对的没有极（无极），其本身就是最大的极（太极）；最大的极（太极），其本身就是绝对的没有极（无极）。所以，绝对的没有极（无极），与最大的极（太极），二者是同一的。《太极图》第一层的正圆形，有圆周而无任何填充，既是最大的极（太极），也是绝对的没有极（无极）。

（4）宇宙起源上的含义：但绝对的没有极（无极）与最大的极（太极）二者的同一，是就宇宙的本原而言；在宇宙起源的最早的绝对的"奇点"（jī diǎn，单独存在、绝对唯一的原点）上看，绝对大与绝对小，无限大与无限小，绝对的没有极（无极）与最大的极（太极），意义都相同。

（5）哲学概念上的含义：绝对的没有极（无极）与最大的极（太极）二者的同一，同时也是就哲学概念而言。人类发明了语言，然后用语音去定义这个世界，这时候人们说"无极"，用以思考宇宙的本原；人们说"太极"，用以思考万物的现象；换言之，"无极"与"太极"都是出于人类思考的需要。人类这种概念性的思考，叫作哲学。

朱熹说："不言'无极'，则'太极'同于一物，而不足为万化之根；不言'太极'，则'无极'沦于空寂，而不能为万化之根。"换言之，为了表达"万化之根"的无限性，需要使用"无极"这个概念；为了表达"万化之根"的实在性，需要使用"太极"这个概念。又换言之，"太极"既然是最大的极，那么它就不能自己变化，必须依赖于"无极"，而获得自我的否定；"无极"既然是没有极，那么它就无法具有意义，必须不离开"太极"，而脱离空寂。因此，这句解释是朱熹最具有哲学意义的解释。

（6）《太极图》的第一层不是在宇宙构成、宇宙现象的层面，探讨每一个物体与另一个物体之间，或大或小、或轻或重的相对关系。而是在宇宙本体、哲学本体的层面，探讨宇宙起源、宇宙本质和哲学概念上的绝对关系。

《易经》本含"太极""无极"之理，但提出"太极"概念者是《易传》，提出"无极"概念者是《太极图》。《太极图》的第一个贡献是提出了"无极"的绝对概念，超越了《易传》的"太极"概念。

（7）"无极而太极"，在"无极"和"太极"之间只有一个"而"字连接，并且"而"字轻声弱读，具有神秘性，因此也具有哲学性的奇妙感。从语法上说，在"而"字居中的这个五字句型中，不能将"而"理解为"因而"、"然而"、"而后"、"而且"，不能引起"无极"与"太极"二者之间的任何不对等关系。古文中，"而"有"如""若"的字义，"如何"又写作"而何"。所以，"无极而太极"可以理解为："无极"同时又是"太极"，"太极"同时又是"无极"。"无极"与"太极"二者，异名同实，既互相区别，又本质同一。说同一又该区别，说区别又该同一。无论说它们是二非一，或者说它们是一非二，都又对又不对。这就是"而"字的妙用。

（8）如果不是"无极而太极"的同实异名，而是将"无极"与"太极"打断，那么，在哲学上，单一的"太极"实际上不能成立。如果没有"无极"的自我否定，"太极"将是一片死寂，绝不可能生出"两仪"。

而朱熹解释"无极"、"太极"，或"无极而太极"、"太极本无极"，有三种样式。

其一，"无极"、"太极"平行相对，或"无极而太极"、"太极本无极"平行相对的样式。"无极"、"太极"大致与"无"、"有"对应。此处"而"字轻读。

（1）"不言'无极'，则'太极'同于一物，而不足为万化之根；不言'太极'，则'无极'沦于空寂，而不能为万化之根。"（乾道五年己丑朱熹四十岁，《答陆子美》）

（2）"'无极而太极'，无声无臭，而造化之枢纽，品汇之根柢系焉。"（宋吕祖谦《东莱集·太极图义质疑》引）

（3）"'无极而太极'，'上天之载，无声无臭'，而实造化之枢纽，品汇之根柢也。"（《太极图说解义》）

（4）"'无极而太极'，而无极中万象森列，不可谓之无矣；'太极本无极'，则太极之体冲漠无朕，不可谓之有矣。"（《太极图说解义》·集说）

（5）"以理言之，则不可谓之有；以物言之，则不可谓之无。"（《朱子语类》沈僩录，庆元四年戊午以后所闻，朱熹六十九岁）

其二，"无极"、"太极"平行，但"无极"不解释为"无"，而解释为"无形"的样式。"无极"逐渐失去形上概念性质。

（1）"以其无器与形，而具天地万物之理，故曰'无极而太极'；以其具天地万物之理，而无器与形，故曰'太极本无极'。"（元黄瑞节编《朱子成书》）

（2）"以其无器与形，而天地万物之理无不在是，故曰'无极而太极'；以其具天地万物之理，而无器与形，故曰'太极本无极'。"（淳熙六年己亥朱熹五十岁，《隆兴府学濂溪先生祠记》）

其三，以"无极"修饰"太极"，实际上只有"太极"、取消"无极"的样式。将"无极而太极"解释为"无形的太极"或"无形的太极之理"。此处"而"字解释为"却"、"然而"、"但是"，"而"字已失去轻读的意义。

（1）"'无极而太极'，只是无形而有理。"（《朱子语类》周谟录，淳熙六年己亥以后所闻，朱熹五十岁）

（2）"'无极'者无形，'太极'者有理也。"（《朱子语类》郑可学录，绍熙二年辛亥所闻，朱熹六十二岁）

（3）"周子曰'无极而太极'，盖云无此形状而有此道理耳。"（《朱子语类》黄䇓录，淳熙十五年戊申所闻，朱熹六十三岁）

（4）"'无极而太极'正谓'无此形状而有此道理'耳。"（《性理大全》）

（5）"'无极'……是有理，而无形。"（《朱子语类》甘节录，绍熙四年癸丑以后所闻，朱熹六十四岁）

（6）"'无极'……虽无形，却有理。"（《朱子语类》林夔孙录，庆元三年丁巳以后所闻，朱熹六十八岁）

（7）"'无极而太极'，只是说无形而有理。"（同上《朱子语类》沈僩录，庆元四年戊午以后所闻，朱熹六十九岁）

（8）"'无极'只是无形状，'太极'只是至理。"（《性理大全》）

（9）"'无极'者，只是说这道理，当初元无一物，只是有此理而已。"（《性理大全》）

朱熹说"非太极之外，复有无极也"，此言颇具哲理，"无极"当在"太极"之内，即"太极"之自身，盖概念为二，其实是一。但朱熹回避了"无极"和"太极"的相对独立性。《太极图》五层亦可谓"层级有五，其实是一"，所谓"自'太极'以至'万物化生'只是一个圈"。如果仅就五层之实而言，则不必有《太极图》矣。"理一万殊"，若只言理一，不言万殊，则不必有哲学矣。当言太极则言太极，当言无极则言无极，一出一入，回环反复，方成为哲学思辨。

朱熹解释"无极而太极"为"无形而有理"，即"无形的理"。"无极"对译为"无形"，"太极"对译为"有理"；将"无极"理解为形容词，将"太极"理解为名词；用形容词修饰名词，用"无极"修饰"太极"。

但"而"字无论如何都没有现代汉语"的"的字义。正如陆九渊《与朱元晦》所说："'极'字亦不可以'形'字释之。"

而朱子上述三种样式的解释，则明显反映出他从坚持形上之学到放弃形上之学的妥协退让过程。

四、朱子的答辩与义理的难题

朱子对《太极图》的推崇和解义，不仅引起了他和张栻、吕祖谦的异议，也引起了弟子辈如廖德明的争议，更引起了陆九韶、陆九渊兄弟的辩驳，而他自己对《太极图》的理解也屡有变化。

为此，朱子专作一篇《太极解义后论》，对各家疑义汇总答辩。

《太极解义后论》是针对张栻、吕祖谦、廖德明对《太极图解义》《太极图说解义》的批评而发，其中综合了八条意见，包括一条总体批评，四条主要批评，三条次要批评。①

---

① 参见杨柱才：《朱子〈太极解义〉研究》，《人文与价值：朱子学国际学术研讨会暨朱子诞辰880周年纪念会论文集》，华东师范大学出版社，2011年；陈来：《朱子〈太极解义〉的哲学建构》，《哲学研究》2018年第2期。

朱子《太极解义后论》说道：

> 愚既为此说，读者病其分裂已甚，辩诘纷然，苦于酬应之不给也，故总而论之。大抵难者或谓不当以"继善"、"成性"分阴阳；或谓不当以太极、阴阳分道器；或谓不当以"仁义中正"分体用；或谓不当言"一物各具一太极"。又有谓体用一源，不可言"体立而后用行"者；又有谓仁为统体，不可偏指为"阳动"者；又有谓"仁义中正"之分，不当反其类者。

一条总体批评：

"分裂已甚"这一条是总体批评，似针对张栻《南轩集》卷二十五《寄吕伯恭书》："元晦数通书讲论比旧尤好……但仁义中正之论，终执旧说。濂溪自得处浑全，诚为二先生发源所自。然元晦持其说，句句而论，字字而解，故未免返流于牵强，而亦非濂溪本意也。"

四条主要批评：

"不当以'继善'、'成性'分阴阳"这句似针对吕祖谦《东莱集》卷十六《太极图义质疑》："'动而生阳，诚之通也，继之者善，万物之所资始也。静而生阴，诚之复也，成之者性，万物各正其性命也。'以'动而生阳'为继之者善，'静而生阴'为成之者性，恐有分截之病。《通书》上云'一阴一阳之谓道继之者善也，成之者性也。元亨，诚之通；利贞，诚之复。'却自浑全。"

"不当以太极、阴阳分道器"这句似针对吕祖谦《东莱集》卷十六《太极图义质疑》："'太极，道也；阴阳，器也。'此固非世儒精粗之论，然似有形容太过之病。"

"不当以'仁义中正'分体用"这句似针对张栻《南轩集》卷二十《答朱

元晦秘书书》："故探其本，则未发之前，爱之理存乎性，是乃仁之体者也。察其动，则已发之际，爱之施被乎物，是乃仁之用者也。体用一源，内外一致，此仁之所以为妙也。"

"不当言'一物各具一太极'"这句似针对张栻。《朱子全书》卷三十一《答张钦夫》"'各具一太极'，来喻固善。然一事一物上各自具足此理，著个'一'字方见得无欠剩处，似亦不妨。不审尊意以为如何？"

三条次要批评：

"不可言'体立而后用行'者"这句似针对《南轩集》卷二十《答朱元晦秘书书》："伯恭昨日得书，犹疑《太极》说'中'，体用先后之论，要之须是辨析分明，方真见所谓一源者。不然，其所谓一源，只是臆度想象耳。"

"不可偏指为'阳动'者"这句似针对吕祖谦《东莱集》卷十六《太极图义质疑》："'阳也，刚也，仁也，物之始也；阴也，柔也，义也，物之终也。'似不必以阴阳、刚柔、仁义相配。"

"不当反其类者"这句似针对张栻《南轩集》卷二十《答朱元晦秘书书》："某意却疑'仁义中正'分动静之说。盖是四者皆有动静之可言，而静者常为之主。必欲于其中指二者为静，终有弊病，兼恐非周子之意。周子于'主静'字下注云'无欲故静'，可见矣。"

晁公武《郡斋读书志》有《无极太极辨》一卷，著录云："右朱文公、陆梭山、象山往复论难之书也。"原书已佚，但朱子与陆子的来往书信仍均保存。

孙能传《内阁藏书目录》有《太极问答》二册，著录云"朱晦庵著"。原书已佚，但朱子与弟子关于《太极图》的问答在《朱子语类》中仍可看到。

黄瑞节《朱子成书》说过："然与陆氏兄弟往复争辩以此，与林侍郎栗论不合得劾以此，最后台臣排击伪学，有张贵谟者，指论《太极图说》之非，遂决去以终其身，亦以此。"

吕柟《宋四子抄释》也说："宋五子中惟周子著书最少，而诸儒辨论则惟周子之书最多。无极、太极之说，朱陆两家断断相轧，五六百年门户之分，甚于冰炭。"

特别是对于最具哲学意义的"无极而太极"命题，朱熹的支持者如张栻、吕祖谦，反对者如陆九韶、陆九渊兄弟，以及朱熹众多弟子如廖德明，几乎所有人都有困惑和质疑。

这里就出现了一个问题：既然学者没能发现周敦颐《太极图》的重要价值，既然朱子的《太极图说解义》未必符合周子《太极图》的本意，既然当世学者基本上都不理解朱子的用意，同时南宋以后元明清三朝乃至古代朝鲜、古代日本的汉学家无不陷入或朱或陆的论争，那么《太极图说解义》尚有什么意义？

须知在古典时代，经史之学、词章诗赋之学、义理之学同样代表着文明发展的高度，而其中义理之学因其具有形而上学的抽象性，因而具备超越文献载体、超越时间空间的特殊作用。从先秦而两宋而元明，古典学术由以经学文献学为核心，转变为以经学义理学为核心，由《五经》转变为《四书》，由理学转变为心学，这符合历史的变化趋势。幸而出现了两宋理学，以追求秩序性、合理性、抽象性为职志，使得这一时期的古典文明免于单一的物质性价值观，尤其是免于"森林–草原法则"的威胁，而使人文精神仍然高扬于世。

宋明理学是拥有广泛社会影响、具有显著的社会普及性质的学术思潮，而对于士人而言，义理之学不啻一种基本的素质教养。这种教养一方面追求高妙的形上思辨水平，一方面也可以视为一种思辨上的智力训练。宋元明清时期曾出现大量"性理"主题的基础读物，他们依类编排，逐类注解，成为士人学习义理概念的"哲学辞典"。做错的数学题也可以培养数学博士，同样，对《太极图》之种种误解并不影响义理概念的智力训练。

"无极而太极"（绝对的没有极，同时也就是绝对最大的极）是哲学的终极问题，这个终极问题本身即内涵矛盾，这个矛盾是哲学本身的内在矛盾，也是语言本身的内在矛盾。

第八节　张栻《太极图说解义》的初本和定本

张栻《太极图说解义》，与朱子《太极图说解义》同时完成，有初本、定本两种文本，均不见于张栻文集。

晁公武《郡斋读书志》有《张子太极解义》一卷，著录云："右张宣公解周元公太极之义也。"此书单行本久佚，幸而内容大体收录在宋刻《元公周先生濂溪集》十二卷本中。

陈来于1993年出版《朱熹哲学研究》，其韩国留学生苏铉盛的博士论文《张栻哲学思想研究》于2002年出版，辑佚还原了张栻《太极图说解义》的定本。杨世文整理《张栻集》，中华书局2015年出版，其中有"太极图说解义钩沉"，用周木重辑本《濂溪周元公全集》加以补充，并单独发表《张栻〈太极图说解义〉新辑》一文。粟品孝撰《张栻〈太极解义〉的完整再现》，最后将张栻《太极图说解义》定本加以完善。

张栻《太极图说解义》定本存于宋刻《元公周先生濂溪集》十二卷本卷一《太极图说》内，晦庵、南轩解义并存，但原书有残脱，需用周木重辑《濂溪周元公全集》补足。

而张栻《太极图说解义》初本也仍然存世，保存在宋刻《元公周先生濂溪集》卷之三"附诸儒太极类说"中，注明为"《南轩文集》并语录、答问及《解义》初本"。

十二卷本条末原注"《解义》或本，以下皆同"，总目作"《南轩文集》并语录、答问及《解义》初本"。周木重辑《濂溪周元公全集》条末原注作"《解义》初本",目录作"《南轩文集》并语录、答问及《解义》初本",与十二卷本总目全同。参合二本,当作"初本"为是。"或本"犹言别本,"初本"则是早于定本,即早于本书中张栻《太极图说解义》的文本。

据条末原注"以下皆同",张栻《太极图说解义》初本今存共计9段,虽非全文,大体不差。将9段重新拆分附属于《太极图说》的13段原文之下(张栻分段与朱子不同),即可还原成近乎完整的《太极图说解义》。

《太极图解》序　张栻

二程先生道学之传,发于濂溪周子。而《太极图》乃濂溪自得之妙,盖以手授二程先生者。或曰:濂溪传《太极图》于穆修,修之学出于陈抟,岂其然乎?此非诸子所得而知也。其言约,其意微,自孟氏以来未之有也。《通书》之说,大抵皆发明此意。故其首章曰:"诚者,圣人之本。'大哉乾元,万物资始',诚之源也。'乾道变化,各正性命',诚斯立焉。"夫曰"圣人之本"、"诚之源"者,盖深明万化之一源也,以见圣人之精蕴,此即《易》之所谓"密",《中庸》之所谓"无声无臭"者也。至于"乾道变化,各正性命",则是本体之流行发见者,故曰"诚斯立焉"。其篇云"五行阴阳,阴阳太极。四时运行,万物终始。混兮辟兮,其无穷兮",道学之源,实出乎此。愚不敏,辄举大端,与朋友共识焉。虽然,太极岂可以图传也?先生之意,特假图以立义,使学者默会其旨归,要当得之言意之表可也。不然,而谓可以方所求之哉?

《太极图解》后序　张栻

或曰:《太极图》,周先生手授二程先生者也,今二程先生之所讲论、答问之见于《遗书》者，大略可睹，独未及此《图》，何耶？以为未可遽示，则圣人之微辞见于《中庸》、《易系》者，先生固多所发明矣，而何独秘于此耶？杖应之曰：二程先生虽不及此《图》，然其说固多本之矣，试详考之，当自可见。学者诚能从事于敬，真积力久，则夫动静之幾将深有感于隐微之间，而是《图》之妙可以默得于胸中。不然，纵使辨说之详，犹为无益也。嗟乎！先生"诚通"、"诚复"之论，其至矣乎！圣人与天地同用，通而复，复而通，一往一来，至诚之无内外，而天命之无终穷也。君子修之，所以"戒慎恐惧"之严者，正以须史不在于是，则室其通，迷其复，而遏天命之流行故尔。此非用力之深者，孰能体之？近岁新安朱熹尝为《图传》，其义固已多得之矣。杖复因之以己见，与同志者讲焉。噫！言之之易，盖亦可惧也已。癸巳中夏广汉张杖书。

十二卷本"复而通"以下，误混《延平答问》李侗语，不分卷本此篇不误。

此处癸巳是乾道九年（1173）。

（1）

无极而太极。

初本第 1 段

曰："太极"之体，至静也，冲漠无朕，而无不遍该焉。某所谓"至静"，盖本体贯乎"已发"与"未发"而无间者也。

初本第 3 段

又曰：所谓"无极"者，非谓"（无）[太]极"之上复有所谓"无极"也。"太极本无极"，故谓之至静。而至静之中，万有森然，此天命之所以无穷，而至诚之所以无息也。（云云）

定本

南轩先生曰：此"极"夫（一作本）万化之源而言之也。曰"无极而太极"，其立言犹云"莫之为而为之"之辞也。"有无"本不足以论"道"，而必曰"无极而太极"者，所以明动静之本，而著天地之根，兼有无、贯显微、该体用者也。必有见乎此，而后知"太极"之妙不可以方所求也。其义深矣！

（2）

太极动而生阳，动极而静；静而生阴，静极复动。一动一静，互为其根；分阴分阳，两仪立焉。

初本第1段

然"太极"不能不动，"动极而静，静极复动"，此静对动者也。有动静则有形器，故动则生阳，静则生阴，"一动一静，互为其根"。盖动则有静，而静所以有动也，非动之能生静、静之能生动也，动静者，两仪之性情，而阴阳者，两仪之质也。"分阴分阳，两仪立矣"，有一则有两，一立则两见矣。两，故所以为一之用也。一不可见，则两之用或几乎息矣。（《解义》或本，以下皆同。）

初本第2段

又曰：新安朱熹曰："太极立，则阳动阴静而两仪分；两仪分，则阳变阴合而五行具。五行者，质具于地而气行乎天者也。"语至于是，则造化之功用无余蕴矣。然此亦推本其所自来，非以为至此而始具也。

定本

南轩先生曰：太极，涵动静之理者也。有体必有用。太极之动，"始而亨"也；"动极而静"，利而贞也。动静之端立，则阴阳之形著矣。"一动一静，互为其根"，动为静之根，而静复为动之根，非动之能生静，静之能生动也。动而静，静而动，两端相感，太极之道然也。故曰："一阖一辟谓之变，往来不穷谓之通。"语其体，则"无极而太极"，冥漠无朕，而动静阴阳之理无不具于其中。循其用，则动静之为阴阳者，阖辟往来，变化无穷，而太极之体各全于其形器之内。此《易》之所以为"易"也。

（3）

阳变阴合，而生水、火、木、金、土。五气顺布，四时行焉。

定本

南轩先生曰：阳主乎变，阴主乎合，其性情然也。阴阳变合，而五行之质形焉。五行质形于地，而气行于天。质之所生则水为首，而火、木、金、土次焉。气之所行则木为之先，而火、土、金、水次焉。五气顺布，四时之所以行也。二气、五行，乃造化之功用，亦非先有此而旋有彼，盖无不具于太极之中，而命之不已者然也。

（4）

五行一阴阳也，阴阳一太极也，太极本无极也。

初本第9段

夫万物本乎五行，五行本乎阴阳，阴阳本乎太极，而"太极本无极"也，则原始之义，其趣味岂有穷乎？

定本

南轩先生曰：此复沿流而极其源也。言"五行一阴阳也，阴阳一太极也"，而"太极本无极"，然则万化之源可得而推矣。非"太极"之上复有所谓"无极"也。"太极本无极"，言无声臭之可名也。

（5）

五行之生也，各一其性。

定本

（南轩先生曰：）五行生质虽［有］不同，然太极［之理］未尝不存也，故曰"各一其性"。（元本以"五行之生，各一其性"附在下段，而以"无极之真"属上句。）

（6）

无极之真，二五之精，妙合而凝。乾道成男，坤道成女。二气交感，化生万物。万物生生，而变化无穷焉。

初本第4段

又曰：朱曰："有是性则有阴阳、五行，有阴阳、五行则有人物生生而无穷焉。"凡此皆"无极"之具者也。"阴阳、五行，经纬错综"，混融无间，其合妙矣。于是阴阳"又各以类凝结而成象焉。阳而健者父之道，五行之所以布其气也。阴而顺者母之道，五行之所以成其质也"。是乃天地所以施生之本。"男女"所以为男女者，非指男女之身而言也，男女虽分，然贯一"太极"而已。于是二气交感，阳施阴生，而万物各随气质以正性命。阴阳、五行之类，有万不同，而其本亦一"太极"而已。

定本

南轩先生曰："无极之真"与夫"二五之精"，妙合凝聚，故有男女之象。非"无极之真"为一物，与"二五之精"相合也，言"无极之真"未尝不存于其中也。"无极"曰"真"，以理言也。"二五"曰"精"，以气言也。男女之象既成，则"二气交感"，而"化生万物"。"万物生生"，而"变化无穷"矣。盖有太极，则有二气、五行，而万物生焉，此所谓"性外无物"也。万物之生，禀二五之气，虽成质各不同，而莫不各具一太极，此所谓"物外无性"也。故《通书》曰："二气五行，化生万物。五殊二实，二本则一。是万为一，一实万分。"此之谓也。

（7）

惟人也，得其秀而最灵。形既生矣，神发知矣，五性感动，而善恶分，万

事出矣。

初本第5段

又曰：人之性，不能不感物而动。感物而动，固性之常。然而善恶自此分，万事自此出矣。〔何者？〕五性感动，动而心不宰，则情流而不知止，性以陷溺矣，所以为恶也。譬之水：发而无泥滓之杂，则固水之本然者。泥滓或参焉，则汩之矣。虽汩之，而水之本然者自在也，故贵于澄之，以复其初而已。人虽流于恶，其本然者亦岂遂（忘）〔亡〕乎？此圣人所以有教也。（此下述晦庵《解》。）

定本

南轩先生曰：人与物均禀乎天而具太极者也。然人也禀五行之秀，其天地之心之所存，不为气所昏隔，故为最灵。物非无是，而气则昏隔矣。然就万物之中亦有灵者，盖于其身有气之所不能尽隔者也，人则为最灵矣。然人所禀之气，就其秀之中亦不无厚薄昏明之异，故及其形生神发，五行之性为喜怒忧惧爱恶欲者感动于内，因其所偏，交互而形，于是有善恶之分，而万事从此出焉。盖原其本始，则天地之心，人与物所公共也。察其气禀之分，则人独为秀而最灵，而物则有异焉。又察其成质之后，于人之中又有厚薄昏明之殊焉。然人之赋质虽有殊，而其殊者可得而反也。其可得而反者，则以其气为最灵。太极之未尝不在者，有以通之故尔。物虽昏隔，而太极之所以为"极"者，亦何有亏欠乎哉！

（**8**）

圣人定之以中正仁义，（圣人之道，仁义中正而已矣。）**而主静，**（无欲故静。）**立人极焉。**

初本第6段

又曰：常人感物而动，动而不知止，故流于恶而失其性。圣人则"定之以中正仁义"。"中正",不偏也;"仁义",其体用也。曰"而主静"者,天性之本然,纯粹至善,"太极"之存乎人者也。"立人极"者,言为人道之准,其中而不可过者也。微圣人,则天下贸贸焉,莫知反躬之道,而无以为"极"矣。圣人之所以为"人极"者,是"太极"之所以为"极"者也。其曰"无欲故静"者,非言人之无欲也,言天性之本然,欲之未萌者也。此固造化之根柢,圣人所为主之者也。由是而动,无非本体之流行发见者矣。(此下举《通书·圣学章》。)

定本

南轩先生曰:人不能以反其初,则人极不立,而去庶物无几矣,故"定之以中正仁义而主静",圣人所以立人极也。动为"诚之通",静为"诚之复"。中也,仁也,动而通也,始而亨者也。正也,义也,静而复也,利以贞者也。中见于用,所谓"时中"者也。仁主乎生,所谓能爱者也,故曰动而通也。正虽因事而可见,然其则先定。义虽以宜而得名,然其方有常,故曰静而复也。中也,仁也,本为体,而周子则明其用。正也,义也,本为用,而周子则明其体。盖道无不有体有用,而用之中有体存焉。此正乾、始元而终贞之意。动则用行,静则体立,故圣人主静而动者行焉。动者行而不失其静之妙,此太极之道,圣人所以为全尽之也。太极立,则天地、日月、四时、鬼神之理,其有外是乎?故无所不合也,则以其一太极而已矣。

(9)

故圣人"与天地合其德,日月合其明,四时合其序,鬼神合其吉凶"。

初本第7段

又曰:天地之德,日月之所以明,四时之所以序,鬼神所以吉凶,皆是理也。圣人得"太极"之道而备诸躬,则其合也,岂在外乎?盖其理不越乎此而已。学圣者,盍亦勉夫修道之教乎!修之之要,其惟敬乎!"太极"之妙,不可以臆度而力致也，惟当一本于敬，以涵养之。"既发"之际，则因其端而致夫察之之功；"未发"之时，则即其体而不失其存之之妙。则其所以省察者，乃所以著存养之理。而其所以存养者厚，则省察者益明矣。此敬之功也，所谓"主静"者也。

（10）

君子修之吉，小人悖之凶。

初本第 8 段

又曰："君子修之吉"者，顺理之谓吉也。"小人悖之凶"者，逆理之谓凶也。顺理则平直坦易而无悔，非吉乎？逆理则艰难险阻而有碍，非凶乎？

定本

南轩先生曰：圣人者，"不勉而中，不思而得"。降于圣人，则贵乎修为。君子修之，而人极立，所谓吉也。小人悖之，而绝于天，所谓凶也。修之要，其惟敬乎！程子教人以敬为本，即周子"主静"之意也。要当于未发之时，即其体而不失其存之之妙；已发之际，循其用而不昧乎察之之功。则人欲可息，天理可明，而圣可希矣。

（11）

故曰："立天之道，曰阴与阳；立地之道，曰柔与刚；立人之道，曰仁与义。"

初本第 9 段

又曰：天之阴阳，地之柔刚，人之仁义，皆"太极"之蕴然也。人而"居仁由义"，则人道立而天道流行矣。

定本

南轩先生曰：此言三才之所以立也。天之阴阳，地之柔刚，人之仁义，皆太极之道然也。故《易》曰："六爻之动，三极之道也。"

（12）

又曰："原始反终，故知死生之说。"

初本第9段

始终一理也，知始则知终矣。古今、死生、昼夜、语默，无不然也。非谓死生之说别为一事也，只此理而已。

定本

[南轩先生曰：]死生之说，非别为一事也，亦不越乎动静、阴阳而已。原其始而知其所以生，则反其终而知其所以死矣。

（13）

大哉《易》也，斯其至矣！

定本

南轩先生曰："易有太极，是生两仪，两仪生四象，四象生八卦，八卦定吉凶，吉凶生大业。"易之道盖备于此，而此《图》亦尽之矣。

第九节　游九言《书太极图解后》

游九言（1142—1206），字诚之，号默斋，建阳人，张栻弟子。

度正《书晦庵太极图解后》，顺承朱子的解义，所言"物物太极"、"无方所"、"已发未发"，都出于朱子之说。

游九言作《书太极图解后》，从《太极图说》中分辨出"无极"、"太极"，以"无极"对应"无思"，将"太极"解读为"不昧"，而不解读为"无形"，这一理解与度正完全不同。

游九言、度正二人，一为朱子弟子，一为张栻弟子，恰可作为比较。

游九言《书太极图解后》：

"易有太极"，濂溪夫子加"无极"，何也？人肖天地。试即吾心验之，方其寂然无思，万善未发，是"无极"也，虽云未发，而此心昭然，灵源不昧，是"太极"也。欲知"太极"，先识吾心，澄神端虑，察而见焉。始知夫子发明造化之蕴，启悟万世，而羲《易》奥旨益著。或谓妄加"无极"，或以训诂文义名之，失夫子之意远矣。建安游九言谨书。

此文宋刻《元公周先生濂溪集》十二卷本正文题为"《书太极图解后》"，署名"游九言"，《总目》作"游诚之《书图解后》"。周木重辑《濂溪周元公全集》同。

罗大经《鹤林玉露》"无极太极"条评价说："游诚之，南轩高第。常言：'易有太极，而周子加以无极，何也？试即吾心验之。方其寂然无思，万善未发，是无极也。虽云未发，而此心昭然，灵源不昧，是太极也。'闻者服其简明。"

第十节　蔡渊《太极图原说》的三个版本

蔡渊（1156—1236），字伯静，号节斋，建宁府建阳人，蔡元定长子，蔡沈长兄。

蔡渊对周敦颐《太极图》的概说，前后共有三稿。

第一稿：

叶采《近思录集解》卷一引用了蔡渊的《太极图原说》。叶采《进近思录表》在淳祐十二年（1252），据其所说"删辑已逾于二纪"则始于绍定元年（1228）。引用蔡渊之文在此期间。

叶采《近思录集解》引用的蔡渊之文比较简略，且无标题。原文如下：

"易有太极"，易，变易也。夫子所谓无体之易也。"太极"，至极也。言变易无体，而有至极之理也。先儒皆以"太极"二字便为万化之原，而于"易"之一字但目为《易》书。故周子《太极图说》特以"无极而太极"发明"易有太极"之义，其所谓"无极而太极"者，盖亦无体之易，而有至极之理也。是其"无极之真"，实有得于夫子"易"之一言，而或以为周子妄加者，谬也。且其《图》《说》无非取于《易》者，而其篇末又以"大哉易也"结之，圣贤之言，断可识矣。

第二稿：

宋刻《元公周先生濂溪集》十二卷本收录的蔡节斋《太极图原说》，据署款"后学蔡渊跋"，此篇似曾题为《太极图说跋》。原文如下：

《太极图原说》

（首录《易传》八段，《太极图说》全文，兹从略。）

"易有太极"，易，变易也。夫子所谓无体之易也。"太极"，至极也。言变易无体，而有至极之理也。先儒皆以"太极"二字便为万化之原，而于"易"之一字但目为《易》书。故周子《太极图说》特以"无极而太极"发明"易有太极"之义，其所谓"无极而太极"者，盖亦无体之易，而有至极之理也。是其"无极之真"，实有得于夫子"易"之一言，而或以为周子妄加者，谬也。且其《太极图说》皆出于《易》："生阴"、"生阳"，即"生两仪"之义也。五行之用，即天地数五之用也。至于二气之化，万物之生，圣人与合之事，三材立道之故，始终死生之说，无非取于《易》者。而篇末又以"大哉易也"结之。况所谓"无极"者，又一篇之首语，而独无取于《易》乎？盖亦不思之甚矣。

今取夫子、周子之言，参而录之，学者其深思静玩，而反乎穷理尽性之实，则圣贤之言，有不待辩而明者。

嘉定戊寅四月望日，后学蔡渊跋。

"嘉定戊寅"为嘉定十一年（1218）。

第三稿：

《蔡氏九儒书》收录此文，题为《太极图解》，末署"绍定壬辰五月朔旦"。"绍定壬辰"即绍定五年（1232）。

原文如下：

《太极图解》

渊按："易有太极"，易，变易也，夫子所谓无体之易也。太极，至极也，言易无体而有至极之理也。先儒皆以"太极"二字便为万化之原，而于"易"之一字但目为《易》书。故《太极图》特以"无极而太极"发明"易有太极"之旨。其所谓"无极而太极"者，盖亦言其无体之易，而有至极之理也。以其无枢纽、根柢之形，实为天下之大枢纽、大根底也。而"太极本无极"者，以其为天下之大枢纽、大根底，而初非有枢纽、根柢之形也。圣人谓之"太极"者，所以指夫天地万物之理也。周子谓之"无极"者，所以著夫无臭之妙也。是其"无极"之说，实有得于"太极"之一言。或以为周子妄加者，谬也。夫子言"有"者，主易而言也。周子言"无"者，主太极而言也。主易则易无体，故曰有。主太极则太极有朕，故曰无。曰有曰无，由所主不同耳，然其理未曾不同也。

或问：夫子何为而主易？周子何为而主太极？

曰：夫子赞易则常主易，周子作太极则常主太极，又何疑焉。而其

"动而生阳，动极而静，静而生阴，静极复动，一动一静，互为其根"，命之所以流行而不已也。"分阴分阳，两仪立焉"，分之所以一定而不移也。"一阴一阳之谓道"，阴阳，气也，而所以阴阳者，道也。道也者，阴阳之理也。气行而理亦行，二者常相依而未尝相离也。故人物之生，必得是理，然后可以为健顺。仁义礼智之性，必得是气，然后可为魂魄。五脏百骸之身，周子所谓"二五之精，妙合而凝"者，正谓是也。太极，形而上之道；阴阳，形而下之器，此所谓分道器也。动静不同时，阴阳不同位，而太极无不在焉，此所谓"气即道"也。冲淡无朕，而动静阴阳之理已具乎其中，此所谓"道即器"也。形而上者，无形无影，是理；形而下者，有形有状，是器。不分上下，恐人惟以可见为始；不合道器，恐陷老氏精粗之说。程子所谓"无截然为阴为阳之理"，即周子"互为其根"也。程子所谓"升降生杀之大分"，即周子所谓"分阴分阳"也。二夫子所言如此，苟以太极即在阴阳中，则"器亦道"一句已足，又何必重复耶？主太极而言，则太极在阴阳之先；主阴阳而言，则太极在阴阳之内。主阴阳未生之时而言，则所谓太极者其理已具；主阴阳既生之后而言，则所谓太极者即在乎阴阳之中也。谓阴阳之上别有太极，常为阴阳主者，固陷于列子不生不化之谬。独执乎太极只在阴阳中之说者，又失其根底、枢纽之为，而大本有不识耳。其害可胜言哉！而《图说》皆本于《易》：生阴阳，则两仪之谓也。五行之用，即天地数五之义也。二气之化，万物之生，圣人六合之事，三才之道之数，始终死生之说，无非深通于《易》者，而人所当用功以求之也。但学者以气质有蔽之心，接乎万物无穷之变，目欲色，耳欲声，口欲味，鼻欲臭，四肢欲安佚，所以害乎其德者深固蔽塞，而此德之本明者日益昏昧，而此心之虚灵知觉闭于情窦，所知不过利害情欲之私而已。诚能阐发精微，工夫无间，又复玩味而使自得焉，则美大圣神之地可至矣，尚何是德有不明，是理有不通哉？是皆阴阳动静，为太极生生之节也。

渊固知其言之僭，于学者未必无少补云。绍定壬辰五月朔旦。

对比可知，第一稿中"且其《图》《说》无非取于《易》者，而其篇末又以'大哉易也'结之，圣贤之言，断可识矣"一小段，在第二稿中增补为一大段："且其《太极图说》皆出于《易》：'生阴'、'生阳'，即'生两仪'之义也。五行之用，即天地数五之用也。至于二气之化，万物之生，圣人与合之事，三材立道之故，始终死生之说，无非取于《易》者。而篇末又以'大哉易也'结之。况所谓'无极'者，又一篇之首语，而独无取于《易》乎？盖亦不思之甚矣。"

而第二稿中的这一段，在第三稿中又改写为："而《图说》皆本于《易》：生阴阳，则两仪之谓也。五行之用，即天地数五之义也。二气之化，万物之生，圣人六合之事，三才之道之数，始终死生之说，无非深通于《易》者。"

蔡渊的一文三稿，反映出了南宋学者在《太极图》问题上所作"义理训练"的完整过程。

第二章 宋元明清《太极图说》的图文研究

中古至近古数百年间，东亚汉字文化圈的主流思想是理学，理学的渊源是濂溪周子，濂溪周子的核心是《太极图》。《太极图》可谓宋代义理的"天花板"。《太极图》的研究有两个大的方面，一为《太极图》的古今诠释，一为《太极图》的渊源与学派，但两个方面的研究都离不开文献与义理问题，其中《太极图》的图形又是具体中的关键。

第一节 宋元满清《太极图》的两种形态

粟品孝《历代周敦颐文集序跋目录汇编》一书著录周濂溪集、周夫子志等宋刻本 7 部，明刻本 19 部，清刻本 9 部，共计 35 部。粟品孝首先考订周敦颐文集的由来，著录宋刻 7 部。以往学者只知国家图书馆所藏孤本宋刊《元公周先生濂溪集》十二卷，先后影印收入《北京图书馆古籍珍本丛刊》《宋集珍本丛刊》《中华再造善本》。粟品孝则考订出宋刻 7 部，自道州州学教授叶重开、朱熹弟子度正开其端，道州知州萧一致、江西进士易统、连州州学教授周梅叟承其后，然后有国图所藏宋刻十二卷本和宋刻残本。

根据粟品孝的论文《现存两部宋刻周敦颐文集的价值》的考订，宋刻残本《濂溪先生集》不分卷一册的刊刻时间当是南宋理宗后期，最早不会超过宝祐三年（1255）；宋刻《元公周先生濂溪集》十二卷本的刊刻时间在宋度宗咸淳六年（1270）之后，宋恭帝德祐元年（1275）之前。此时距离周子谢世已经超过180年，但这两部宋代孤本作为濂溪文献的传世最早版本，仍然具有极大的版本价值。

借助粟品孝的研究，现在得以列出这两部宋代孤本中的《太极图》原图的影印本（未经修图的文献资料）。

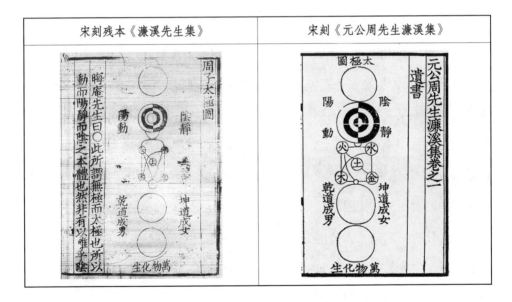

宋刻残本《濂溪先生集》	宋刻《元公周先生濂溪集》

直观这两种宋刻《太极图》，可以看到三处明显的差异，由此也反映出两种《太极图》各自不同的特征标志，进而表现出宋版《太极图》的两种形态。

第一个特征:《太极图》的第二层

宋刻残本《濂溪先生集》	宋刻《元公周先生濂溪集》

宋刻残本《濂溪先生集》是中间一个完整的白色圆形,外面三圈阴阳各半的圆形。

宋刻《元公周先生濂溪集》是四圈阴阳各半的圆形。

依照《太极图》的标注和《图说》,《太极图》的第一层表达的是"无极而太极",第二层表达的是"阴静阳动"、阴阳动静"互为其根"。

第一层已经表达了"无极而太极",第二层不应重复开始。"互为其根"是一个无限过程,《易经·系辞传》用"一阴一阳"来表达,"一阴一阳"意为阴阳的交互无限反复,但"一阴一阳"的往复作用是一个完整的阶段,不可"一阴一阳"变成只有"一阴"或只有"一阳"。因此,阴阳动静"互为其根"必须是双数,不可只有半截。只有"阴阳"是静态,"一阴一阳"是动态,"一阴一阳"的四次往复是无限。

由此分析,宋刻《元公周先生濂溪集》的表达是合理的、完美的,宋刻残本《濂溪先生集》的表达是勉强的、不够圆满的。

第二个特征:《太极图》的第三层(外层)

宋刻残本《濂溪先生集》	宋刻《元公周先生濂溪集》

宋刻残本《濂溪先生集》第三层的外层是一个长圆形，上下较长，左右较短，上下左右不均衡、不对称。

宋刻《元公周先生濂溪集》第三层的外层是一个正方形，四周的连线是直线，但这个正方形的边线与其上下圆形的直径相等，基本上可以纳入到一个纯圆图形之内，因此不与《太极图》其他四层的纯圆形截然冲突。

《太极图》由五层图形组成，五层图形构成整个宇宙天地万物的整体，即哲学上所说的一元论、整体观，因此五层可以视为整个宇宙天地万物的五个发展过程，如同五个切片。因此，《太极图》的五层都必须是纯圆，并且可以还原为一个同心圆，乃至可以表达为同一个圆柱体。

由此分析，宋刻《元公周先生濂溪集》的表达是合理的、接近完美的，宋刻残本《濂溪先生集》的表达明显失真，应当是偏离了《太极图》的原貌。但宋刻残本《濂溪先生集》的外层又保留了局部的弧线形，而非全部是直线，这一点又具有部分的合理性。

第三个特征:《太极图》的第三层(内层)

图形同上。

宋刻残本《濂溪先生集》第三层的内层有四条连线,即:

第一条:由水到木(从前方绕过土)

第二条:由火到金(从后方绕过土)

第三条:由水到下一层

第四条:由火到下一层

宋刻《元公周先生濂溪集》第三层的内层有三条连线,即:

第一条:由水到木(从前方绕过土)

第二条:由火到金(从后方绕过土)

第三条:(丢失)

第四条:由火到下一层

据《图说》,《太极图》的第三层表达"五气顺布,四时行焉",水火木金分布在四周,土居中央,五行的分布是对称的。因此很明显,宋刻《元公周先生濂溪集》失去了第三条连线,只保留了第一、二、四条连线,导致了图形的不完备、不整齐。

宋版《太极图》的失真状况	
宋刻残本《濂溪先生集》	1. 失去四次阴阳往复
	2. 失去五行的纯圆外形
宋刻《元公周先生濂溪集》	失去水火木金土的第三条连线

以上仅就宋版《濂溪集》存世版本中的两个版本进行了不完全性的分析。在这两种宋版《太极图》之前，假设应当有周子的原本，所谓"手授"二程兄弟云云；然后有北宋到南宋之间一百余年的多种写本的传播过程，然后到南宋的七部刊本，然后再有元明清时期的各种版本。

与历史上的大多数文献版本一样，《太极图》的文献版本传播是有缺环的、不完整的。就现有传世文献而言，两种宋版《太极图》具有不同的版本来源，同时也具有各自不同的失真程度，并由此构成了这两种文献版本的独特识别标志。

今天，如果能将宋版《太极图》的两种图形加以合并，就可以得到接近完美的《太极图》版本。但是实际上，历代刊刻、手写、传拓的《太极图》大都或者与宋刻残本《濂溪先生集》同源，或者与宋刻《元公周先生濂溪集》同源，极少做到完美无瑕，但同时却也可以用来识别《太极图》的版本特征。

兹将宋刻残本《濂溪先生集》的基本特征定为《太极图》Ⅰ型，将宋刻《元公周先生濂溪集》的基本特征定为《太极图》Ⅱ型。

（《太极图》的其他渊源、其他变化特征另论。）

兹搜集元、明、清、民国相关文献中的《太极图》，分类排比如下。

《太极图》Ⅰ型（与宋刻残本《濂溪先生集》同源）

宋刻《晦庵先生文集》（前集），淳熙（1174—1189）、绍熙（1190—1194）坊刻，台湾故宫博物院藏		宋刻《濂溪先生集》残本（不分卷），宝祐四年至景定五年（1256—1264）间刻于邵州，国图馆藏	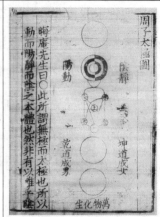
南宋道州太极图石刻拓本，北京大学馆藏、中山大学馆藏		宋朱震《汉上易传》附《周易卦图》三卷，康熙通志堂刊本	
宋杨甲《六经图》之《大易象数钩深图》，熙春楼刊本		宋杨甲《六经图》之《大易象数钩深图》，通志堂刊本	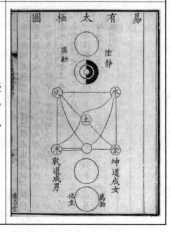

（续表）

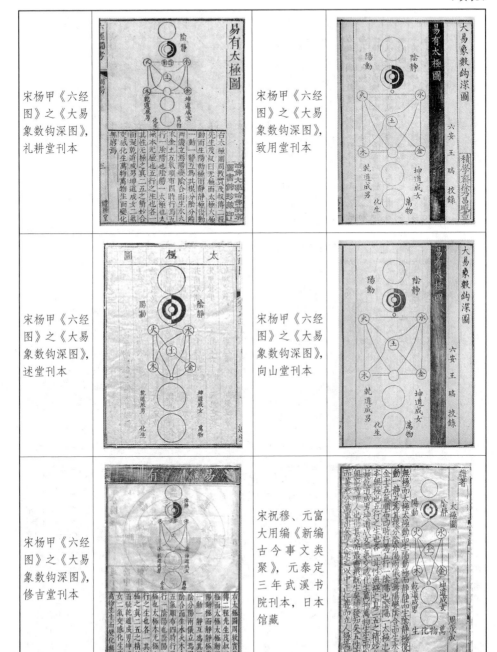

宋杨甲《六经图》之《大易象数钩深图》，礼耕堂刊本		宋杨甲《六经图》之《大易象数钩深图》，致用堂刊本	
宋杨甲《六经图》之《大易象数钩深图》，述堂刊本		宋杨甲《六经图》之《大易象数钩深图》，向山堂刊本	
宋杨甲《六经图》之《大易象数钩深图》，修吉堂刊本		宋祝穆、元富大用编《新编古今事文类聚》，元泰定三年武溪书院刊本，日本馆藏	

（续表）

宋祝穆、元富大用编《新编古今事文类聚》，明建刊黑口本	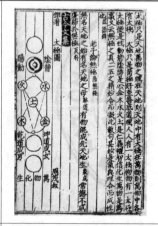	宋祝穆、元富大用编《新编古今事文类聚》，德寿堂刊本	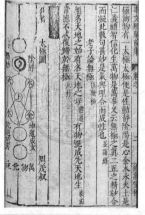
宋鲍云龙《天原发微》，元至元二十八年辛卯刊本，台湾馆藏	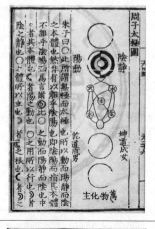	宋鲍云龙《天原发微》，明天顺五年辛巳歙西鲍氏耕读书堂刊本，日本馆藏	
宋鲍云龙《天原发微》，明嘉靖二十九年庚戌秦藩刊本，台湾馆藏		宋鲍云龙《天原发微》，朝鲜翻刻本，日本馆藏	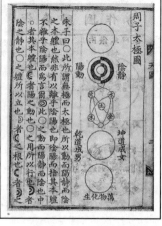

（续表）

宋林駉《新笺决科古今源流至论》前集，元延祐四年丁巳孟冬圆沙书院刊行本，台湾馆藏		宋林駉《新笺决科古今源流至论》前集，宣德二年丁未建阳书林刊本，日本馆藏	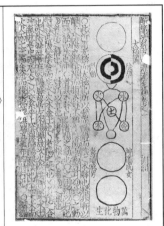
宋林駉《新笺决科古今源流至论》前集，明万历十八年郑世魁宗文堂刊本，美国加州大学伯克利分校馆藏		宋龚士卨《纂图互注南华真经》，景定元年龚士卨序，北京大学馆藏	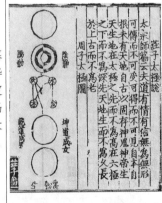
宋龚士卨《纂图互注南华真经》，元建阳坊刊六子本，台湾馆藏	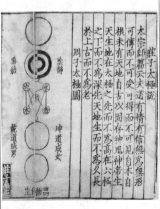	宋龚士卨《纂图互注南华真经》，明初建阳坊肆刊本，台湾馆藏	

（续表）

元卢天祥刻《六经图说》，信江书院文庙石刻拓本		元熊节集编、熊刚大集解《新编音点性理群书句解》前集，建安刊本，台湾馆藏	
元陈元靓《纂图增新群书类要事林广记》前集，元后至元六年郑氏积诚堂刻本，北京大学馆藏		元陈元靓《纂图增新群书类要事林广记》前集，元西园精舍新刊，日本馆藏	
元陈元靓《纂图增新群书类要事林广记》前集，明成化十四年福建刊本，台湾馆藏		元陈元靓《纂图增新群书类要事林广记》前集，明弘治五年詹氏进德精舍刊本	

（续表）

元陈元靓《纂图增新群书类要事林广记》前集，元禄十二年日本翻刻本，台湾馆藏		元保八《周子通书训义》，保八字普庵，元初色目人，居于洛阳，国图馆藏	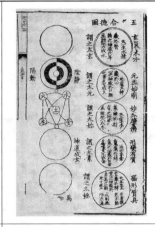
元黄瑞节《朱子成书》，元刻本，上图馆藏，钤印"勉斋珍玩"、"虞山钱遵王藏书"		元黄瑞节《朱子成书》，元刻本，国图馆藏，王懿荣、曹溶、东莞莫氏旧藏	
元黄瑞节《朱子成书》，至正元年辛巳日新书堂刊本，台湾馆藏	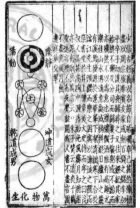	元黄瑞节《朱子成书》，景泰元年庚午善敬书堂刊本，台湾馆藏	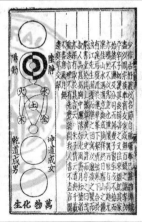

（续表）

元黄瑞节《朱子成书》，朝鲜活字翻刻本，日本馆藏		元程复心《四书章图纂释臞栝总要》，元后至元三年德新书堂刊本，日本馆藏	
元程复心《四书章图纂释臞栝总要》，日本文化元年写本，昌平坂学问所旧藏	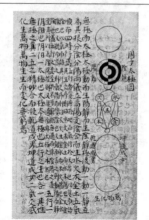	元萧廷芝（萧廷之）《金丹正理大全诸真玄奥集成》，明万历十九年金陵阎氏刊，清初周在延增补本，台湾馆藏	
元萧廷芝（萧廷之）《金丹正理大全诸真玄奥集成》，明嘉靖戊戌周藩刊本，日本馆藏		元萧廷芝（萧廷之）《金丹大成集》，蓝格旧抄本，台湾馆藏	

（续表）

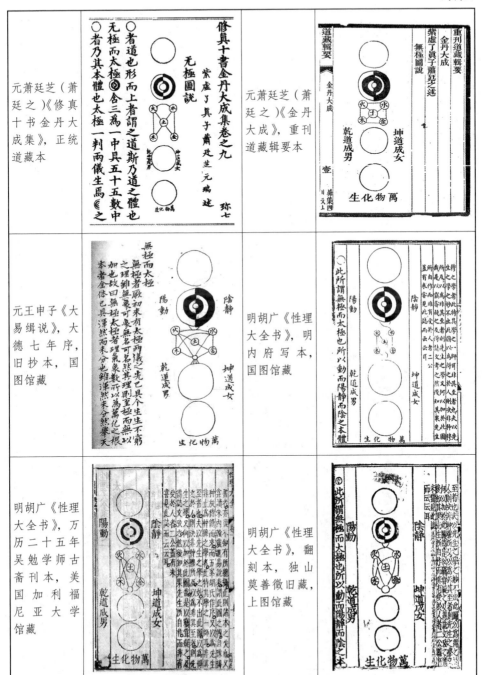

（续表）

《新刊群书考正性理大全》，嘉靖戊午三十七年梅轩余应阳敬贤堂刊本，美国哈佛大学馆藏	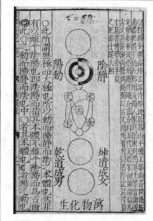	《新刻九我李太史校正大方性理全书》，万历癸卯刊本，日本馆藏	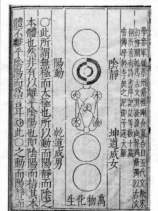
《新刻九我李太史校正大方性理全书》，日本承应二年翻刻本，日本馆藏	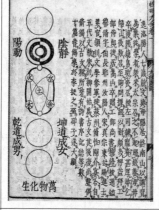	明费余怀《性理汇编》，清刊本，日本馆藏	
明莘墟吴氏《性理纂要标题》，嘉靖二十七年戊申吴氏刊本，台湾馆藏	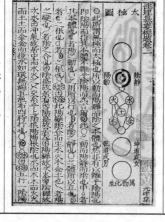	明詹淮《新刊性理集要》，嘉靖四十年辛酉刊本，上图馆藏	

（续表）

明杨道会《性理抄》，万历二十四年王道显刊本，台湾馆藏	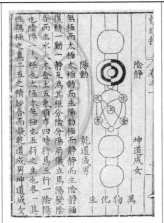	明何钖《性理节要》，万历四年丙子刊本，台湾馆藏	
明许顺义《新镌性理精抄》，万历二十年壬辰许宗镒序，日本馆藏		明王世贞《性理精纂约义》，万历三十四年序刊本	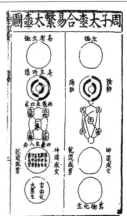
明丁遇《新镌性理奥》，天启六年刊本，美国哈佛多谢馆藏	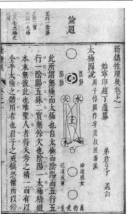	明丁遇《新镌性理奥》，天启六年刊本，美国哈佛多谢馆藏	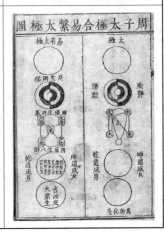

（续表）

明詹淮《性理标题汇要》，崇祯五年序刊本，美国哈佛大学馆藏		明曹端《太极图说述解》，道光十二年杨国桢刊本，天津图书馆藏	
明蔡清《虚斋先生性理要解》，乾隆七年蔡廷魁校刊本	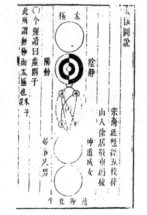	明吴琬《三才广记》，明蓝格抄本，台湾馆藏	
明周木重辑《濂溪周元公全集》，明弘治年刊本，日本名古屋市蓬左文库馆藏		明杨名《三贤集》，嘉靖十三年刊本	

（续表）

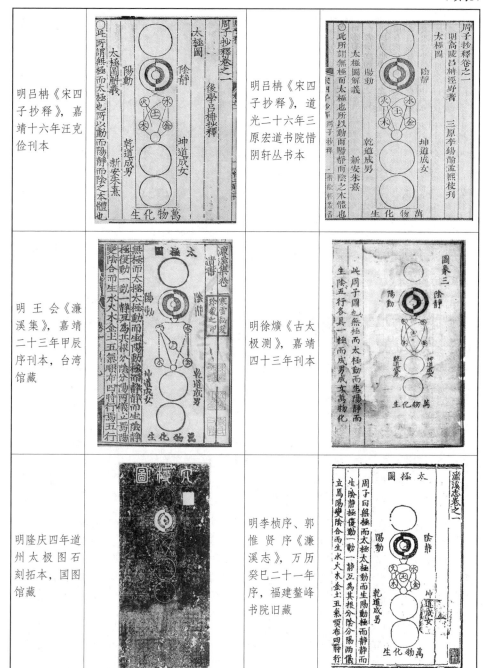

明吕柟《宋四子抄释》，嘉靖十六年汪克俭刊本		明吕柟《宋四子抄释》，道光二十六年三原宏道书院惜阴轩丛书本	
明 王 会《濂溪集》，嘉靖二十三年甲辰序刊本，台湾馆藏		明徐爌《古太极测》，嘉靖四十三年刊本	
明隆庆四年道州太极图石刻拓本，国图馆藏		明李桢序、郭惟贤序《濂溪志》，万历癸巳二十一年序，福建鳌峰书院旧藏	

（续表）

明胥从化编订、谢昵编校《濂溪志》，万历癸巳二十一年序刊本	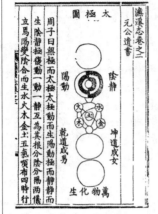	明林学闵鼎修《濂溪志》，万历三十七年序刊本，日本馆藏	
明李嵊慈纂修《濂溪志》，目录题《宋濂溪周元公先生集》，天启四年甲子序刊本		明孔学周《太极辨疑》，万历十年刊本，国图馆藏	
明焦竑《新镌焦太史汇选中原文献》，万历二十四年刊本，日本馆藏		明徐必达《合刻周张两先生全书·周子全书》，明万历三十四年丙刊本	

（续表）

明徐必达《合刻周张两先生全书·周子全书》，日本延宝三年翻刻本		明姚舜牧《性理指归》，万历三十八年刊，顺治十三年重修本	
明顾造校刻《周子全书》，万历壬子四十年刊本，国图馆藏		明舒芬《太极绎义》，《梓溪文钞内集》，万历四十八年刊本，天津图书馆藏	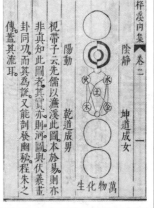
明孙一奎《医旨绪余》，明万历刊本，国图馆藏		明高奣映《太极明辨》，民国间云南丛书本	

（续表）

清顺治十五年戊戌汤斌太极图石刻拓本		清张能鳞《儒宗理要》，顺治十五年戊戌刊本，日本馆藏	
清孙奇逢《理学宗传》，康熙六年刊本，光绪六年浙江书局重刻本		清黄宗羲《宋元学案》，醉经阁校本，国图馆藏	
清毛奇龄《太极图说遗议》，《毛西河先生全集》，嘉庆萧山陆凝瑞堂刊本		清毛奇龄《太极图说遗议》，《毛西河先生全集》，嘉庆萧山陆凝瑞堂刊本	

（续表）

清李光地《御纂性理精義》，康熙五十六年内府刊本，美国哈佛大学馆藏		清李光地《御纂性理精義》，康熙刊本，澳大利亚馆藏	
清李光地《御纂性理精義》，尊经阁刊本，日本馆藏		清张慎高、仇丹植《性理体注正蒙补训解》，康熙四十四年乙酉遗经堂刊本，日本馆藏	
清华希闵《性理四书注释》，康熙四十七年戊子序刊本，日本馆藏	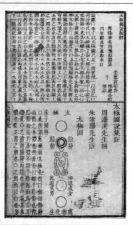	清应撝谦《性理大中》，康熙二十五年读书坊刊本，日本馆藏	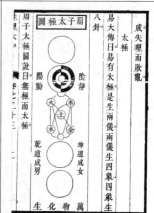

（续表）

清《满汉合璧性理》，雍正壬子墨华堂刊本	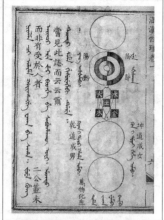	清王植《朱子注释濂关三书》，雍正元年序刊本	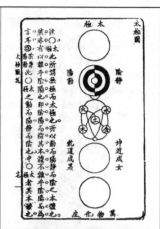
清陈梦雷《古今图书集成》，理学汇编学行典卷十七，康熙间编纂，雍正铜活字本		清陈梦雷《古今图书集成》，历象汇编乾象典卷十九，康熙间编纂，雍正铜活字本	
清陈梦雷《古今图书集成》，历象汇编乾象典卷十五，康熙间编纂，雍正铜活字本		清吴大镕《道国元公濂溪周夫子志》，康熙二十四年道州许魁凝翠轩刊本	

（续表）

清窦克勤《理学正宗》，康熙二十六年刊本，道光二十六年丙午重刊		清朱鸿瞻《周子太极图图说浅说》，康熙二十七年戊辰刊本，温州市图书馆藏	
清张伯行《周濂溪集》，康熙四十七年正谊堂刊本		清王棠《燕在阁知新录》，康熙五十六年丁酉燕在阁刊本，日本馆藏	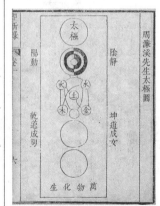
清董榕《周子全书》，乾隆二十一年刊本		清郑之侨《濂溪书院劝学编》，乾隆二十四年三希堂刊本	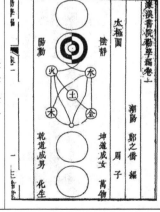

（续表）

清周诰（周午桥）《濂溪志》，道光十九年己亥爱莲堂刊本		清邓显鹤《周子全书》，道光二十七年邵州濂溪精舍景濂堂刊本	
清冯道立《周易三极图贯》，咸丰八年西园刊本，天津图书馆藏		清贺瑞麟《朱子五书》，光绪十年甲申传经堂刊本	
清汪启渡《太极图说注解》，光绪二十二年丙申序刊本	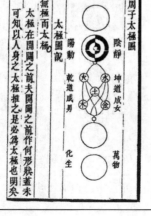	清贺龙骧《重刊道藏辑要》，清末刊本	

《太极图》Ⅱ型（与宋刻《元公周先生濂溪集》同源）

宋刻《元公周先生濂溪集》十二卷本，咸淳六年（1270）之后不久刻于江州，国图馆藏		明胡宾《五经图》之《易经图全集》一卷，建安刊本，台湾馆藏	
明王俸等编刻《宋濂溪周元公先生集》，明万历三年刊本，湖南图书馆藏		明王俸等编刻《宋濂溪周元公先生集》，旧抄本，台湾馆藏	
明刘汝章、刘觐文刊刻《宋濂溪周元公先生集》，万历二十七年刊本，国图馆藏		明周与爵重辑《宋濂溪周元公先生集》，丁懋儒、蒋春生、黄廷聘、吕蘗四序第一刷，日本馆藏	

（续表）

明周与爵《宋濂溪周元公先生集》，王会、丁懋儒、蒋春生、黄廷聘、吕䇲五序第二刷，日本馆藏		明周与爵重辑《宋濂溪周元公先生集》，王会、王汝宪、丁懋儒、蒋春生、黄廷聘、吕霍六序第三刷，国图馆藏	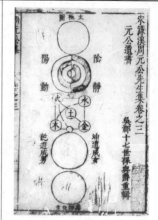
明黄克俭重刻《宋濂溪周元公先生集》，天启癸亥三年刊本，国图馆藏		清周沈珂、周之翰重辑《宋濂溪周元公先生集》，封面题《濂溪周元公大成集》，康熙三十年辛未刊本，王会、王汝宪二序，朝鲜总督府旧藏	
清周有士重辑《宋濂溪周元公先生集》，雍正六年刊本，湖南图书馆藏		清周沈珂编《周元公集》，乾隆四十五年文渊阁四库全书本	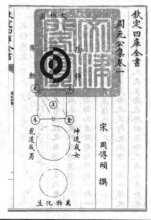

（续表）

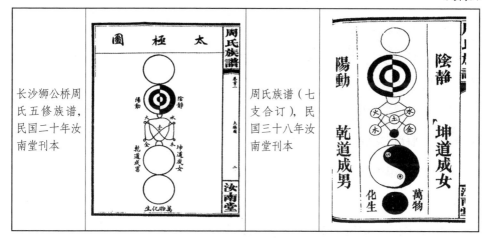

| 长沙狮公桥周氏五修族谱，民国二十年汝南堂刊本 | | 周氏族谱（七支合订），民国三十八年汝南堂刊本 | |

第二节　周敦颐《太极图》的现代模型

《太极图》及《太极图说》是北宋哲学家周敦颐的著作，代表了中国古代哲学思想的最高水平。但古代限于载体条件，《太极图》均为纸质的写本、刻本，是平面的、二维的表达。具体方法是将一个整体宇宙模型切分出五层截面，然后平摊于纸面。从文本传承上看，文字的传承可以有篆隶行草、颜柳欧赵各体，而不会影响到文字本义，但图形的传承则需要保持细部的逼真，因此比文字困难得多。受此影响，《太极图》的图形可以说是千人千面。

有鉴于此，我们借助现代表达形式，尝试将周子《太极图》由二维平面、黑白单色转换成三维立体、黑白五色。同时，依照我们对于《太极图》义理的理解，将周子《太极图》由五层、静态转换成六层、旋转。由此修正为全新的六层彩色立体旋转的《太极图》模型，可以更好地表达出周敦颐哲学思想的本义，也更好地呈现出中国古代宇宙论模型的主要含义。

模型的名称：《太极图》六层彩色立体旋转模型。

模型的底本：宋刻《元公周先生濂溪集》十二卷本。

模型的技术关键点：

（1）模型第一次将《太极图》原图的平面（二维）形式转换成为立体（三维）形式。

（2）模型第一次将《太极图》原图的具有间隔的五个圆圈形式转换成为上下贯通的圆柱体形式。

（3）模型第一次将《太极图》原图的五层圆圈，增补出无极一层，转换成为六层圆圈。

（4）模型第一次将《太极图》原图的黑白双色，转换成全彩色。

（5）模型第一次将《太极图》原图的五层，各自加以修正，并且对其哲学原理做出说明。

背景技术的缺点：

模型系修正宋版《元公周先生濂溪集》的《太极图》而来。宋版《元公周先生濂溪集》的《太极图》具有的缺点：

（1）原图（第一层处）不能导出无极与太极的区别。

（2）原图第二层除了宋版、明崔惟植版等少数版本的四圈中间一圈为阴阳相对（黑白各半）之外，多数版本的四圈中间一圈为纯阳（纯白），系出于错误表达。

（3）原图第三层（水火木金土）的形状接近正方形，系出于木刻本造成的错误表达。

（4）原图第五层（坤道成女，乾道成男）完全缺乏内容，应当加以增补。

（5）原图第六层（万物化生）同样完全缺乏内容，应当加以增补。

（6）原图的第一层和第四层、第五层完全相同（全白），其中两层必定有错。

（7）原图五个圆圈为平面（二维）形式，系限于雕版图书之故，因而弱化了整个《太极图》分成五个圆圈、五个圆圈又合成一个整体的宇宙论原理。

综上，《太极图》原图的五层图形均有错误，图形整体也存在局限。

建立模型的目的：

（1）针对学术界关于《太极图》来源、注解的争论，给出宇宙论立体模型的新理解和新思路，具有积极的学术意义。

（2）针对宋代至清代各种《太极图》木刻本的失真和讹误，给出更加完善的图形。

（3）针对古代《太极图》的有限表达，加以视觉（彩色、三维、动态）更新和修正，使之具备观赏效果并且成为文创产品。

建立《太极图》六层彩色立体旋转模型的技术方案：

（1）将《太极图》原图的黑白双色，修改为全彩色（包括黑、白、灰、蓝、红、青、不透明白、黄）。

（2）将《太极图》原图的平面（二维）图形，修改为立体-圆柱体（三维）图形。

（3）将《太极图》原图的纸本书籍的视觉形式，修改为透明体（水晶、玻璃、有机玻璃等）的圆柱体模型的视觉形式（旋转或静态）。

（4）将《太极图》原图的五层结构，修改为六层结构。

（5）对《太极图》原图的五层结构，均做出修改。

《太极图》六层彩色立体旋转模型的构造：

（1）模型为圆柱体，代表宇宙万物的统一。不得为方形、三角形、不规则形等。

（2）模型为透明的圆柱体（水晶、玻璃、有机玻璃等），代表哲学的理性和逻辑性。不得为不透明的外表颜色或杂乱的外表颜色。

（3）模型为全彩色，其中以黑色表示阴，以白色表示阳，以蓝色表示水，以红色表示火，以绿色（青色）表示木，以不透明白色表示金，以黄色表示土，而以灰色表示"万物化生"（纯黑色代表宇宙的实体性质，黑色代表宇宙为实体而万物有自由的生机）。不得错乱水火木金土的颜色，但可以不用灰色表示"万物化生"。模型不建议做成黑白双色或搭配其他颜色。

（4）模型为旋转设置的圆柱体模型，但也可以减省为静态摆放的圆柱体模型。

（5）模型将《太极图》原图的第一层分析成无极与太极两层，从而修改为六层结构。不建议恢复成原图的五层结构。

（6）模型第一层"无极"的图案为虚线画出的圆形，代表"无形而有理"，但亦可有其他近似的图案形式。

（7）模型第二层"太极"的图案为实线画出的圆形，代表宇宙的完整、统一、绝对，但亦可有其他近似的图案形式。

（8）模型第三层采用宋版《元公周先生濂溪集》、明崔惟植等编《宋濂溪周元公先生集》的四圈中间一圈为阴阳相对（黑白各半）图形。不建议采用四圈中间一圈为纯阳（纯白）的图形。

（9）模型第四层（水火木金土）的外圈形状为正圆形。不建议画作外圈呈现为正方形。

（10）模型第五层将原图的没有内容的圆圈，替换为明清时期流行的"阴阳鱼"图案，以期更好地表示"坤道成女，乾道成男"的含义。但也可以使用近似的图案。

（11）模型第六层将原图的没有内容的圆圈，修改为充满内容而有充满自由生机的全灰色，以期更好地表示"万物化生"的含义。但也可以使用近似的图案。

（12）模型的规格大小，尺寸不限。但六层圆片之间的距离应当与圆片的

直径相等。

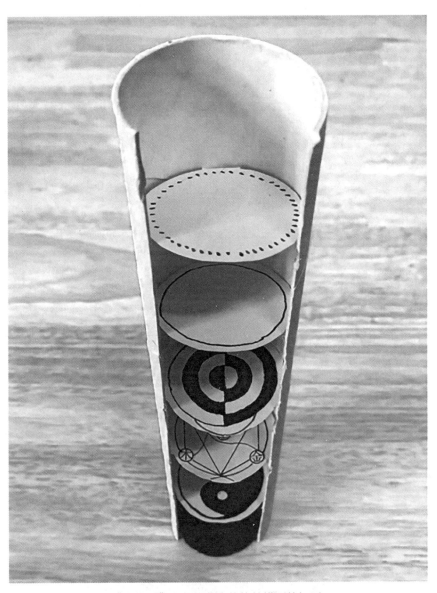

《太极图》六层彩色立体旋转模型的初型

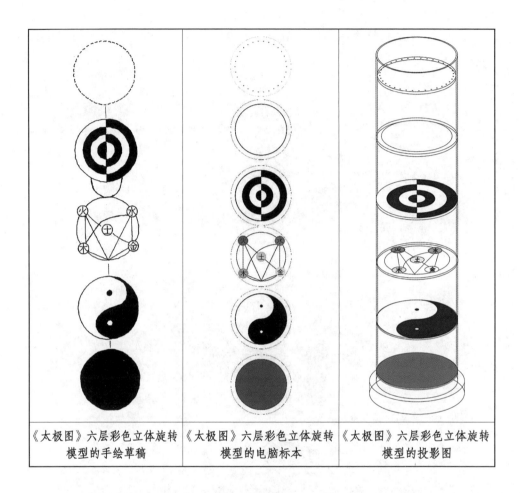

| 《太极图》六层彩色立体旋转模型的手绘草稿 | 《太极图》六层彩色立体旋转模型的电脑标本 | 《太极图》六层彩色立体旋转模型的投影图 |

第二部分 周敦颐理学思想

——以《通书》为中心的研究

第三章 《通书》与《易经》的承接关系研究

　　周子《通书》与其《太极图说》本当为一书，亦即阐发《易经》大义之作。周子生平虽偶为诗文，但今所见篇章不多，盖其一生思想精华，全在此"立象尽意"之《太极图说》与《通书》。周子之说本根于儒，内化思孟，外援佛老，形成了特色鲜明宋代易学，对后世影响至深。

　　下面结合各家文献及时代背景，就《通书》(包括《太极图说》)与《易经》的承接关系，尝试做一番深入分析，恭祈方家指教。

第一节 《易经》的基本情况及学术简史

一、《易经》的时代、作者问题及周子的相关说法

　　旧说今所见《易经》是"人更三圣，世历三古"(《汉书·艺文志》)，即由上古伏羲画八卦，中古周文王衍为六十四卦，近古孔子作《十翼》，始为《易

经》(卦象、卦名及卦爻辞)加《易传》(《易传》即《十翼》)的今本《易经》。古人多信此说以为实，但亦有种种歧说。如与周敦颐几乎同时的欧阳修就在《易童子问》卷三中对《易传》的一部分是否为孔子所作提出了否定意见：

> 童子问曰：《系辞》非圣人之作乎？曰：何独《系辞》焉，《文言》《说卦》而下，非圣人之作，而众说淆乱，亦非一人之言也。昔之学《易》者，杂取以资其讲说，而说非一家，是以或同或异，或是或非，其择而不精，至使害经而惑世也。然有附托圣经，其传已久，莫得究其所从来而核其真伪。故虽有明智之士，或贪其杂博之辩，溺其富丽之辞，或以为辩疑是正，君子所慎，是以未始措意于其间。若余者可谓不量力矣，邈然远出诸儒之后，而学无师授之传，其勇于敢为而决于不疑者，以圣人之经尚在，可以质也。

近世疑古之风大倡，否定《易经》"人更三圣，世历三古"之说者，不胜枚举。平心而论，伏羲画卦虽未必，但卦象起源确实十分古老；文王演卦之说恐非现实，但《易经》作于商周之交这一点应该没有太大问题；《十翼》全部为孔子所作恐难取信，但孔子晚年好《易》，弟子述之，孔说杂弟子后学之说入传，也应该是真实存在的。总之，旧说《易经》"人更三圣，世历三古"还是有一定道理的。

今所见文献中周子未尝讨论《易经》的时代、作者问题，大概他是认同旧说的。证即见此作为阐发《易经》大义的《通书》：

> 《春秋》正王道，明大法也，孔子为后世王者而修也。乱臣贼子诛死者于前，所以惧生者于后也。宜乎万世无穷，王祀夫子，报德报功之无尽焉。道德高厚，教化无穷，实与天地参而四时同，其惟孔子乎！

　　按，朱子注本中此段"无尽焉"之前为《孔子上第三十八》，"道德高厚"之后为《孔子下第三十九》，并以阴阳五行解道德教化，以孔子为太极。我们对此处朱子分章及阐释的合理性表示一点怀疑，或许朱说未必尽合周子本意。但此处周子对孔子的推崇，确实是无以复加的。周子此处不言孔子作《易传》，而言其修《春秋》，很可能是用互文之法，言《易传》与《春秋》同功，《易》理同于《春秋》大义。

二、《易经》的内容及周子的相关说法

　　《易经》之外，又有所谓"夏易"《连山》，"商易"《归藏》，其书出于先秦，无论其是否创始于夏商，都能够说明易学由来甚古，学派兴盛，相关阐释甚多。验之出土文献，更可考见。

　　《易经》本为卜筮之书，但有种种奥义可见于其间。卜筮者本亦以种种哲学思想作为行事根基，如严君平曾卜筮于成都之市场，《汉书·王贡两龚鲍传》录其言曰：

　　　　卜筮者贱业，而可以惠众人。有邪恶非正之问，则依蓍龟为言利害。与人子言依于孝，与人弟言依于顺，与人臣言依于忠，各因势导之以善。从吾言者，已过半矣。

　　此其甚为浅易者。求之《易经》之卦爻辞，如《乾》九三："君子终日乾乾，夕惕若，厉，无咎。"确实很难说其中没有深刻的哲理，不可单纯以择吉避凶视之。然而直接从本为卜筮而作的卦爻辞中看出哲理，毕竟不是很简单、明确的事情。至于《易传》，则将《易经》之哲理做了极大的发挥。《易经·文言传》即曰：

> 九三曰"君子终日乾乾，夕惕若，厉，无咎"，何谓也？子曰："君子
> 进德修业。忠信，所以进德也。修辞立其诚，所以居业也。知至至之，可
> 与幾也。知终终之，可与存义也。是故居上位而不骄，在下位而不忧，故
> 乾乾因其时而惕，虽危无咎矣。"

此说虽不能言不合于经，但也几乎与卜筮无关了。《易传》所言，多有此
类"进德修业"之说，而与经日远。后世之人，更发明了种种方法，错综复
杂，使得《易经》的意蕴变得极其丰富。

及至周子，已极少言卜筮，而专就易道进行阐发了。《通书·精蕴第三十》：

> 圣人之精，画卦以示；圣人之蕴，因卦以发。卦不画，圣人之精，不
> 可得而见。微卦，圣人之蕴，殆不可悉得而闻。《易》何止五经之源，其
> 天地鬼神之奥乎！

从以上文字中，我们可以明显感受到周子对"易象"的重视。《太极图说》
之所为作，周子易学被归入象数派，正在于此。象数派在三国时王弼"扫象"
创义理派之前，是易学的主流。其后虽衰而未尝断绝，至宋而又显，是有濂溪
与康节。

第二节 《太极图说》与《通书》的成书

一、《太极图》及《太极图说》的成书

南宋绍兴年间朱震《汉上易传表》述北宋初年易象数学流传谱系曰：

国家龙兴，异人间出。濮上陈抟以《先天图》传种放，放传穆修，修传李之才，之才传邵雍；放以《河图》《洛书》传李溉，溉传许坚，坚传范谔昌，谔昌传刘牧；修以《太极图》传周敦颐，敦颐传程颐、程颢。是时张载讲学于二程、邵雍之间，故雍著《皇极经世》之书。牧陈天地五十有五之数，敦颐作《通书》，程颐述《易传》，载造《太和》《三两》等篇，或明其象，或论其数，或传其辞，或兼而明之，更唱迭和，相为表里，有所未尽，以待后学。

以图示之则为：

几乎同时期的胡宏《周子通书序》亦曰：

推其道学所自，或曰传《太极图》于穆修也。修传《先天图》于种放，放传于陈抟。此殆其学之一师也，非其至者也。

如此，则似乎周子《太极图》并非原创，而是继承自五代至宋初的道士陈抟。然而胡宏对此表示了部分怀疑，认为传陈抟之学的穆修只是周子"转益多师"之一。朱熹则提出彻底的反对，其《太极通书后序（建安本）》曰：

夫以先生之学之妙，不出此图，以为得之于人，则决非种、穆所及；以为"非其至者"，则先生之学，又何以加于此图哉？是以尝窃疑之。及得志文考之，然后知其果先生之所自作，而非有所受于人者。

认为种放、穆修的学问不可及于周子，当无疑义；但认为"非其至者"指的是周子学问的精华，则可能是朱子理解有误。胡宏的原意应该是指穆修在周子的老师们中并不是出类拔萃的。至于朱子根据"志文"（周子之友南丰人潘兴嗣为周子所作墓志）而将《太极图》的作者确定为周子，则需进一步讨论。

潘兴嗣《周茂叔墓志》曰：

> 尤善谈性理，深于易学，作《太极图》《易说》《易通》数十篇，诗十卷，今藏于家。

此文或标点作：

> 尤善谈性理，深于易学，作《太极图易说》《易通》数十篇，诗十卷，今藏于家。

所说与今所见各种濂溪文集差异较大。今所见本几乎都属于朱子编定本系统，朱子所谓"舂陵、零陵、九江"（朱熹《太极通书后序（建安本）》）今已不可见的各本，与今本的差异，似乎只在《太极图说》及《通书》的前后次序，和字句细微处。总之今本皆无所谓《易说》《易通》，而有《通书》，而又有潘氏所未尝言及之《太极图说》（其中包含潘氏所说《太极图》），而诗不足一卷，却又有潘氏所未尝言及之古文数篇。

综合以上材料，我们做出如下大胆猜测：潘氏所谓"太极图易说易通"当为"《太极图说》《易通》"（《太极图易说》即《太极图说》，以周子据《易传》

解读或者创作了《太极图》，更以此立说；《易通》当即《通书》别名，以《通书》实为易学著作，故书名冠以"易"字），所谓"数十篇"当即今本《太极图说》一章及《通书》四十章，所谓"诗十卷"当为"诗文一卷"。大概友人所述墓志，未必合于死者实际之故。

朱子以《太极图说》置于《通书》之前，应该是正确的。但朱子据潘志认为《太极图》为周子所作，则让我们难以认同。盖朱子力辟佛老，所以不肯承认《太极图》的道教来源。而无论是《太极图》还是《太极图说》和《通书》，周子对道家、道教文化的吸收都是比较明显的。

清初毛奇龄《太极图说遗议》论周子《太极图》第二层与丹道之学曰：

> 丹家以坎离为用……则又取"天地者，乾坤之象；坎离者，乾坤之用"二语。盖其《图》正作坎离二卦而运为一轴，非所谓"两仪"也，亦非所谓"阳动生阴，阴静复生阳"也。其中一〇，则坎离之胎也。左☲为离，白黑白，即☲也；右☵为坎，黑白黑，即☵也。①

毛说虽未必②，但周图与道教的联系，恐怕很难撇清。《太极图说》之言"无极""主静"，皆近于佛老而复归于儒。即使儒家所固有之"诚"，所标榜之颜回，亦近乎道家。要之，朱震所言陈抟之后宋初易象数学之兴盛，本就可以说明周子《太极图》的出现不会是个偶然现象。种放、穆修未必传图于周子，但"陈抟"之学对周子的影响还是非常明显的。正是在与道教、佛教相关的对抗与吸收下，宋代儒学才得以复兴。

---

① ［清］毛奇龄著，郑万耕校：《毛奇龄易著四种》，中华书局，2010 年版，第 97 页。
② 《四库全书总目提要》中即有异说，周学武《周濂溪太极图说考辨》（台北学海出版社，1981 年出版）也提出："盖图象虽肖似，而寓意实不同，不必强彼以就此，混为一谭也。"

二、从《通书》引文见其易学色彩

周子在《太极图说》及《通书》中未尝明说自己思想的佛道渊源，而明言自己对《易经》的标榜：

> 大哉易也，斯其至矣！（《太极图说》）
>
> 大哉易也，性命之源乎！（《通书·诚上第一》）
>
> 《易》何止五经之源，其天地鬼神之奥乎！（《通书·精蕴第三十》）

《通书》12次明确提及11个卦名，分别是《乾卦》（见《诚上第一》及《乾损益动第三十一》），《损卦》《益卦》（见《乾损益动第三十一》），《家人卦》《睽卦》《复卦》《无妄卦》（见《家人睽复无妄第三十二》），《讼卦》《噬嗑卦》（见《刑第三十六》），《蒙卦》《艮卦》（见《蒙艮第四十》）。《通书》引文20次，其中引《易经》5次，《易传》13次，比重尤其可观：

> 《诚上第一》："大哉乾元，万物资始"，诚之源也。（引《乾卦》之《彖》）
>
> 《诚上第一》："乾道变化，各正性命"，诚斯立焉。（引《乾卦》之《彖》）
>
> 《诚上第一》：故曰："一阴一阳之谓道，继之者善也，成之者性也。"（引《系辞上传》）
>
> 《诚上第一》："元亨"，诚之通；"利贞"，诚之复。（引《乾卦》卦辞）
>
> 《思第九》：《易》曰："君子见几而作，不俟终日。"（引《系辞下传》）
>
> 《思第九》：又曰："知几其神乎！"（引《系辞下传》）
>
> 《乾损益动第三十一》："吉凶悔吝生乎动。"（引《系辞下传》）
>
> 《家人睽复无妄第三十二》：故睽次家人，以"二女同居，而志不同行"也。（引《睽卦》之《彖》）

《家人睽复无妄第三十二》：故无妄次复，而曰"先王以茂对时育万物"。（引《无妄卦》之《象》）

《拟议第三十五》：故曰："拟之而后言，议之而后动，拟议以成其变化。"（引《系辞上传》）

《刑第三十六》：讼卦》曰："利见大人。"以"刚得中"也。（引《讼卦》卦辞及《象》）

《刑第三十六》：噬嗑曰："利用狱。"以"动而明"也。（引《噬嗑卦》卦辞及《象》）

《蒙艮第四十》："童蒙求我"，我正果行，如筮焉。"再三则渎矣，渎则不告也。"（引《蒙卦》卦辞）

《蒙艮第四十》："山下出泉"，静而清也。（引《蒙卦》之《象》）

《蒙艮第四十》：慎哉，其惟"时中"乎！（引《蒙卦》之《象》）

《蒙艮第四十》："艮其背"，背非见也。（引《艮卦》卦辞）

《通书》引《论语》6 次，《礼记》1 次，《左传》1 次，《书经》1 次（又用其典故 2 次），用《孟子》典故 1 次，提及《春秋》1 次。

《诚下第二》：故曰："一日克己复礼，天下归仁焉。"（引《论语·颜渊》）

《思第九》：《洪范》曰："思曰睿，睿作圣。"（引《书经·周书》）

《志学第十》：伊尹耻其君不为尧、舜，一夫不得其所，若挞于市。（用《书经·商书·说命下》典故）

《志学第十》：颜渊"不迁怒，不贰过"，"三月不达仁"。（皆引《论语·雍也》）

《颜子第二十三》：颜子"一箪食，一瓢饮，在陋巷，人不堪其忧，而

不改其乐"。(引《论语·雍也》)

《过第二十六》：仲由喜闻过，令名无穷焉。(用《孟子·公孙丑上》典故)

《文辞第二十八》：故曰："言之无文，行之不远。"(引《左传·襄公二十五年》)

《圣蕴第二十九》："不愤不启，不悱不发，举一隅不以三隅反，则不复也。"(引《论语·述而》)

《圣蕴第二十九》：子曰："予欲无言。天何言哉！四时行焉，百物生焉。"(引《论语·阳货》)

《家人睽复无妄第三十二》：尧所以"厘降二女于妫汭"，舜可禅乎，吾兹试矣。(用《书经·虞书·尧典》典故)

《拟议第三十五》：至诚则动，"动则变，变则化"。(引《礼记·中庸》)

《孔子上第三十八》：《春秋》正王道，明大法也，孔子为后世王者而修也。

《通书》无一句明确引用佛老，亦不言佛老。由此可见，《通书》确实以《易》为重，兼及其他儒家文献，而有意回避佛老。

三、周子诗文中所见易学及佛老影响

《通书》有意回避佛老，但周子其他诗文中，对佛老文化并不太回避，而易学色彩反而不是很浓。

周子《题门扉》诗云：

有风还自掩，无事昼常关。

开阖从方便，乾坤在此间。

或说此诗为《易》而作，为"开阖"似是"消息"，"乾坤"确为易卦。但此诗之高妙，实在"不着痕迹，尽得风流"，必谓此诗说易，或必谓此诗不说易，皆非通论。

其他涉及《易经》与周子之诗，如所谓《暮春即事》实为周子后学叶采所作《书事》；所谓《读易象》首见于明人杨体仁《皇极经世心易发微》，后又见于《宋元学案》引《性学指要》，语涉禅佛，疑非周子之诗。限于篇幅，今不细论。总之，今所见周子诗文中，并没有明确写到《易经》的内容，这与《太极图说》《通书》的情况是非常不同的。

周子《读英真君丹诀》诗曰：

始观丹诀信希夷，盖得阴阳造化机。

子自母生能致主，精神合后更知微。

此诗见于中国国家图书馆藏南宋理宗宝祐四年（1256）至景定五年（1264）编定的《濂溪先生集》，为《题酆都观三首》之一。宋本题下有"刻石观中"四字，此诗后注："右《读英真君丹诀》。"考宋末邓牧《洞霄图志》卷六中有咸淳元年（1265）杨栋所作《东阳楼记》，言二十年前其所见此石。杨栋为眉州青城（今四川省灌县）人，南宋绍定（1228—1233）进士，崇周子、二程之学。《记》言其约于淳祐五年（1245）游平都山（在今重庆市酆都县），寻访周子留下的痕迹，在乱碑中发现了周子所题二绝句，"点画劲正，犹存温厉之气"，是当年任职合阳时的书法。其一为《咏阴仙丹诀》（即《读英真君丹诀》，其文字与今所见宋本仅"致主""致立"一字之差）。后来杨栋又阅读了大量道教文献，"则知丹诀所云，周子一言蔽之矣"。再后来，杨栋写了一篇谈仙诀（炼丹术）的文章，但文章中充满了对儒家哲学的认同。《东阳楼记》原文如下：

余曩登平都山，访濂溪周子旧游，乱碑中得小片周子题两绝句，点画劲正，犹存温厉之气，官合阳时笔也。其一《咏阴仙丹诀》云："始观丹诀信希夷，盖得阴阳造化机。子自母生能致立，精神合后更知微。"又从山中人得《观丹诀》一篇，二十年间往来于心，未忘也。先墓在余杭庐居山中，数游洞霄，道藏写本甚真，山庐无事，时得假借。无何，阅之遍，则知丹诀所云，周子一言蔽之矣。宫殿都监，贝其姓，大钦其名，余杭人，赐号灵一，作小楼，寮中不侈不约，可诗可觞，爱其翼然于尘外也，与客造焉，请名，适朝阳出高岗之上，因作东阳楼三字遗之，摘阴仙诀中语也。今又十余年矣。丹诀则已忘之，唯周子诗中之意，炯然心目。灵山之孙守一，嘱如圭来言曰：灵一年八十六而卒，愿得向者名楼之义，以发其幽光。余曰：

乾元阳神，吾资以始。坤元阴精，吾资以生。元，一也，而分二体，于是有尊卑，有贵贱。以尊卑言，则先乾而后坤，尊当在先也；以贵贱言，则先阴而后阳，贵当居后也。既有先后，则有嗑有睽，有同有讼，不得而齐焉。不齐则离，离去为变。相保则合，合为大和。物生于和，死于变。精神合一，即日月合一。日月合一，即乾坤之元复为一。此天地之正道，万物之公理，圣人以是制为礼乐。达之天下，礼无往而不来，乐无进而不返，斯道也在人，或识其大，或识其小，未尝坠也。周衰道微，四代礼乐之数，掌于柱下史，乃或取之，以养其生。虽然，礼乐者，大和之器也，所以建天地，溥万物，非有我之所得私也。私之者，小之也。知广而充之，则大矣。是故一物有尽，而万物无终；一身有终，而万人无尽。万人无尽，即我之无尽矣。又何人已之分灵，一以寿终矣。四海之内，一视而同。其未死者，皆灵一也，不与天地同长久乎！平都烟尘苍莽，石刻之存者几希。由是以志诸洞霄，尚不泯乎！儒先之遗意，不亦可哉！

咸淳元年中春，资政殿学士宣奉大夫眉山杨栋记并书，光禄大夫参知政事姚希得篆盖。

朱子大概没有见过此诗，后来的各种周子诗文选、集，多对此诗进行回避。如明人吕柟《周子抄释》与鲁承恩《濂溪志》，于宋本之《题酆都观三首》选其二首，唯独不选此《读英真君丹诀》。后来的《石仓历代诗选》《宋诗纪事》《宋元诗会》，亦皆不录此诗，四库本《周元公集》亦无此诗。可见，我们所认知的周子，确实在一定程度上受到了正统儒者的改造。

此《读英真君丹诀》诗中，周子明确地对道教修炼之法做出了精深评论，亦可知其受道教影响之深。其所谓"英真君""英仙"者，即传说中汉代的神仙阴长生。"《道藏·洞真部·玉诀类》载有《阴真君还丹歌注》，署名希夷陈抟注。周敦颐所读之《英真君丹诀》，盖即此书。"[1] 其"信希夷"之说，更可以佐证周子《太极图》来自希夷先生陈抟《无极图》，宋代理学深受道教影响的旧说。

另一位理学早期学者邵雍，并不避讳自己的"象数"来自道教，但其"义理"仍是坚定的儒家义理。朱子力辨周子《太极图说》之"无极"非出自老子《道德经》，试图把周子塑造成纯粹的儒者，其实真的没有必要。周子搬来一些道教"砖瓦"甚至"梁柱"，建造其儒学"大厦"，是完全没有问题的。

周子对儒家与佛教的认知，可部分见其《按部至潮州题大颠堂壁》一诗：

退之自谓如夫子，原道深排释老非。

---

[1] 余敦康：《汉宋易学解读》，中华书局，2006年，第234页。

> 不识大颠何似者，数书珍重更留衣。

唐韩愈作《原道》等，坚主儒学，力排佛教，以"谏迎佛骨"被贬至潮州，却与潮州灵山寺高僧大颠结交，经常书信往来，甚至韩愈离开潮州时曾为大颠留下自己的衣服作为纪念。韩愈自己说"乃人之情，非崇信其法，求福田利益也"（《与孟尚书书》），并没有改变自己崇儒排佛的信仰。周子至潮州，在大颠堂的墙壁上对此进行了歌咏，却没有表现出对佛教的排斥。结合周子其他诗文，也没有表现对佛道二教的排斥。周子妻之兄蒲宗孟在给周子写的《墓偈铭》中说晚年的周子：

> 乘兴结客，与高僧、道人，跨松萝，蹑云岭，放肆于山巅水涯，弹琴吟诗，经月不返。

在周子的诗中，亦随处可见其对佛寺道观、青山绿水的留恋，举目可见，不烦条列。然而上面《墓偈铭》中这段话，却被朱子删落，此亦朱子以"淳儒"改造周子之一例，亦可证周子受佛教、道教影响之深。

《二程外书》卷十：

> 周茂叔谓：一部《法华经》，只消一个《艮卦》可了。

此亦当为周子事实，可见周子对佛理的认知仍归宗于儒，归宗于《易经》。至于其他周子与佛教徒（如寿涯、佛印）的交往传说，似是而非者，兹不详论。

总之，《通书》及《太极图说》中自然会渗入佛老思想，这在周子诗文中可以得到佐证。

第三节 《太极图说》《通书》对《易经》的继承

一、无极而太极

《易经·系辞上传》"是故易有太极……圣人则之"一章，即周子《太极图说》所本，此显而易见，诸家所共论者，今以表格表现如下：

周子《太极图》	周子《太极图说》	《易经·系辞上传》
◯	无极而太极。	易有太极。
阳动 ◉ 阴静	太极动而生阳，动极而静；静而生阴，静极复动。一动一静，互为其根；分阴分阳，两仪立焉。	是生两仪。
火 水 土 木 金	阳变阴合，而生水火木金土。五气顺布，四时行焉。五行，一阴阳也；阴阳，一太极也；太极，本无极也。五行之生也，各一其性。	两仪生四象。
乾道成男 ◯ 坤道成女	无极之真，二五之精，妙合而凝。"乾道成男，坤道成女"，二气交感，化生万物。	四象生八卦。
◯ 化生万物	万物生生，而变化无穷焉。惟人也，得其秀而最灵。形既生矣，神发知矣，五性感动，而善恶分，万事出矣。	八卦定吉凶，吉凶生大业。
	圣人定之以中正仁义，而主静，立人极焉。故圣人"与天地合其德，日月合其明，四时合其序，鬼神合其吉凶"。君子修之吉，小人悖之凶。故曰："立天之道，曰阴与阳；立地之道，曰柔与刚；立人之道，曰仁与义。"又曰："原始反终，故知死生之说。"大哉易也，斯其至矣！	是故法象莫大乎天地；变通莫大乎四时；县象著明莫大乎日月；崇高莫大乎富贵；备物致用，立成器以为天下利，莫大乎圣人；探赜索隐，钩深致远，以定天下之吉凶，成天下之亹亹者，莫大乎蓍龟。是故天生神物，圣人则之；天地变化，圣人效之；天垂象，见吉凶，圣人象之；河出图，洛出书，圣人则之。

《太极图说》凡四条引文，皆见于《易传》。"乾道成男，坤道成女"见于《系辞上传》，"与天地合其德，日月合其明，四时合其序，鬼神合其吉凶"见于乾之《文言传》，"立天之道，曰阴与阳；立地之道，曰柔与刚；立人之道，曰仁与义"见于《说卦传》，"原始反终，故知死生之说"亦见于《系辞上传》。似乎周子此《说》全本乎《易传》，尤其是《系辞》。然而事实上，无论是《太极图》还是《太极图说》，周子都吸收了道家、道教的说法。

如诸家所言，"无极"本出于老子《道德经》第二十八章："恒德不忒，复归于无极。"《庄子》亦屡言之。而周子此处必言"无极"，应该与《太极图》实来自陈抟《无极图》有关，谓《无极图》就是《太极图》，"无极"就是"太极"，"自然"即"名教"，取道为儒。即使《易传》之"太极"，恐怕仍是来自道家，故《论语》《孟子》未有此语，而可考见于《庄子·内篇·大宗师》。要之，儒者本不喜言玄理，先受困于道、墨而不得已发高论，后欲排佛、老而有理学。周子虽不刻意排佛、老，但在事实上塑造了可以在形而上学层面比肩二教的儒学。

图第二层，周子不以乾坤，而以坎离二卦表示阴阳，正是继承自丹道家，此点上文已述及。《庄子·天下》曰："《易》以道阴阳。"这是对儒家经典的记述，但《易经》虽然事实上在用阴阳爻，而并不讲阴阳，《论语》《孟子》也不讲阴阳。讲阴阳的是《易传》，这一点颇近于《老》《庄》。

图第三层，《易传》本讲"四象"，《太极图》却讲"五行"。学者巧为立说，以土性和居中，水、火、木、金分居四方以应四时，说颇可取。不过很少有人注意：《书经·洪范》等虽有"五行"之说，而无生克之论；而孟子辈所谓"五行"则为仁义礼智圣 [1]，后或改为仁义礼智信。阴阳家邹衍之辈起，五

---

[1] 裘锡圭：《谈谈地下材料在先秦秦汉古籍整理工作中的作用》，《古籍整理情况工作简报》1981 年第 6 期。

行生克说始大行于天下。"五行"不见于《易传》，至西汉董仲舒始将此援入儒学，此后便一发不可收拾，周子仅为董氏续余。董仲舒引怪说，但不失为儒；周子化腐朽为神奇，更不失为儒。

图第四层，《易传》讲"四象生八卦"，《太极图》及《说》却讲"妙合而凝"。不得不说，这点还是很不一样的。学者又巧为立说，以《易经·说卦传》有"乾为父，坤为母，震为长男，巽为长女，坎为中男，离为中女，艮为少男，兑为少女"①之义，对应《太极图说》之"乾道成男，坤道成女"，着实牵强。我们认为《太极图》与《易传》不必完全对应。周子本于《易经》创为新说，亦不失伟大。

图第五层，《易传》"八卦定吉凶，吉凶生大业"与《太极图》"化生万物"，其实也并没有确定的对应关系。值得注意的是，周子这里"惟人也，得其秀而最灵"，比《易传》归于卜筮之说更有价值。正因如此，下文周子宣扬的易道，也就更胜于《易传》宣扬之易道。

《易传》所宣扬，我们这里就不展开了。我们看周子所宣扬者，剥去那些玄之又玄的外衣，其内核就只是"中正仁义"四字。此即周子不失为儒，可为万世法者。所引《易经·文言传》"立人之道，曰仁与义"亦申发此义。其他多是修饰之语，包括看似高妙的"合德合明"。唯独不可忽略的是，周子这里引入了"主静"之说，此孔孟所罕言者，亦是宋儒独特之处，下文详论。

二、主静

《太极图说》的中心，就在这一句："圣人定之以中正仁义，而主静，立人

---

① 《说卦传》原文是："乾，天也，故称乎父。坤，地也，故称乎母。震一索而得男，故谓之长男。巽一索而得女，故谓之长女。坎再索而得男，故谓之中男。离再索而得女，故谓之中女。艮三索而得男，故谓之少男。兑三索而得女，故谓之少女。"

极焉。"翻译成白话文就是:"圣德之人确立了用中正仁义,以静为主,作为人类的终极法则。""中正仁义"是典型的儒家理念,"主静"则近乎佛、老。

周子"主静"之说,在《太极图说》其他文字中并没有明显论证与申说,而明显见于《通书》者,有《圣学第二十》与《蒙艮第四十》两章。若从朱子之说,则《礼乐第十三》与《乐上第十七》,亦着力论证申发了"主静"说。

《圣学第二十》:

> "圣可学乎"? 曰:"可。"曰:"有要乎?"曰:"有。""请闻焉。"曰:"一为要。一者无欲也,无欲则静虚动直。静虚则明,明则通;动直则公,公则溥。明通公溥,庶矣乎!"

朱子注:

> 此章之指,最为要切。然其辞义明白,不烦训解。学者能深玩而力行之,则有以知无极之真,两仪四象之本,皆不外乎此心,而日用间自无别用力处矣。

事实上,这一章涉及的哲学问题还是很值得玩味的。我们认为:周子所谓的"圣学"就是儒学,就是"中正仁义";学圣以一为要,"一者无欲也,无欲则静虚动直",就是《太极图说》"主静"。旧本《太极图说》"主静"之下或有注曰"无欲故静",正来自此《圣学第二十》。"无欲"则"静虚"很容易理解,"无欲"则"动直",因为"无欲"所以可以守正而行,也可以说通。以此引出明(清明)通(通达)公(公正)溥(广大),自然在情理之中。

《易经》极少言"欲",更没有"无欲"之说。《下经·损卦》卦辞之《象》

曰："山下有泽，损。君子以惩忿窒欲。"玩其辞义，虽"窒欲"略似"无欲"，但《易传》似无强调"无欲"的哲学主张。① 如此，周子此处很难说是在阐发易道。

《蒙艮第四十》：

> "童蒙求我"，我正果行，如筮焉。筮，叩神也。再三则渎矣，渎则不告也。"山下出泉"，静而清也。汩则乱，乱不决也。慎哉，其惟"时中"乎！"艮其背"，背非见也。静则止，止非为也，为不止矣。其道也深乎！

如朱子所言，此章前面是"杂引蒙卦《彖》《象》而释其义"，后面是"引艮卦之《象》而释之"，紧贴《易传》，以易明道。周子的意思是：蒙卦卦辞的"童蒙求我"，是因为"我"的行事正直果断，这就像占筮。占筮是求问于神明。只问一次可以，再三问就显得对老师或神明的答案非常轻慢，他轻慢我就不会给他答案了。蒙卦之《象》的"山下出泉"，讲的是童蒙的状态虚静且清澈。受到搅扰就会变乱，变乱就无法决断是非。要谨慎啊，要做到蒙卦之《象》说的"及时恰当"。艮卦卦辞的"艮（止）其背"，后背是看不到的地方。静下来就是止，止下来就不做什么，做什么就不是止下来。这里面的道理很深刻啊！

可见，在《通书》的最后一章，周子特别结合《易经》，发挥了一下自己的"主静"之说。周子之说似乎不违背《易经》，但我们自己读《易经》的话却几乎不能发现此"主静"哲学。

---

① ［唐］孔颖达《周易正义》："山下有泽，损。君子以惩忿窒欲者，泽在山下，泽卑山高，似泽之自损，以崇山之象也。君子以法此损道，以惩止忿怒，窒塞情欲。夫人之情也，感物而动。境有顺逆，故情有忿欲。惩者，息其既往；窒者，闭其将来。忿欲皆有往来，惩窒互文，而相足也。"

事实上，"主静"之说（包括"无欲"）很容易在主张"清静无为"的老庄之书中发现，如老子《道德经》：

> 镇之以无名之朴，夫将不欲。不欲以静，天下将自正。（三十七章）
> 静胜躁，寒胜热，清静为天下正。（四十五章）
> 我无为，而民自化；我为静，而民自正；我无事，而民自富；我无欲，而民自朴。（五十七章）

"静"字不见于《孟子》，一见于《论语》，即《雍也第六》之"仁者静"，可见孔孟对"静"都没有特别强调。《易经》对"静"的明显推崇亦仅一例：

> 夫《易》广矣大矣，以言乎远则不御，以言乎迩则静而正，以言乎天地之间则备矣。（《系辞上传》）

然而周子未尝引用此句，大概是此处的"主静"仍不明显。

真正"主静"的早期儒家文献，其实是《礼记》中的《大学》，其文曰：

> 知止而后有定，定而后能静，静而后能安，安而后能虑，虑而后能得。

自李唐来，佛教禅宗兴起，在周子时代已经蔚为大观，成为儒学的劲敌。"禅"是"禅那"的简称，是一个音译词，意译则或作"静虑"。"静虑"之说，实出自《大学》。周子"主静"，其实对抗佛学而染于佛学的结果。同理，后期理学或主张"静坐"，即在事实上受佛教"坐禅"的影响。

至于《通书·圣学第二十》中周子所推崇之"无欲",则不见于《论语》,甚至《尧曰第二十》中孔子以"欲而不贪"为"五美"之一。至于《孟子》,则确有类似说法:

> 世俗所谓不孝者五:……从耳目之欲,以为父母戮,四不孝也。(《离娄下》)

> 孟子曰:养心莫善于寡欲。其为人也寡欲,虽有不存焉者,寡矣。其为人也多欲,虽有存焉者,寡矣。(《尽心下》)

周子竟以孟子为不足,在其《养心亭说》中说:

> 予谓养心不止于寡而存耳,盖寡焉以至于无,无则诚立、明通。

就是说周子以为孟子的"寡欲"是不够的,一定要"无欲",才可以达到诚立、明通的境界。诚,则是另外一个被周子强调的哲学概念。

《通书·礼乐第十三》:

> 礼,理也;乐,和也。阴阳理而后和,君君、臣臣、父父、子子、兄兄、弟弟、夫夫、妇妇,万物各得其理,然后和。故礼先而乐后。

《通书·乐上第十七》:

> 古者圣王制礼法,修教化,三纲正,九畴叙,百姓大和,万物咸若。乃作乐以宣八风之气,以平天下之情。故乐声淡而不伤,和而不淫。入其

耳，感其心，莫不淡且和焉。淡则欲心平，和则躁心释。

前者先言"理"后言"和"，朱子以为是发《太极图说》"定之以中正仁义而主静"之意；后者先言"淡"而后言"和"，朱子以为"亦主静之意也"。而以我观之，"和"与"诚"的关系其实更为接近。

三、诚

"诚"在周子哲学中非常重要，《通书》开篇两章便专题谈"诚"，后又反复申发。而且，周子明确把"诚"的来源指为《易经》。《诚上第一》曰：

> 诚者，圣人之本。"大哉乾元，万物资始"，诚之源也。"乾道变化，各正性命"，诚斯立焉。纯粹至善者也。故曰："一阴一阳之谓道，继之者善也，成之者性也。"元、亨，诚之通；利、贞，诚之复。大哉易也，性命之源乎！

《通书》开头就斩钉截铁般指出，诚是圣人的根本特点。其论证首先引用《乾卦》之《彖》，认为"诚"之源头在乾卦。又论证"诚"的成立，仍引《彖》文。赞美"诚"是"纯粹至善"的，又引据《系辞上传》之文。认为《乾卦》卦辞说的"元亨，利贞"是在讲"诚"的顺遂通达和反复圆融。最后夸赞了一下易道，是如何伟大，如何导出性命的奥义。

以今观之，周子此段文字中的逻辑关系并不是特别清楚明确。"大哉乾元，万物资始"，怎么就是"诚之源"呢？"乾道变化，各正性命"，和"诚斯立"又有什么关系？后皆仿此，皆不得明其何以成论。

《易经》中无一"诚"字，《易传》中两见，皆系于《乾卦》之下，但不在

《象传》而在《文言传》：

> 九二曰"见龙在田，利见大人"，何谓也？子曰："龙德而正中者也。
> 庸言之信，庸行之谨，闲邪存其诚，善世而不伐，德博而化。《易》曰
> '见龙在田，利见大人'，君德也。"
>
> 九三曰"君子终日乾乾，夕惕若，厉，无咎"，何谓也？子曰："君子
> 进德修业。忠信，所以进德也；修辞立其诚，所以居业也。知至至之，可
> 与幾也。知终终之，可与存义也。是故居上位而不骄，在下位而不忧，故
> 乾乾，因其时而惕，虽危无咎矣。"

"闲邪存其诚"说的是，防止邪恶而内心保持真诚；"修辞立其诚，所以居
业也"，作为"进德修业"之一，真诚还需要文采来呈现，才可以积蓄功业。
后一说，略近乎《论语》"文质彬彬"之义。总之，《文言传》所说"诚"，虽
没有周子所说般重要，但毕竟是被推崇的品德。《文言传》明明可为周子作证，
但周子没有引用。周子所引为《乾卦》卦辞或卦辞之传，还有总论易道之文，
大概是因为周子觉得爻辞及爻辞之传不足以承担"圣人之本"，必得《易经》
首卦卦辞及其传。

《论语》中找不到"诚"这个哲学概念，甚至孔子会讲"文质彬彬"，单
纯的"质"（义近乎"诚"）不为孔子认可，要和"文"结合才行。若真正探寻
"诚之源"，恐怕是来自《孟子》以及《礼记》之《大学》与《中庸》，亦即思
孟学派。

《孟子》中的大多数"诚"字，仍作虚词（副词"确实"）用，并非周子哲
学式的实词（真诚、诚心），然而有两例（尤其是前一例）不得不说与周子关
系很大：

孟子曰："居下位而不获于上，民不可得而治也。获于上有道，不信于友，弗获于上矣。信于友有道，事亲弗悦，弗信于友矣。悦亲有道，反身不诚，不悦于亲矣。诚身有道，不明乎善，不诚其身矣。是故诚者，天之道也。思诚者，人之道也。至诚而不动者，未之有也。不诚，未有能动者也。"（《离娄上》）

孟子曰："万物皆备于我矣。反身而诚，乐莫大焉。强恕而行，求仁莫近焉。"（《尽心上》）

《大学》有所谓"三纲领，八条目"，三纲领即明明德、新民、止于至善，八条目则为格物、致知、诚意、正心、修身、齐家、治国、平天下。要之，《孟子·离娄上》所言"得治民""获于上""信于友""悦亲""诚身""明乎善"六者，即通于此《大学》之"八条目"，而"诚"于其中皆意义重大。《大学》在总领性的"经文"一章（其字多且文常见，今不具引）之后，有分论的"传文"十章，其中专门申发"诚意"的是"传之六章"：

所谓诚其意者，毋自欺也，如恶恶臭，如好好色，此之谓自谦，故君子必慎其独也！小人闲居为不善，无所不至，见君子而后厌然，掩其不善，而著其善。人之视己，如见其肺肝然，则何益矣。此谓诚于中，形于外，故君子必慎其独也。曾子曰："十目所视，十手所指，其严乎。"富润屋，德润身，心广体胖，故君子必诚其意。①

《中庸》对"诚"更是推崇，"诚"字见于《中庸》者凡 25 次，皆为实词。

① ［宋］朱熹撰：《四书章句集注》，上海古籍出版社，2006 年，第 10 页。

这些内容集中在朱子所谓第二十至第二十六章，亦见于第十六及第三十二章。姑举其第二十章中部分文字：

> 在下位不获乎上，民不可得而治矣；获乎上有道，不信乎朋友，不获乎上矣；信乎朋友有道，不顺乎亲，不信乎朋友矣；顺乎亲有道，反诸身不诚，不顺乎亲矣；诚身有道，不明乎善，不诚乎身矣。诚者，天之道也；诚之者，人之道也。诚者不勉而中，不思而得，从容中道，圣人也。诚之者，择善而固执之者也。①

显而易见，《中庸》之"得治民""获乎上""信乎朋友""顺乎亲""诚身""明乎善"六者，几乎全同于《孟子》，亦通乎《大学》。然而《中庸》于"诚"之意涵，言之更深。

论述至此，则可明了：周子之所谓"诚"，实出乎思孟，而非《易传》。周子特借"五经之源，天地鬼神之奥"的《易经》，对"诚"进行拔高而已。

而周子拔高"诚"，与其"主静"，恐怕都是由于有意识或无意识地和道释二教对抗。佛家讲明心见性，自魏晋以来大倡于中华，而禅宗更崛起于唐，来势凶猛；道家讲雕琢复朴，勉强可与佛家对抗，故五代时陈抟、钟离权、吕洞宾、杜光庭、谭峭等一大批高道崛起。思孟之复兴，萌芽于唐之李翱，奠基于周子，发扬于朱子，才最终形成了深刻影响中华近千年的理学，以与道释鼎立而大胜。

四、中正仁义

如前文所述，"中正仁义"才是周子《太极图说》及《通书》的核心思想。

---

① ［宋］朱熹撰：《四书章句集注》，上海古籍出版社，2006年，第36—37页。

最后我们再来考察一下"中正仁义"与《易经》的关系。

《太极图说》言"中正仁义",《通书·道第六》则言"仁义中正"(为何语序有别则今不能明):

> 圣人之道,仁义中正而已矣。守之贵,行之利,廓之配天地。岂不易简,岂为难知!不守,不行,不廓尔。

《刑第三十六》则言:

> 情伪微暧,其变千状。苟非中正、明达、果断者,不能治也。《讼卦》曰"利见大人",以"刚得中"也。《噬嗑》曰"利用狱",以"动而明"也。

周子认为:现实中的真伪常常隐微难明,变化万端若非中正、明达、果断的人,不能正确处理政事。《讼卦》(有关诉讼的卦)卦辞说"有利于去找大德之人",此卦之《象》说是因为"刚来而得中也""尚中正也"(《讼卦》䷅九二、九五爻阳为刚)。《噬嗑卦》卦辞说"有利于断案用刑",此卦之《象》说是因为"刚柔分,动而明,雷电合而章"(《噬嗑卦》䷔上为中女离电,下为长男震雷,上阴下阳而相交)。

《刑第三十六》索解稍难,要点在讼《象》之"尚中正也"一语。"中正"之说《易传》凡十七见,此特一例而已。

> 刚健中正,纯粹精也。(《乾卦》䷀之《文言传》)
> "酒食贞吉",以中正也。(《需卦》䷄九五爻之《象》)
> "利见大人",尚中正也。(《讼卦》䷅之《象》)

"讼，元吉"以中正也。(《讼卦》䷅九五之《象》)

"亨"，刚中正。(《履卦》䷉之《象》)

文明以健，中正而应，君子正也。(《同人卦》䷌之《象》)

"不终日贞吉"，以中正也。(《豫卦》䷏六二之《象》)

大观在上，顺而巽，中正以观天下，观。(《观卦》䷓之《象》)

柔丽乎中正，故亨，是以"畜牝牛吉"也。(《离卦》䷝之《象》)

"受兹介福"，以中正也。(《晋卦》䷢六二之《象》)

"利有攸往"，中正有庆。(《益卦》䷩之《象》)

刚遇中正，天下大行也。(《姤卦》䷫之《象》)

九五含章，中正也。(《姤卦》䷫九五之《象》)

"寒泉之食"，中正也。(《井卦》䷯九五之《象》)

"艮其辅"，以中正也。(《艮卦》䷳六五之《象》)

刚巽乎中正而志行。(《巽卦》䷸之《象》)

说以行险，当位以节，中正以通。(《节卦》䷻之《象》)

　　《易传》之"中正"，几乎全见于《象》与《彖》，也就是说基本是用来解释卦爻象关系的。阳爻在二、五为"刚得中"，阴爻在二、五为"柔得中"；六二与九五反，九二与六五反，为"刚中而应"，最吉。凡《易传》中说到"中正"的，都是吉。《易传》另有"正中"等概念，不具引。

　　"中正"虽为《易传》中常见的吉祥概念，然而终究与"仁义"相去较远。周子所谓"中正"，恐怕实际另有来源。"中正"一词最早见于《书经·吕刑》："咸庶中正。"孔传："皆庶几必得中正之道。"有得当、正直、纯正等义。此虽不见于《论语》，但明显与孔子讲求的"中道"是相通的。及至《中庸》出，此道得以大显。《中庸》虽有"齐庄中正，足以有敬也"之语，但周子所谓

"中正"恐怕更接近"中庸""中和"。

《中庸》曰：

> 天命之谓性，率性之谓道，修道之谓教。道也者，不可须臾离也，可
> 离非道也。是故君子戒慎乎其所不睹，恐惧乎其所不闻。莫见乎隐，莫
> 显乎微。故君子慎其独也。喜怒哀乐之未发，谓之中；发而皆中节，谓之
> 和；中也者，天下之大本也；和也者，天下之达道也。致中和，天地位
> 焉，万物育焉。

《通书·圣第四》：

> 寂然不动者，诚也；感而遂通者，神也；动而未形、有无之间者，几
> 也。诚精故明，神应故妙，几微故幽。诚、神、几，曰圣人。

《通书·慎动第五》：

> 动而正，曰道。用而和，曰德。匪仁，匪义，匪礼，匪智，匪信，悉
> 邪矣。邪动，辱也；甚焉，害也。故君子慎动。

"寂然不动者，诚也"实与"天命之谓性""喜怒哀乐之未发"相通，谓人
本初状态。理学之所以成立，正在此近乎道家所谓"淳真"与佛教所谓"本
来面目"的"精微"之处。其后之"发而皆中节"，故"慎动""慎独"，强调
"几""莫见乎隐，莫显乎微"，终归于正道，则是儒家区别于二教之处。

如此，周子之道仍更近于《中庸》，而仅托以《易传》。此其以神道设教，

对抗佛、老，不得已而为之罢了。

　　总之，以往朱子等人刻意回避周子思想中继承自佛老二教的内容，以立我儒正统；黄宗炎等力主周子之说出自二教，实欲废宋明理学。这种门户之争、意气用事早已失去其现实意义，今人不妨大方承认周子之说深受二教影响，更不能否定周子以儒为本的伟大历史价值。其所谓易道，实以思孟之学为宗。周子者，不失为圣之时者。

第四章　宋元明清《通书》的思想史研究

　　《通书》又名《易通》《濂溪通书》《周子通书》，全书 40 章，共 2832 字，是周敦颐重要的代表性著作之一，朱熹说"周子《通书》，此近世道学之源也"。《通书》字数不足三千字，却描述了多方面的思想内容，特别是在宇宙本体论、儒家心性论、修养论方面，作出了向前推进的贡献，对宋明理学的逐渐成形、儒学复归正统地位起到了关键性的作用，因而在思想史、哲学史上有着崇高的地位，从而奠定了周敦颐"上继孔孟，下启河洛"的历史地位。

　　鉴于《通书》的独特思想内容价值，宋元明清时期对《通书》的思想研究是绵延不断的，众多学者整理、刊刻、阐释、讨论。本章通过介绍《通书》的历代思想史研究，展示其在不同历史时期的传承、发展和影响情况。

第一节　《通书》的典藏与刊刻

　　《通书》最早称《易通》，见于潘兴嗣《濂溪先生墓志铭》，记载周敦颐"尤善谈名理，深于易学，作《太极图》《易说》《易通》数十篇，诗十卷，今藏于家"。周敦颐的著作，他本人生前没有整理，逝世后也没有得到及时整理，因此《易通》如何改名为今天的《通书》，今天的定本《通书》四十章又是如何形成的，是本节将要涉及的内容。

一、《通书》整理刊刻前的传抄与典藏

周子逝世之后，他的著作在程门与周子家族内部之间传抄流通。南宋绍兴十四年（1144），程门再传弟子祁宽整理刊刻周子著作时，撰写了《通书后跋》，其中详细叙述了他当时能见到的《通书》抄藏本。他说周子《通书》："始出于程门侯师圣，传之荆门高元举、朱子发。宽初得于高，后得于朱，又后得和靖尹先生所藏，亦云得之程氏，今之传者是也。逮卜居九江，得旧本于其家。比前所见，无《太极图》。或云图乃手授二程，故程本附之卷末。"据祁宽跋语，当时有众多学者典藏周子《通书》。侯师圣即侯仲良，字师圣，从小生长在二程身边。侯仲良藏本，传给了高元举、朱子发（朱震），朱震（1072—1138）于绍兴四年（1134）有《进易说表》，向皇帝推荐周子著作。高、朱二人从侯仲良那里传抄，各自形成典藏本，于是程门就有了侯、高、朱三种抄藏本。和靖尹先生即尹焞（1071—1142），号和靖，程颐晚年门人，因此祁宽为程门再传。尹焞典藏本，没有说来自何处，可能来自他的老师程颐，此为程门第四种抄藏本。然后是九江周子家藏本。祁宽看到的典藏本，分为"程门本"和"九江家藏本"两个系统，共五种抄藏本，其中九江家藏本一种，程门本有侯师圣、高元举、朱子发、尹焞四种。

同时，号称"二程再传"的胡宏（1102—1161），也于绍兴中刊刻周子《通书》，并撰写了《通书序略》。《序》中表明了他典藏刊刻《通书》的缘由："故此一卷书，皆发端以示人者，宜其度越诸子，直与《易》《诗》《春秋》《语》《孟》同流行乎天下，是以叙而藏之。"胡宏先藏抄本，再为制版刊刻。此当为

程门本第五种抄藏本。在此阶段，程门内部以传抄的方式流通周子《通书》。胡宏称"周子启程氏兄弟以不传之学"，程门弟子及后学在整理《通书》的过程中，明确了周程授受的渊源，且成为当时学人的共识。

从以上可知，周子《通书》在程门中流传时，已称《通书》，《易通》更名为《通书》在北宋末年就已经发生了。

二、朱熹整理刊刻《通书》

朱熹之前，有诸多学者如朱震、祁宽、胡宏、李侗等关注推崇周濂溪先生。李侗是朱熹的老师，朱熹最早接触周子著作，就是在李侗处。朱熹后来整理搜集周子著作之后，也第一时间呈给了他的老师李侗。

朱熹所处时期，《通书》已有不同刊刻本流传，如上所提及祁宽刻本、胡宏刻本。祁宽刊刻周子著作时撰写《通书后跋》，胡宏因典藏《通书》而刊刻。祁宽本、胡宏本都是程门系统的刻本，在《通书》后附《太极图》。胡宏整理刊刻时，还删去原有章名，改用周子曰。到南宋初年 ①，无名氏编纂刊刻《诸儒鸣道集》，汇集周敦颐、司马光、二程、张载、谢良佐、杨时等人的著作，卷首第一篇即为《濂溪通书》，与今本四十章不同，分为三十五章，可称"鸣道本"。鸣道本的《诚》《乐》《师友》《孔子》等章没有分上下，都是独立成章，并且不像今本《诚上第一》这样注明章数。最大的不同是卷末没有附《太极图》，这应该是源于祁宽所说"比前所见，无《太极图》"的"九江家藏本"。

---

① 《诸儒鸣道集》编书刻成时代，学者们有所讨论。顾廷龙在《景印宋本〈诸儒鸣道集〉弁言》中指出当在宋孝宗 1163 至 1189 年间。陈来《略论〈诸儒鸣道集〉》一文认为在绍兴、乾道间的 1158 年至 1168 年间。田智忠《〈诸儒鸣道集〉研究——兼对前朱子时代道学发展的考察》一书，在二人的基础继续深入，考证成书于乾道二年到乾道四年间。

此后，又有春陵本、零陵本、九江本等相继出现，见朱熹各《序》。因此，在朱熹整理周子著作之前，流通的抄本、刻本《通书》中，有附《太极图》和未附《太极图》的不同版本，即"程门本"和"九江家藏本"两个不同系统的版本，且各本之间，都略有差异。

鉴于这种情况，朱熹不得不对周子著作进行全面的整理，并陆续整理了三次之多。朱熹在整理刊刻的过程中，对《通书》的编次体例及其与《太极图》的关系都有过调整。

第一次整理，乾道五年（1169），朱熹对"长沙本"完全依从胡宏本的编法不太满意，于是编纂"建安本"《太极通书》。序中说："右周子之书一编，今春陵、零陵、九江皆有本，而互有异同，长沙本最后出。乃熹所编定，视他本最详密矣，然犹有所未尽也。"此本做了哪些改变呢？从书名可以看出，他将《太极图》放在了《通书》的前面，改变了"程门本"系统把《太极图》附在《通书》卷末的一贯做法，其理由是"故今特据潘志，置图篇端，以为先生之精意，则可以通乎书之说矣"。潘志即潘兴嗣《濂溪先生墓志铭》一文，文中对周子著作，是按"《太极图》《易说》《易通》"这样排序的。朱熹找到了调整二书顺序的最早依据。

第二次整理，朱熹在编定"建安本"《太极通书》后，意外得到另一种"九江家藏本"系统《通书》版本，即传自临汀杨方的"临汀杨方本"，发现十九处不同。于是，在淳熙六年（1179），朱熹用"理校"的方法进行校正，而形成了"延平本"。

第三次整理距离第二次不久，同一年，朱熹转知南康军，从延平到南康任职。朱熹到了周子曾经的任职地，再次整理了《太极通书》，称为"南康本"。"南康本"的内容在序中有体现："右周子《太极图》并《说》一篇，《通书》

四十章，世传旧本遗文九篇，遗事十五条，事状一篇，熹所集次，皆已校定，可缮写。"可见，此《太极通书》实为周子著作的总集。这种整理方法，为后来编纂周子著作总集者所沿用，如《濂溪集》《周子全书》等。

朱熹对周子著作的深入整理与刊刻，体现了他对周敦颐学术思想的深深敬仰之情。朱熹在调任南康知军期间，满怀对周敦颐的仰慕之情，重修了爱莲池，并建立了爱莲堂。他又从周子的曾孙周直卿那里得到了周敦颐的《爱莲说》的墨迹，然后请人刻之于石，立在池边，以供后人瞻仰学习。

朱熹三次刊刻周子著作，《太极图》从《通书》卷末独立出来，今本《通书》四十章的内容与形式也得以确定下来。朱子以后，《通书》常收录在《濂溪集》《周子全书》等总集中流传，但也可以刻本单行。值得注意的是，《通书》早期为周子著作集的名称，本就含《通书》《太极图》，后来改名《太极通书》，慢慢增加了朱熹搜集的周子遗文、遗事等。可见，《通书》有从总集名到只为一种著作名的变化。

朱熹对《太极图》和《通书》都有注解，他对《通书》各篇的注解，开启了历代《通书》注解的先河。

第二节 《通书》的历代注解

《通书》成书之后，历代学者对《通书》进行了丰富的注解和阐释。这些注解有的是单篇的、零散的，如各种书信、序跋；有的是通篇的、汇集成书而可单行的，如朱熹《通书解义》、曹端《通书述解》。不管形式如何，其作用一方面是帮助理解《通书》的义理，另一方面也反映出不同历史时期的学术思想演变，当然最重要的是传播推广了周子的思想。

一、宋代的《通书》注解

宋代是中国理学的鼎盛时期，自周子以降，张载、程颐、程颢、朱熹等，名家辈出，他们把"理"或"天理"说成是宇宙万物的本源，所以称为理学，理学在宋代有了很大的发展。理学家们对周子《通书》的关注与讨论，充遍整个宋代。王梦龙《通书集解》、魏国表《太极通书解》等著作都已亡佚，朱熹《通书解义》是宋代注释周子《通书》的著作中仅存的一部，也是现存最早的一部。但在朱熹之外，宋代学者如程颢、程颐、祁宽、胡宏、张栻、陆九韶、陆九渊、李心传等，也对周敦颐的《通书》进行了具体而深入的研究。

（一）宋代学者对《通书》的讨论

程颢和程颐是北宋著名的理学家，合称"二程"，二程跟从周敦颐学习，继承研究周敦颐的学说。程颐在其著作《伊川易传》中多次引用《通书》的内容，以解释和阐发自己的哲学观点。他们特别重视《通书》中关于"诚"的论述，认为"诚"是道德修养的最高境界。通过将《通书》中的哲学思想与自己的学说相结合，二程进一步推动了理学的发展，并对后世产生了深远影响。

祁宽对《通书》评价甚高，在整理刊刻《通书》时撰写的《通书后跋》中称："夫老氏著《道德》五千言，世称微妙。此书字不满三千，道德、性命、礼乐、刑政，悉举其要。而又名之以'通'，其示人至矣。"

胡宏在《通书序略》中称："今周子启程氏兄弟以不传之学，一回万古之光明，如日丽天，将为百世之利泽，如水行地，其功盖在孔、孟之间矣。人见其书之约也，而不知其道之大也；人见其文之质也，而不知其义之精也；人见其言之淡也，而不知其味之长也。"并且他在《横渠正蒙序》中，首次将周敦颐、邵雍、程颢、程颐、张载并列而谈，初现"北宋五子"之说。胡宏对周敦颐教授二程、上承孔孟的成就是非常肯定的。胡宏对周子的推崇关注，受到其父亲胡安国的影响。在绍兴二年（1132），胡安国偶遇刚从道州知州罢官的向子忞（1097—1165），向其打听濂溪故里是否有周子遗事。二胡虽祖籍福建，但久居湖湘，对湖湘学术大力发扬。

张栻是胡宏的弟子，追随老师的脚步，推崇周子。张栻与朱熹在长沙相识，影响了朱熹对周子思想和湖湘学术的看法。二人交往甚密，关于周子著作的理解，讨论尤多。值得注意的是，朱熹在整理周子著作时，常跟友人信件往来，进行商讨，与张栻的信件往来最多。第二次整理的成果，他寄给了当时在严州的张栻。张栻阅后，于乾道六年闰五月写了《通书后跋》说："濂溪周先生《通书》，友人朱元晦以《太极图》列于篇首，而题之曰《太极通书》，栻刻于严陵学宫，以示多士。"乾道六年，朱熹撰写了《太极图说解》，也寄给了张栻。朱熹认为《太极图》是周敦颐思想的纲领，《通书》是用来解释《太极图》的，"盖先生之学，其妙具于《太极》一图，《通书》之指，皆发此图之蕴"。张栻在回信中，表达出对二程不谈论《太极图》的疑惑，二人对周子的《太极图》开始了论辩。

陆九韶关于《通书》的研究，表现在对《太极图说》与《通书》关系的疑问上。朱熹认为二者时互为表里关系，陆九韶认为："《太极图说》与《通书》不类，疑非周子所为；不然，则或是其学未成时所作；不然，则或是传他人之文，后人不辨也。盖《通书·理性命章》，言论中焉止矣，二气五行，化生万物，五殊二实，二本则一。曰一，曰中，即太极也，未尝于其上加'无极'字。《动静章》言五行、阴阳、太极，亦无'无极'之文。假令《太极图说》是其所传，或其少时所作，则作《通书》时，不言'无极'，则作《通书》时，盖已知其说之非矣。"这里对《太极图说》是否周敦颐本人提出了怀疑，同时指出，即使《太极图说》是周敦颐本人的作品，也是少年时的不成熟之作，《通书》则是成熟时期的作品，其义理不但不需要依靠《太极图说》来阐明，而且在《通书》不谈无极这一点上，否定了《太极图说》的论点。

陆九渊继承其兄陆九韶的观点，在淳熙十四年到十六年之间，与朱熹有过著名的"无极太极之辨"。后来，陆九渊在《与陶赞仲》又说："《太极图说》，乃梭山兄辩其非是，大抵言'无极而太极'是老氏之学，与周子《通书》不类。《通书》言'太极'不言'无极'，《易大传》亦只言'太极'不言'无极'。若于'太极'上加'无极'二字，乃是蔽于老氏之学。又其《图说》本见于朱子发附录。朱子发明言陈希夷《太极图》传在周茂叔，遂以传二程，则其来历为老氏之学明矣。周子《通书》与二程言论，绝不见'无极'二字，以此知三公盖已皆知无极之说非矣。"陆氏兄弟重《通书》而轻《太极图说》，甚至否定是周子著作的主张，可谓大胆，但从另一个侧面，反映出《通书》纯粹性、完整性与独立性。

李心传著有《丙子学易编》，他在序中称："采王氏、张子、程子与朱文公四家之传，而间以周子、邵子及先君子之说补之，自唐以上诸儒字义之异者亦附见焉。"李心传（1166—1243），字微之，号秀岩，隆州人。

（二）朱熹《通书解义》

朱熹是宋代理学的集大成者，他致力于复兴儒学，通过对经典文献的注释和解读来阐发自己的理学思想。朱熹一生多次整理周子著作，在他的推崇和表彰下，确定了周敦颐"理学开山""道学宗主"的历史地位。

朱熹在潜心理学研究三十多年的积累上，于乾道五年（1169）对《通书》进行了详细的注释，形成了《通书解义》一书，又通称《通书注》，被收入通行本周敦颐集中，随周子著作流传。《通书解义》采用逐章逐句注解的方式，对《通书》原文进行了详细的解读和阐释。他的注释不仅注重文字训诂，更重视对原文义理的阐发，在注释中大量引用其他经典文献和先贤语录，以印证和阐发自己的观点，使得注释内容更加丰富和深入。

周敦颐在《通书》中提出了许多重要的哲学概念，如"无极""太极""阴阳""五行"等，并通过这些概念来阐述宇宙万物的生成和变化。宇宙是由无极而太极，太极动而生阳，静而生阴，阴阳交互感应而生成万物。这种宇宙生成论不仅揭示了宇宙万物的统一性，也为后来的宋明理学提供了重要的哲学基础。朱熹在注解《通书》时，进一步发挥了周敦颐的思想，并将其与自己的哲学体系相结合。他认为，《通书》的思想内容与《太极图》所体现的意蕴和主旨是一致的，都是阐述宇宙万物的本原和生成过程。他通过对《通书》的注解，进一步阐明了太极、阴阳、五行等概念的含义和作用。

如关于太极与阴阳，朱熹认为太极是宇宙万物的本原，阴阳则是太极的两种属性。他通过注释《通书》中的相关章节，进一步阐发了自己的太极阴阳思想，强调了阴阳相互依存、相互转化的关系。关于无欲与主静，朱熹认为人性本善，但由于后天环境的影响，人们往往会产生各种欲望和杂念。他通过注释《通书》中的"无欲"和"主静"等章节，强调了修养心性的重要性，提倡通过去除欲望、保持内心平静来达到修身养性的目的。关于圣人与教化，朱熹认为圣人是道德的典范，教化则是传承儒家思想的重要途径。他通过注释《通书》中的相关章节，强调了圣人的重要作用和教化的必要性，提倡通过学习圣人的言行来提升自己的道德修养。可见，《通书解义》不仅是对周敦颐的致敬，更是借此机会阐发自己的理学观点，进一步推动理学的发展。

朱熹是宋代理学的权威，《通书解义》附见于各版周子著作集中《通书》正文之下，也收在《朱子成书》《性理大全》等文献中，在宋元明清流传有十余个版本。朱熹《通书解义》一直是研读周子《通书》的首部注解著作，对后世学术发展有着巨大影响①，不仅推动了理学的发展，使得周敦颐的《通书》得到了更广泛的传播和认可，而且为后世的儒学研究者提供了重要的参考和借鉴。

二、元代的《通书》注解

元代对理学的关注，早在蒙古国时期就已经发生。元太宗七年（1235），派杨惟中、姚枢等儒臣随军收集江淮地区的理学著作，联络理学学者，于元太宗十二三年间（1240—1241），重建太极书院②于燕都（今北京），建周子祠，主祀理学开山周敦颐，配祀程颢、程颐、张载、杨时、游酢、朱熹。书院贮藏理学典籍，并刻《太极图》《通书》《西铭》等名著于四壁，聘请名儒赵复讲学，以为天下标准，周敦颐思想、理学在北方得以传播。以此为基调，元代书院教学和研究都以程朱理学为中心内容，祭祀也以周、张、二程、朱为主。在这样的背景下，元代理学研究虽然是学习模仿阶段，也产生了几种周子《通书》的注解著作，据《元史·艺文志》《四库全书总目提要》等记载，有朱本《通书解》一卷、何中《通书问》一卷、保巴《周子通书训义》共三种，今仅存最后一种。

（一）保巴《周子通书训义》

保巴《周子通书训义》，现存北图藏元刊本和续修四库全书本两种。

保巴（？—1311），原作保八，字公孟，号普庵，元代思想家、易学家。蒙古人（一说色目人），久居洛阳，历任侍郎、黄州路总管、尚书右丞，至大

---

① 朱熹弟子陈淳(1159—1223)，字安卿，号北溪，是他晚年的得意门生。在所著《北溪字义》有论周子《通书》的几条评论，就是承接朱熹的言论，发挥师说。

② 太极书院本为邵雍讲学之所，因其晚年移居洛阳，书院讲学高潮退去，又在宋金战争中受到破坏，元太宗时为重建，时有郝经撰写《太极书院记》一文，详记始末。

四年（1311）武宗崩，仁宗罢尚书省，以"变乱旧章，流毒百姓"的罪名被诛。著有《易源奥义》一卷、《周易原旨》六卷、《周易尚古》三卷、《周子通书训义》一卷、《易体用》等。

蒙古族入主中原，促进了各民族文化的交流与融合。当时，蒙古族和其他一些少数民族都积极学习中原的思想文化，产生了一批对中原文化深有造诣的思想家，保巴是较早出现的一位。保巴少时好学，精通易理。在其所著《易原奥义》中，他创立了自己的先天图式说，认为太极是宇宙本原，可以用先天图（河图）、中天图（八卦）、后天图（洛书）来表示宇宙演化过程。他指出"一生二，二生万物"，认为一切事物都是一分为二的，"物极必反，道穷必变"是普遍规律，表述了对立统一的思想。

《通书·理性命》"是万为一，一实万分，万一各正，小大有定"中的"一"和"万"的关系，是以一为本源太极，万为派生万物。保巴继承程朱理学的说法，提出了"万殊一本"的命题，认为万物虽殊，但统于一本，一本与万物之间能相互转化。朱子说"太极只是个理"，保巴也说"太极，理也"。

（二）何中《通书问》

何中（1265—1332），字太虚，一字养正，抚州乐安（今江西省乐安县）人。南宋末年进士，因社会动乱，曾隐居乡间，致力古学。藏书万卷，手自校勘。其学弘深赅博，对《易经》《书经》有深入研究，广平程钜夫，清河元明善，柳城姚燧，东平王构，同郡吴澄、揭傒斯，皆推服之，何中独无意仕途，以布衣讲学终老。

何中《通书问》一书，朱彝尊《经义考》、《四库全书总目提要》《儒家类存目》有著录，今不见流传，可能亡佚。但据提要内容，可知该书是对朱熹《太极图说》与《通书》互为表里之说的争辩。朱熹认为周子《通书》是发明《太极图说》的，所以他注《通书》，都是比附于太极、阴阳、五行的。何中则认为周子二书应该各有其义，不用字字牵合。书前有自序，称："自天地以来，止有一理，理之同者，虽百世之上，百世之下，九州之内，四荒之外，无不同也。而况一人之心，一人之言，岂有不相通者乎？朱子释《通书》，显微阐幽，有功于学者至矣。然必欲以《通书》发明《图说》，则恐非周子著书之本意。"整体来看，该书属于《四库全书》馆臣编选的"而依附门墙，籍词卫道者，则仅存其目"① 一类。

元人编修《宋史》，特立《道学传》叙述两宋理学的发展历史，又以周敦颐为首，说"千有余载，至宋中叶，周敦颐出于舂陵，乃得圣贤不传之学，作《太极图说》《通书》，推明阴阳五行之理，命于天而性于人者，了若指掌"。但元代学者注解《通书》大抵依附于程朱一派，于义理无所发明。

三、明代的《通书》注解

经过元末社会大动荡，明初的"靖难之变"，社会急需稳定，统一思想，但程朱理学却渐趋湮没成为"绝学"。理学的发展，急需一批优秀的学者出现，承担"倡明绝学"的重任，这些学者都不免对《通书》的思想进行过注解与探讨，其中以曹端《通书述解》、舒芬《通书释义》两种，较为重要。

（一）曹端《通书述解》

曹端《通书述解》，现存有《曹月川先生遗书》本、四库全书本等。

曹端（1376—1434），字正夫，号月川，河南渑池人，活跃于洪武、永乐、宣德三朝。他天资颖异，五岁时，画《河图》《洛书》以问其父。十五岁后，坚

---

① ［清］永瑢等撰：《四库全书总目提要》卷九十一《子部·儒家类》，中华书局，1965 年，第769 页。

持苦读。永乐六年（1408），参加河南乡试，考中第二名，第二年，参加会试，以副榜第一的身份被授为山西霍州学正。曹端在从政、从教之余，潜心理学研究。《明史·曹端传》称其"首起崝滉间，倡明绝学"，其学以躬行实践为务，而以存养性理为大端，对理学重要命题多有修正、发挥，被论者推为明初理学之冠。

曹端服膺于程朱理学思想，由此而上追至宋儒周敦颐，仰慕周子的思想，取法周子《拙赋》之意，名书室为"拙巢"以自勉。到霍州后，他仍用"拙巢"匾其寓室，不忘初心。他"读《太极图说》《通书》《西铭》，曰：'道在是矣。'笃志研究，坐下著足处两砖皆穿"，作《太极图说述解》《通书述解》《西铭述解》各一卷，以表达自己的见解。三书合刻，卷末有黎尧卿跋，《通书》前后，有孙奇逢序及跋，孙跋只说《通书》，而序则说合刻三书。盖始以《太极图说》《西铭》合编，《通书》是后来加入。

曹端《通书述解》各章有总论，章下每句又有注解，在历代注解中，体例最为整齐，内容最为完备。曹端基本以朱熹《通书解》的思想为基准，大多是引述朱子的解释之后，再补充自己的看法。

《明史·儒林传》说："明初诸儒，皆朱子门人之支流余裔，师承有自，矩燃秩然。曹端、胡居仁笃践履，谨绳墨，守先儒之正传，无敢改错。"（《明史·儒林列传一》）曹端虽宗程朱之说，但所学"不由师传，特从古册中翻出古人公案，深有悟于造化之理，反而求之吾心"（《明儒学案·师说》），在尊程朱之学时也是有所发挥的。

如周子《通书》第二十三章《颜子》中提及"孔颜之乐"，让人自然地想到周程授受中"每令寻仲尼、颜子乐处"一事，但朱子对此没有直接说明，曹端却进行了较为详细的述解：

朱子曰："所谓至贵至富可爱可求，即周子之教程子，每令寻仲尼、颜子乐处所乐何事者也。然学者当深思而实体之，不可但以言语解会而已。"今端窃谓孔、颜之乐者，仁也，非是乐这仁，仁中自有其乐耳。且孔子安仁而乐在其中，颜子不违仁而不改其乐。安仁者，天然自有之仁；而乐在其中者，天然自有之乐也。不违仁者，守之之仁；而不改其乐者，守之之乐也。《语》曰"仁者不忧"，"不忧"非乐而何？周、程、朱子不直说破，欲学者自得之。愚见学者鲜自得之，故为来学者说破。①

曹端用"仁"来阐释了"孔颜之乐"，他认为孔颜之乐，也就是"乐仁"，故而"异乎""至贵至富可爱可求"。他的根据是《论语》《子罕》篇说"仁者不忧"，《学而》篇说孔子蔬食饮水乐在其中，这就是"仁者安仁"；《雍也》篇说颜回箪食瓢饮不改其乐，这就是"三月不违仁"。曹端还认为，孔子天然而自有仁、天然而自有乐，而颜回则守而能仁、守而能乐。

曹端的诠释，得到了后人的赞同。孙奇逢认为《通书述解》四十章"直与《太极图说》相表里，解其未易解，述其未殚述……能发元公之蕴"，而其中"至矣""尽矣"的高妙之论，如"至论孔颜之乐，元公令两程寻所乐何事，毕竟无人说破"，到了曹端这里才有独到的领悟。曹端点出了孔颜之乐当中的"极至之理，惟一仁"这个关键，《通书述解》的核心思想也是用"仁"来发明《太极图》的精义。

可见，曹端《通书述解》在当时赢得了一定的影响，四方学者争先传诵，为他赢得了理学史上一定的地位，时人尊他为宋代的程颢，有承濂洛而继洙泗之功。

① ［明］曹端：《通书述解》卷下，《曹端集》卷二，中华书局，2003年，第78—79页。

（二）舒芬《通书释义》

舒芬《通书释义》，现存《梓溪文钞内集》本、四库全书本等。

舒芬（1484—1527），字国裳，江西进贤人。他六岁学《孝经》《论语》，只大义，七岁能诗，十三岁献《驯雁赋》，郡守祝瀚大奇之。正德十二年（1517），以廷试第一授翰林修撰。先贤中，他最喜爱尊崇濂溪，称其为中兴之圣。著有《太极通书释义》及《易笺问》《书论》《诗稗说》《春秋疑义》等论著百余篇。

舒芬的《通书释义》是对周敦颐《通书》的注释和解读，体现了他对《通书》的深入理解和独到见解。

首先，舒芬在《通书释义》中对《通书》的每一章都进行了详细的注释和解读。他不仅对《通书》中的概念、术语进行了诠释，还深入探讨了其中的哲学思想和道德观念。通过舒芬的注释，读者可以更好地理解《通书》的文本内容，把握其思想内涵。其次，舒芬在《通书释义》中注重将《通书》与儒家思想相结合，认为《通书》所蕴含的哲学思想和道德观念与儒家思想密切相关。他通过对《通书》的解读，进一步阐发了儒家思想的精髓，为儒家思想的传承和发展作出了贡献。

此外，舒芬在《通书释义》中还借鉴了其他易学著作的注释方法和诠释思路，对《通书》进行了全面的研究。他不仅关注《通书》的文本内容，还深入探讨了其背后的哲学思想和理论体系。这种全面的研究视角有助于我们更加深入地理解《通书》的思想价值和学术意义。

又吕柟（1479—1542）所撰《周子抄释》，本为抄释《周子全书》的精要部分，但对《通书》四十章进行了全抄全释，《四库全书总目提要》称其"每条之下，各释以一二语，或标其大旨，或推所未言之意，较诸家连篇累牍之辨，亦特淳实"。明末万邦孚（1554—1628）撰有《通书纂要》一书，可惜已经亡佚。明代对《通书》的注解是持续整个朝代的，通过学者们的努力，将

《通书》的地位往前推进大步。学者们对《通书》都有很高的敬意，出现了诸多模仿《通书》的著作。如湛若水《心性书》不分卷，先列心性图，图后有说，后集心性通三十五章，仿效周子《太极图说》《通书》。陈琛《正学编》二卷，共二十一篇，各立篇名，完全模仿《通书》《正蒙》的体例，依傍先儒，论述保守，与先儒思想无出入。王崇庆《海樵子》一卷，仅有二十六则，模仿周子《通书》的体例，虽然大抵是老生常谈，但也可以见到《通书》的影响。

综上，明代的《通书》注解主要有曹端、薛瑄、舒芬、吕柟、万邦孚等学者的作品。这些注解在明代儒学界产生了重要的影响，对周敦颐的哲学思想进行了深入的探讨和阐发。这些注解不仅为我们提供了理解周敦颐哲学思想的重要参考，也为我们研究明代儒学的发展提供了宝贵的资料。它们展示了明代儒者对周敦颐思想的重视和推崇，也体现了明代儒学在继承和发展传统儒家思想方面的努力和成果。

四、清代的《通书》注解

清初，黄宗羲、全祖望、黄百家等人编集《宋元学案》，对宋元时期的理学进行总结，说："孔孟而后，汉儒止有传经之学，性道微言之绝久矣。元公（周敦颐）崛起，二程嗣之，又复横渠诸大儒辈出，圣学大昌。……若论阐发心性义理之精微，端数元公之破暗也。"周子"破暗"之功的地位，是清代理学界的共识。清代《通书》的注解之作，大抵未超出前人讨论的藩篱。

（一）李光地《通书注》

李光地《通书注》，有《榕村全集》本。

李光地（1642—1718），字晋卿，号厚庵，泉州安溪人。少为六经章句之学，清圣祖康熙九年（1670）进士及第，授编修。后授内阁学士，历知吏、

兵、工三部侍郎，官至直隶巡抚、文渊阁大学士。康熙五十四年（1715），李
光地到武夷山拜谒朱熹创办的武夷精舍，造访留云书屋，倡导修建紫阳书院。
他一生笃信朱子理学，以宗法程朱、反对陆王闻名于世，为康熙帝所信任。奉
敕编《性理精义》《朱子全书》。著有《榕村语录》《周易通论》《尚书解义》《榕
村全集》等，后汇为《李文贞公全集》。

（二）方宗诚《周子通书讲义》

方宗诚（1818—1888），字存之，号柏堂，桐城人，出身儒学世家，修髯
洪声，仪表堂堂。受学许玉峰、方东树，遍览宋元以后儒家之言。太平天国时
避居鲁㟭山，不废讲习。著《俟命录》，上为经筵课程，由此驰名京都。方宗
诚与曾国藩、胡文忠、严树森、李鸿章等，都交往甚密。他在曾国藩推荐下
知枣强县十年，办乡塾，兴书院，整顿祀典，刻印当地前贤遗著，编修地方
志，兴办义仓，储粮备荒，颇有政绩。光绪六年（1880）辞官归隐，光绪十三
年（1887），获赐五品卿衔。方宗诚文章学承桐城派，著有《俟命录》《志学录》
《辅仁录》《读书笔记》《周子通书讲义》等。

方宗诚《周子通书讲义》，有光绪十年《柏堂遗书》本。此书《续修四库
全书总目提要》（稿本）第 15 册、第 17 册，都有著录，一为家刻本，一为清
光绪十年刻本。从提要所录方宗诚的序中得知，光绪八年（1882），他为阮强、
姚永朴、吴兆英等人讲学，以"周子《通书》义理平正，辞旨深粹，气象温
纯，近于圣人之言，《论语》《中庸》而外，未有如斯之平易而精蕴者"[1]，于是
发明贯通该书前后各节，期以后人习得希贤希圣希天之业。

此外，《四库全书总目提要》子部"儒家类存目"著录有李文炤《通书解

---

① 中国科学院图书馆整理：《续修四库全书总目提要稿本》第 15 册，齐鲁书社，1996 年，第
702 页。

拾遗》、王明弼《周子疏解》、崔纪《读周子札记》等书，今均未见传本，简要
介绍如下。

李文炤《通书解拾遗》《后录》各一卷的《四库全书总目提要》称："是书
以《太极图说》《通书》《西铭》朱子只解其大义，因于原注下别加案语，发挥
其说，故名曰《拾遗》。"李文炤（1672—1735），字元朗，号恒斋，湖南善化
（今长沙）人；清康熙五十二年（1713）举人，因没有考上进士，决意仕途，
潜心著书立说，康熙五十六年（1717）任岳麓书院山长。他读书以经学为主，
旁及天文、地理、子史、百家乃至释氏，读百家释氏的目的也在于证儒家之淳
正。著述宏富，有《楚辞集注拾遗》《道德经解》《感兴诗解》《训子诗解》《地理
八书》《朱子语类约编》《圣学渊源》《语录约编》《古文醇》《岳麓书院学规》《续
白鹿洞书院学规》《大学讲义》《中庸讲义》《学庸讲义》《恒斋文集》《家礼拾遗》
《太极解拾遗》《通书解拾遗》(《后录》)、《西铭解拾遗》(《后录》) 等多种。

王明弼《周子疏解》四卷，据《提要》记载，该书成书于康熙五十二年
（1713），疏解《太极图说》一卷，疏解《通书》三卷。列朱子之注于前，后面
以己意推衍，通过疏解朱子的注释，表达自己的意思，用意在于方便初学者的
学习。王明弼，字亭二，陕西咸阳人，贡生，康熙间任陕西省凤翔府教授。

崔纪《读周子札记》《四库全书总目提要》称："是书以《中庸》之旨发明
《太极图说》《通书》之理。大意谓太极即《中庸》上天之载，其阴中有阳者，
是太极之静，而中即《中庸》所谓人心未发之中。阳中有阴者，是太极之动，
而和即《中庸》所谓人心已发之和。其变四象而言五行，用意尤在于土，以明
太极即不贰之诚。盖本明薛瑄之说而益推衍之。纪所解《中庸》，以主静为主，
亦此意也。"

又《清史稿·艺文志》"儒家类"著录"《通书集解》二卷，王植撰"。王
植（1685—?），清直隶深泽（今属河北）人，字怀三，一作槐三，号戆思。康

熙进士。授广东和平知县，擢罗定州知州，历署平远、海丰、新会，香山等地、后调郯城，旋以病乞休。为官廉直持平。记闻博洽，于经史百家皆有研究。著有《正蒙初义》《皇极经世全书解》《韵学》《濂关三书》《崇德堂集》等。王植《濂关三书》，收录《太极图说》《通书》《西铭》三书，以朱子之注列于前，采诸家之说附于后，时时加入自己的注解，但已无可发挥之处，只是随文演义而已。

清代还有周子《通书》的注释，是融入多人合集中的。如窦克勤《理学正宗》中，收录宋周子、张子、二程子、杨时、胡安国、罗从彦、李侗、朱子、张栻、吕祖谦、蔡沈、黄榦，元许衡，明薛瑄共十五人之作，人各一传，并取其语录答问及著作之切于讲学者录之，附以己见，但于周子太极、《通书》的注释更为翔实。

张伯行《周濂溪全集》中对《通书》有各章节的总论。这些注解都是清代对《通书》的重要注解作品，对于后世研究周敦颐的哲学思想具有重要的参考价值。它们不仅有助于我们理解《通书》的文本意义，还能够引导我们深入探讨周敦颐哲学思想的内涵和价值。

总之，历代对周敦颐《通书》的注解，不仅为我们提供了对《通书》的深入理解和诠释，还为我们展示了儒家思想的精髓和《通书》研究的不同视角。这些注解之作，对《通书》研究具有重要的学术价值和思想意义，对于现代易学研究也具有重要的启示和借鉴作用。

第三部分　周敦颐理学谱系研究

第五章 以《宋史·道学传》为中心的研究

　　宋以前的史书无《道学传》,《宋史》首创《道学传》, 在学术史、史学史上产生了深远影响。《宋史》全书共计 500 万字, 贯通两宋 300 余年历史; 设本纪四十七卷, 志一百六十二卷, 表三十二卷, 列传二百五十五卷, 共计四百九十六卷; 其中列传占了全书的一半部头, 为两千余人作传。《宋史》道学列传第一百八十六到一百八十九; 儒林列传第一百九十到一百九十七; 文苑列传第一百九十八到二百四。《道学传》位列《儒林传》《文苑传》之前, 体现元代史家对道学的重视。

第一节 《宋史·道学传》的立传过程、文本结构、主要观点

一、《道学传》的立传过程

　　关于《道学传》的设立, 首先应该厘清 "道学" 的概念, 在《道学传》序言里已有交待:"'道学' 之名, 古无是也。三代盛时, 天子以是道为政教, 大臣百官有司以是道为职业, 党、庠、术、序师弟子以是道为讲习, 四方百姓

日用是道而不知。是故盈覆载之间，无一民一物不被是道之泽，以遂其性。于斯时也，道学之名，何自而立哉？"道学在宋代兴起，并且发展到高峰，影响了中国思想文化的进展和方向，《宋史》卷四十二《理宗本纪》载："朕唯孔子之道，自孟轲后不得其传，至我朝周敦颐、张载、程颢、程颐，真见实践，深探圣域，千载绝学，始有指归。中兴以来，又得朱熹精思明辨，表里浑融，使《大学》《论》《孟》《中庸》之书，本末洞彻，孔子之道，益以大明于世。朕每观五臣论著，启沃良多，今视学有日，其令学官列诸从祀，以示崇奖之意。"

《宋史纪事本末》卷八十《道学崇黜》记载了"道学"的升降过程，反映了学术思想派别的争端。宋高宗绍兴元年（1131），程颐被高宗褒赠，程学得以推崇。不久后，绍兴六年（1136），高宗在陈公辅建议下禁止道学。淳熙十年（1183），陈贾请禁道学。淳熙十五年（1188），朱熹被起用为兵部郎官，不久被林栗批判"无学术""妄自推尊"，从而解除兵部郎官一职。光宗即位以后，绍熙元年（1190），刘光祖为道学辩护，要求"定是非，别邪正，明公论，息私意，消道学之讥，泯朋党之迹"，得到了光宗的支持，道学处境重新好转。宁宗庆元元年（1195），刘德秀请求考核道学真伪，朱熹得赵汝愚推荐，被召为焕章阁待制兼侍讲，韩侂胄反对道学，指斥为伪学，道学再次被禁止。庆元三年，王沇上疏，"请置伪学之籍"，排斥道学，入籍者共五十九人，其中包括朱熹、赵汝愚等人。嘉泰二年（1202），道学解禁。嘉定四年（1211），李道传上奏，请朝廷"下除禁之诏，颁四者之书，定诸儒之祀"，但有不喜道学的当政，未能施行。嘉定九年，魏了翁上奏，为周敦颐请谥，十三年，朝廷从魏了翁、任希夷之请，"追谥周敦颐曰元，程颢曰纯，程颐曰正，张载曰明"。理宗宝庆三年（1227），下诏赠朱熹为太师，追封信国公。绍定二年（1229），改封朱熹徽国公。淳祐元年（1241），道学得到皇帝钦定，令学官列周敦颐、程颢、程颐、张载、朱熹从祀，封周敦颐为汝南伯，张载为郿伯，程颢为河南伯，程颐为伊阳伯，皇帝又命制定《道统十三赞》，亲书朱熹《白鹿洞学规》，最终确立了地位。

《宋史纪事本末》卷八十《道学崇黜》为周敦颐、程颢、程颐、张载、邵雍、谢良佐、游酢、尹焞、杨时、罗从彦、李侗、朱熹、张栻、吕祖谦、陆九渊、蔡元定十六人作传，欲提出道脉大要，其中说道："宋世道学之传，自周敦颐始。敦颐授之程颢及其弟颐，而其学始盛。同时张载、邵雍与颢兄弟实相师友，虽立言各成一家，至泽于仁义道德，不求同而自不能异。程氏之门人，则谢良佐、游酢、杨时、尹焞最著，时传之罗从彦，从彦传之李侗，朱熹受学于侗，熹出而程氏所传之学始发明无遗蕴。其与熹同时而志同道合者为张栻、吕祖谦，持论异者为陆九龄兄弟。今自惇颐而下，略采师友渊源所自，以见一代道脉之大较云。"由此可见，"道学"概念在宋代就已经出现。更早的时候，程颐在《明道先生墓表》中说："周公没，圣人之道不行；孟轲死，圣人之学不传。道不行，百世无善治；学不传，千载无真儒。……先生（程颢）生千四百年之后，得不传之学于遗经，志将以斯道觉斯民。"他认为程颢继承了孔孟的"道统"，但还没明确提出"道学"概念，且将"道"与"学"分开理解。李心传则在《道命录序》说："夫道即学，学即道，而程子异言之，何也？盖行义以达其道者，圣贤在上者之事也；学以致其道者，圣贤在下者之事也。舍道则非学，舍学则非道。故'学道爱人'，圣师以为训，倡明道学，先贤以自任，未尝歧为二焉。"他将"道"与"学"合在一起解释。到朱熹时，对"道学"的理解更为明确，他在《中庸章句序》中说："《中庸》何为而作也？子思子忧道学之失其传也。盖自上古圣神继天立极，而道统之传有自来矣。其见于经，则'允执厥中'者，尧之所以授舜也；'人心惟危，道心惟微，惟精惟一，允执厥中'者，舜之所以授禹也。"朱熹将《中庸》作为"传道学"的目的揭示出来，进而认为道学的要义就是十六字心传。

宋代理学家王柏回复陈存的书信中，曾对国史编纂进行探讨，核心问题就是关于"道"及《道统传》的设立。其《鲁斋集》卷十七《复陈本斋》说："国家之所以远迈汉唐者，亦以周子再开万世道学之传。伊洛诸先生义理大明，尽掩前古。今上圣德巍煌，未易形容，其有关于世道之最大者，莫如封五子列诸从祀，崇尚道学，表章四书，斥绝王安石父子之祀也。今四朝大典成于今上之朝，舍此不录，纵史笔极其典法，而五子之徒浮沉，出没于列传贤否之中，便无精彩，岂不为千古之羞？向者敬岩伲尝奏请于朝乞立《道统传》，朝廷不曾取旨，收索宣付史馆。区区之愚，以为道统立传，却小了道统，当作一志，岂不胜于《经籍》《艺文》之志乎？若欲作传，则当曰《道学传》，终不如志体所该全备。伊洛以来，门人弟子著述书目，悉可类聚，首载吾道。今上临幸辟雍之诏，吾道粲然，可以上接夫子世家，下陋东汉党锢，岂不伟欤！"此段文字可以看到，王柏认为本朝的"道学"远远超过汉唐，贡献极大，但是他并不赞同侄子王必请求在国史中设立《道统传》一事。王柏认为为道统立"传"，只是降低了"道统"的地位，应该用"志"的形式撰写"道统"，如果一定要用"传"的形式，则以"道学传"命名更为合适。可见，在宋代已经有关于"道学"入传的思考和讨论。王柏的弟子是金履祥，金履祥的弟子是欧阳玄，欧阳玄参与编写《宋史》，对《宋史》的编撰有较大的影响，详见后文。所以，元代史家撰写《道学传》并非横空出世，而是在以往学者上的一脉相传。

《道学传》编撰于元代，所以要厘清理学的元代背景很有必要。理学在元代的发展，其中关键的一件事就是理学的北传。由于理学在南宋始确立官方地位，传播范围大致在南方，北方的儒家以训诂之学为主，而理学的核心是义理，故元代大一统后，官方采用理学治国，理学在入元后才主导北方。此后，理学的广泛深入影响，直接关系到《道学传》的编订。

元代后期对儒学也非常重视，主要表现在元朝廷对孔子晋爵，封孟子为郑国亚圣公，给孔孟的先祖及后裔、弟子大肆进封，这种规模程度甚至超过了历代朝廷的重视。到了皇庆二年（1313），元朝廷建崇文阁，以周敦颐、二程、朱熹、张栻、司马光、张载、邵雍、吕祖谦等诸位理学家从祀孔庙。元仁宗时，理学被定为官学，仁宗皇庆二年（1313），颁布科举考试章程曰："蒙古、色目人，第一场经问五条，《大学》《论语》《孟子》《中庸》内设问，用朱氏章句集注。……汉人、南人，第一场明经、经疑二问，《大学》《论语》《孟子》《中庸》内出题，并用朱氏章句集注。"这些代表了元代朝廷对理学的认可和接受，并欲以此治国。

元至正三年（1343），奎章阁学士院大学士巙巙向元顺帝（元惠宗）谏言，"国家当及斯时修辽、金、宋三史，岁久恐致阙逸"。《宋史》的编撰工作提上议程，当年三月，《宋史》开始编撰。最初由丞相脱脱担任都总裁官，阿鲁图与别儿怯不花为总领事。后因脱脱请辞，由阿鲁图继任撰修工作，总裁官铁木儿塔识、贺惟一、张起岩、欧阳玄、李好文、王沂、杨宗瑞带领斡玉伦徒等二十三名史官，用不到三年的时间完成了《宋史》编撰工作。其中，负责编修《宋史》的欧阳玄在编撰过程中发挥了非常重要的作用，《宋史》载："致和元年，迁翰林待制，兼国史院编修官。""诏修辽、金、宋三史，召为总裁官，发凡举例，俾论撰者有所据依。史官中有悻悻露才、论议不公者，玄不以口舌争，俟其呈稿，援笔窜定之，统系自正。至于论、赞、表、奏，皆玄属笔。五年，帝以玄历仕累朝，且有修三史功，谕旨丞相，超授爵秩，遂拟拜翰林学士承旨。"欧阳玄师从许谦，许谦又是理学大师金履祥的高足，深受理学思想的影响。欧阳玄在《进〈宋史〉表》中论及《宋史》的编修时说："矧先儒性命之说，资圣代表章之功，先理致而后文辞，崇道德而黜功利。书法以之而矜式，彝伦赖是而匡扶。"这反映了元代修史，在思想上以理学为指导。再如《宋史》的编修"多所协赞"的铁木儿塔识，对"伊洛诸儒之书"也深有研究；

张起岩对"宋儒道学源委，尤多究心"；总领《宋史》编修之事的脱脱也以劝顺帝"宜留心圣学"为己任。正是有以深受理学思想影响的欧阳玄为代表的史官编撰《宋史》，才有《道学传》的顺利创设与撰写。

二、《道学传》的文本结构

《道学传》开篇有一段类似序言的文字，首先就"道学"这一概念进行了疏理解释，提出"'道学'之名，何自而立哉?"这里所说的"道"，即儒家之道。

后文又说"文王、周公既没，孔子有德无位，既不能使是道之用渐被斯世，退而与其徒定礼乐，明宪章，删《诗》，修《春秋》，赞《易象》，讨论《坟》《典》，期使五三圣人之道昭明于无穷。故曰：'夫子贤于尧、舜远矣。'孔子没，曾子独得其传，传之子思，以及孟子，孟子没而无传。两汉而下，儒者之论大道，察焉而弗精，语焉而弗详，异端邪说起而乘之，几至大坏。"这里意欲引出儒学在宋代的新阶段，即道学的兴起和发展。

故后文点出道学发展的重要代表，以周敦颐为首，包括张载、二程、朱熹、邵雍、张栻等人，这段文字对道学家及其著作、思想交待得非常清晰：

> 千有余载，至宋中叶，周敦颐出于舂陵，乃得圣贤不传之学，作《太极图说》《通书》，推明阴阳五行之理，命于天而性于人者，了若指掌。张载作《西铭》，又极言理一分殊之旨，然后道之大原出于天者，灼然而无疑焉。仁宗明道初年，程颢及弟颐实生，及长，受业周氏，已乃扩大其所闻，表章《大学》《中庸》二篇，与《语》《孟》并行，于是上自帝王传心之奥，下至初学入德之门，融会贯通，无复余蕴。迨宋南渡，新安朱熹得程氏正传，其学加亲切焉。大抵以格物致知为先，明善诚身为要，凡《诗》《书》，六艺之文，与夫孔、孟之遗言，颠错于秦火，支离于汉儒，幽

沉于魏、晋六朝者，至是皆焕然而大明，秩然而各得其所。此宋儒之学所以度越诸子，而上接孟氏者欤！其于世代之污隆，气化之荣悴，有所关系也甚大。道学盛于宋，宋弗究于用，甚至有厉禁焉。后之时君世主，欲复天德王道之治，必来此取法矣。邵雍高明英悟，程氏实推重之，旧史列之隐逸，未当，今置张载后。张栻之学，亦出程氏，既见朱熹，相与博约又大进焉。其他程、朱门人，考其源委，各以类从，作《道学传》。

　　《道学传》的创设是官方写史的一次体例创新，但其性质与《儒林传》《儒学传》一样，都可以归纳为传记体。《道学传》传前有序，总论道学的发展，其后，为二十四人立传共四卷。

　　《道学传》选录传主的学说，叙述其事迹。卷一收录"北宋五子"，即周敦颐、程颢、程颐、张载（附弟张戬）、邵雍，这一卷可以说是伊洛之源；卷二收录二程门人，刘绚、李吁、谢良佐、游酢、张绎、苏昞、尹焞、杨时、罗从彦、李侗十人，这一卷是伊洛之流；卷三记载朱熹与张栻二人，这一卷是闽学之源；卷四则收录朱门弟子黄榦、李燔、张洽、陈淳、李方子、黄灏六人，这一卷是闽学之流。这其中既包含了道学一派的开创者、集大成者、交游往来的学人，也包含了该学派的门人弟子。每一卷人物的先后排列，也有其标准，即按人物在道统中的地位和重要性以及"闻道"的早晚来编排。例如，卷一的周敦颐，"闻道甚早"，"二程之学源流乎此"，故居首。二程受教于周敦颐，是周敦颐最重要的弟子，也是早年就有求道之志，《道学传》载"自十五六时，与弟颐闻汝南周敦颐论学，遂厌科举之习，慨然有求道之志"。张载虽不受业于周子，但"造道"较周子晚，与二程有论道，故次其后。再如，第二卷和第四卷的程朱门人，基本按其师承的早晚排定先后顺序。

　　《道学传》对人物的选择和编排顺序，与《儒林传》《儒学传》明显不同，

《道学传》人物的选择只限于"言性理"且"同乎洛、闽"的理学家，即主要是周、程、张、朱及程朱的传人，而《儒林传》《儒学传》则以经学家为主，《道学传》的立传对象与《伊洛渊源录》颇为相近。很明显，《道学传》的编撰受《伊洛渊源录》影响颇深，《四库全书总目提要》曰："其后《宋史》《道学》《儒林》诸传，多据此为之……而宋人分道学门户，亦自此书始。"《儒林宗派》载："自《伊洛渊源录》出，《宋史》遂以《道学》《儒林》分二传……讲学者递相标榜，务自尊大。明以来谈道统者，扬己凌人，互相排轧，卒酿门户之祸，流毒无穷。"

从排列顺序和人物选择看，朱熹著《伊洛渊源录》，全书共十四卷，按照道统标准加以编排，收录周敦颐、程颢、程颐、张载与二程弟子共计四十六人。《伊洛渊源录》共十四卷，卷一载周敦颐；卷二、卷三载程颢；卷四载程颐；卷五载"与之在师友之间的前辈学者"邵雍；卷六载张载（附其弟张戬）；卷七载"与二程关系在师友之间的同辈"，包括吕希哲、范祖禹、杨国宝、朱光庭；卷八至卷十四，则均为二程后学，包括刘绚、李吁、吕大忠、吕大均、吕大临、苏昞、谢良佐、游酢、杨时、刘安节、尹焞、张绎、马伸、侯仲良、王蘋、胡安国、王岩叟、刘立之、林大节、张宏中、冯理、鲍商霖、周孚先、唐棣、谢天申、潘旻、陈经正、李处遁、孟厚、范文甫、畅中伯、李朴、畅大隐、郭忠孝、周行己、邢恕三十六人。《伊洛渊源录》截止到二程的门人，《道学传》增加了朱熹及其门人，比较二者的结构、列传人物的选取，可以明显看出《道学传》文本结构对《伊洛渊源录》的继承与发扬。

从人物篇幅看，《伊洛渊源录》对理学发展贡献最重要的"北宋五子"周敦颐（卷一）、程颢（卷二、卷三）、程颐（卷四）、邵雍（卷五）、张载（卷六）用墨较多。《道学传》的人物列传中，篇幅各有长短，周、程、张、朱中，周敦颐和张载的篇幅最少，仅一千余字，二程各比两人的总和还多，而朱熹的最多，有近万字的篇幅。卷二程氏门人中，尹焞、杨时、罗从彦、李侗篇幅较多，各在一两千字左右，尤其是杨时，近三千字，其余则数十字到两百字不等。卷三张栻的篇幅近三千字。卷四朱氏门人中，黄榦、李燔、张洽、陈淳篇幅较多，均在一千字以上，黄榦近三千字，李方和黄灏仅三百字左右。从这些儒家列传的详略篇幅中，可以看出史家的用意。

从文本结构与体裁看，《道学传》不但记传主的行状，而且收录了传主的著述。正史中的《儒林传》《儒学传》主要记载人物的生平事迹，较少著录其著述，而《伊洛渊源录》既记行，又记言，这种体例也影响到了《道学传》，以周、程、张、朱为例，《道学传》不仅记载了其生平要事，还分别著录了周敦颐的《太极图说》，程颐的《论颜子所好何学》《易传序》《春秋传序》，张载的《西铭》以及摘录了朱熹论人主之治的奏疏等。但《伊洛渊源录》将传主的著述与生平事迹分开，《道学传》则融合于一体，表明《道学传》的编撰既受到《伊洛渊源录》的影响，也因正史的传记体编写规范有所调整。

从传文的比较看，《道学传》的文字书写部分袭用了《皇朝道学名臣言行录》，如刘绚、李吁、苏昞、游酢、张绎等人。例如，《道学传》中关于张绎的小传："张绎，字思叔，河南寿安人。家甚微，年长未知学，佣力于市，出闻邑官传呼声，心慕之，问人曰：'何以得此？'人曰：'此读书所致尔。'即发愤力学，遂以文名。预乡里计偕，谓科举之习不足为。"《皇朝道学名臣言行录》中的文字是："张绎，字思叔，河南寿安人。家甚微，年长未知谴书，为人佣作。一日见县官出入传呼道路，思叔颇羡慕之，问人何以得如此，或告之曰：'此读书所致耳。'思叔始发愤，从人受学，执劳苦之役，教者怜其志，颇劝勉之。后颇能文，入县学、府学，被荐，以科举之学不足为也。"

此外，《道学传》在选材上还参考了其他典籍。裴汝诚、顾宏义《〈宋史·道学传〉探源》认为"然我们却发现元末史臣编撰《道学传》时，除依傍《渊源录》外，还取材于宋代'旧史'和宋理宗时人李幼武所撰的《皇朝道学名臣言行录》"。从人物选择看，《皇朝道学名臣言行录》为四十九人立传，所列人物包括周敦颐、程颢、程颐、张载（附弟张戬）、邵雍、吕希哲、朱光庭、刘绚、李吁、吕大均、吕大临、苏昞、谢良佐、游酢、杨时、刘安节、罗从彦、尹焞、张绎、马伸、孟厚、侯仲良、周行己、王蘋、李郁、胡安国、胡宏、胡寅、刘子翚、刘勉之、李侗、朱松、朱熹、吕祖谦、张栻、魏掞之、刘清之、陆九龄、陆九渊、陈亮、蔡元定、蔡沈、黄榦、李燔、张洽、陈淳、李方子、黄灏，基本都收录了《道学传》的人物。

但是有部分儒家没有入《道学传》，就比对《伊洛渊源录》来看，如王岩叟、李朴、吕希哲、范祖禹、朱光庭、吕大防、吕大忠、吕大临、邢恕、马伸、郭忠孝、胡安国等人均能找到一些缘由，王岩叟、李朴作为朝臣，因政事而单独列传，吕希哲、范祖禹、朱光庭、吕大防、吕大忠、吕大临等人则是附录于父、兄传之后，邢恕是由于争议较大，最终位列《奸臣传》，马伸、郭忠孝因"天资纯确，学问有原委，勇于为义"进入《忠义传》，胡安国因为学重心在《春秋》而入《儒林传》，且未受二程亲炙。其他学者也各有缘由，柯维骐《柯子答问》对此也有论述："曰伏羲、尧、舜之道，至文王、周公、孔子而益著，观夫系卦、系爻，删述六经，何其奥也。文王、周公、孔子之道，至曾子、子思、孟轲而益明，观夫《大学》《中庸》、七篇仁义何其详也，轲之后寥寥无传，逮有宋周敦颐、邵雍、程颢、程颐、张载、朱熹踵出，所著《太极图说》《皇极经世》《定性书》《周易传》《东西铭》《毛诗集传》《四书集注》等书，皆足以继往开来。《宋史》表其传道之功，故列于《道学传》。若乃孙复、胡瑗、吕祖谦、胡安国、真德秀、陆九渊等凡若干人，虽于道有闻，而论述讲明，稍弗若，故但列于《儒林传》，试即朱子、陆子言之当时，宗陆者谓尊德性为简易，黜朱者谓道问学为支离，及《宋史》出，而论始定。"

三、《道学传》的主要观点

《道学传》不足四万言，但对宋代的主要理学家及其生平、思想、师承、著作、行迹、地位、影响进行了准确的记述与评价。《道学传》除了在思想和著作上概述传主之外，还对这些传主的生平和事典进行了详细的记载，比如周敦颐在江西任南安军司理参军时，为囚犯据理力争，不惜得罪上司的细节，程珦送二子程颢、程颐跟随周敦颐学习的事迹，在郴州任桂阳令影响上司李初平读书的事迹。这体现了《道学传》尚未摆脱正式传记体形式的框架。

《道学传》以"道学"为名，是为了凸显宋代儒家直接先秦圣贤的宗旨，尤其是继承孔孟的思想。《道学传》对宋代主要儒家的思想、著作进行了概述，周敦颐的代表作是《太极图说》和《通书》，核心思想是"推明阴阳五行之理，命于天而性于人者"，张载的代表作是《西铭》，"极言理一分殊之旨，然后道之大原出于天者"，二程的贡献是"表章《大学》《中庸》二篇，与《语》《孟》并行，于是上自帝王传心之奥，下至初学入德之门，融会贯通，无复余蕴"。朱熹的贡献是"以格物致知为先，明善诚身为要"，朱熹对秦汉魏晋时期关于《诗》《书》、六艺之文、孔孟言语的解读进行了重新解释，《道学传》认为朱熹的解读"至是皆焕然而大明，秩然而各得其所"。总之，《道学传》特别表扬周、程、张、朱对儒学的贡献，疏理出了理学道统和源流。

《道学传》的设立，另一方面也反映了明显的宗派意味。从与《伊洛渊源录》的对比中可以看到，《伊洛渊源录》中传记人物范围较广，不止包括了周、程、张、朱及其重要门人，还包括了与之无直接关系，甚至学术趋尚相异的学者，《道学传》则只收录正宗嫡系弟子，有模棱两可的争议学者均不列入，体现选择的纯粹。

第二节 历代学者对《宋史·道学传》的评论

《道学传》的设立，是中国官方史书的首创，因此，注定面临不少争议。后世关于《道学传》的评论，从肯定、否定以及中和三个方面来看。

一、肯定的评论

主要体现在对《道学传》在体例上开创之功的赞誉，《道学传》对儒学的发展有重要的贡献，正史专列《道学传》是具有见识的眼光。

沈善登《需时眇言》："呜呼！用心如是不平，谓可以通经，可以见道，从古未之有也。元修《宋史》，于《儒林传》外别列为《道学传》，真具眼哉！"

章学诚《外编·丙辰札记》："儒术至宋而盛，儒学亦至宋而歧。《道学》诸传人物，实与《儒林》诸公迥然分别。自不得不如当日途辙分歧之实迹以载之。"

凌扬藻《蠡勺编》有《道学传》一文，曰："古无'道学'之称，言道学者乃宋时宵小攻击程朱所指之名目也。淳熙中，朱子为林栗所劾，博士叶适争曰：小人残害忠良，率有指名。近忽创'道学'之目，郑丙倡之，陈贾和之，居要津者密相付授，见士大夫有稍慕洁修者，辄以'道学'之名归之。绍熙初，廷试王介对策，亦言君子正人之名不可逐，故设'道学'之名，以一网去之，而《宋史》乃创立《道学传》，自谓推崇宋儒以高出于汉唐儒林之上，而未知实以当时之所薄者名之也。岂亦如后汉之传党锢意乎？不然，儒以道得，民几见有儒而不本于道者哉！"

施璜在议论紫阳书院祀位时，认为"第考古今诸史，惟有儒林传，独《宋史》创立《道学传》最为特识"。

明陈选注意到《道学传》的重要性，抽印《道学传》，延请陈献章为之作序，陈献章在序中评价《道学传》："夫子没，微言绝。更千五百年，濂、洛诸儒继起，得不传之学于遗经，更相讲习而传之。载于此编者，备矣。虽与天壤共弊可也。抑吾闻之，《六经》，夫子之书也，学者徒诵其言而忘味，《六经》一糟粕耳，犹未免于玩物丧志。今是编也，采诸儒行事之迹与其论著之言，学者苟不但求之书，而求诸吾心，察于动静有无之机，致养其在我者，而勿以闻见乱之，去耳目支离之用，全虚圆不测之神，一开卷尽得之矣。非得之书也，得自我者也。盖以我而观书，随处得益，以书博我，则释卷而茫然。此野人所欲献于公与四方同志者之芹曝也。"他指出了《道学传》的传承意义。

彭孙遹《〈明史〉立〈道学〉〈忠义〉二传奏》，认为《道学传》的创立有益于接续孔孟道统，《明史》应该仿效《宋史》的纂修，继续编《道学传》："窃惟历代之史，凡儒学诸臣，皆载《儒林列传》，独《宋史》于《儒林传》之前复立《道学列传》一篇，专以大儒程颢、程颐、朱熹为主，其及门弟子悉为编载。盖以道学之统，自尧舜至于孔孟，代相授受。孔孟没后千有余年，而得程子、朱子发明《六经》之蕴，远契列圣之心，其学至醇，其功至巨，故特立此传以衍孔孟之真传。明正学于天下，诚非无见也。明时名儒辈出，其于程朱之学，或异或同，各有所见。然究其所自，皆以孔子为宗，伏念孔子之教，下学而上达，致知而力行，程朱循而守之，道统赖以不坠。若必遗下学而希上达，舍力行而言致知，此在诸儒领悟精微，原未尝无实得于已，而使学者务求广远，深恐不可垂教于人。恭遇皇上睿圣聪明，崇儒好学，道法治法之统亶，备于一身，作君作师之功训，行于万国。此千载一时，正学昌隆之会也。自今纂修《明史》，合无照《宋史》例，将明儒学术醇正与程朱吻合者编为《道学传》，其他有功传注及学未大醇者，仍入之《儒林传》中，则大道不致混淆，而圣谟独高于今古矣。"

陆陇其在学术上宗尚朱熹，因此对《道学传》有极高评价，他在《答徐健庵（徐乾学）先生书》中写道："《宋史》作《道学传》，前史所未有。盖以周、程、张、朱绍千圣之绝学，卓然高出于儒林之上，故特起此例以表之，犹之以世家尊孔子耳。后世儒者述周、程、张、朱之道，不必尽列《道学传》也。非必薛、胡诸儒不及周、程、张、朱，但作与述则须有辨，道学未明，创而明之，此作者之事也。道学既明，因而守之，此述者之事也。虽其间辟邪崇，正廓清之功不少，要皆以宋儒所已明者，而明之初非有加于宋也。于《明史》中去此一目，以示特尊濂洛关闽之意，亦可以止天下之好作而不好述，未尝窥见先儒之源委本末，而急欲自成一家者。且以'道学'二字论之道者，天理之当然，人人所当学也。既为儒者未有，可不知道学，不知道学，便不可为儒者，自儒林与道学分，而世之儒者以为道学之外别有一途，可以自处，虽自外于道，犹不失为儒，遂有俨然自命为儒，诋毁道学而不顾者，不知《宋史》道学之目，不过借以尊濂洛诸儒，而非谓儒者可与道学分途也。今若合而一之，使人知道学之外别无儒者，于以提醒人心，功亦不小。尊道学于儒林之上，所以定儒之宗，归道学于儒林之内，所以正儒之实。"此外，陆陇其还在《〈王学质疑〉后序》中认为只有《宋史》才应该有《道学传》："又尝论《道学传》惟《宋史》宜有之，周、程绍先圣之遗绪，朱子集诸儒之大成，以道学立传，宜也。余则笃学如蔡西山父子，高明如陆子静兄弟，纯粹有用如真西山，仅可列之《儒林》。元儒亦不立《道学传》，若有明一代纯正如曹月川、薛文清，不能过真许而光芒横肆，如阳明者列之《道学》，恐后世以史臣为无识。"

李元度在《天岳山馆文钞》有《儒林》一篇，论《道学传》的创立，与周代学术相合，对其予以肯定，但是对地方志中设《道学传》则不是很认可，认为："《周礼》太宰以九两系邦国，三曰师，四曰儒师，以道德教民，儒以六艺教民，其中分合异同在周初已然矣。两汉经师传六艺者也，宋之濂、洛、关、闽言德行者也。《宋史》分《道学》《儒林》为两传，议者多议之，不知此正师、儒之异，后人所创分而暗合周道者也。夫汉儒之训诂，宋儒之义理，二者相须，缺一不可，其激而互相胜负者，皆末流之失也。……然闻康熙中福建修《通志》拟立《道学传》，或疑之，安溪李文贞曰：'《道学传》，他省不必立，闽则必不可无，以朱子为道南正宗也。'然则平志列《儒林》，又岂不以朱子故哉？有志者闻风兴起，奋乎百世之下，庶师、儒之泽，愈久而愈新矣。"

二、否定的评论

后代学者对《宋史·道学传》并非持全盘否定的态度，主要的问题与论争在于后代修史是否应该延续《道学传》的体例，在讨论的过程中，诸如对"道学"的名义争论，即"道学""儒林""儒学"互相之间的区别与关系，认为《道学传》是标新立异，不足称道，对《道学传》《儒林传》人物归类的争论等问题一一浮现。对《道学传》的讨论极多，几乎卷入了明清时期的所有史家，讥评不少。

清代官修《明史》时，就是否设立《道学传》这一问题有过激烈争论，在争论的过程中，否定设立《道学传》的最终占据主导地位，《明史》最终未能设立《道学传》，由此也可以看出清代学者对《宋史·道学传》的态度。反对设立《道学传》的学者有朱彝尊、黄宗羲、钱大昕、汤斌、毛奇龄、汪由敦等。

朱彝尊较早提出反对意见，他在《史馆上总裁第五书》中明确提出不必设立《道学传》，进而展开论说，强调"夫多文之谓儒，特立之谓儒，以道得民之谓儒，区别古今之谓儒，通天地人之谓儒，儒之为义大矣，非有逊让于道学也"。儒林包含甚广，"《儒林》足以包《道学》，《道学》不可以统《儒林》"，他主张以《儒林》涵盖《道学》。他还认为"且明之诸儒讲洛、闽之学者，河东薛文清而外，寥寥数人"，如果专为这些学者立《理学传》，这些学者"上不足拟周、程、张、朱，下不敌儒林之盛"，是不符合"道学家"名义的，因此主张合《儒林传》《道学传》为一传，即《儒林传》。

黄宗羲为是否设立《道学传》专门撰有《移史馆论不宜立〈理学传〉书》一文，针对《明史》修订过程中的《修史条约·理学四款》而写，逐条驳斥了徐乾学、徐元文兄弟的《修史条约·理学四款》。首先，他认为徐氏兄弟所列的明代诸儒不适合入《理学传》，并且漏列了一些重要的儒家入《理学传》，其意在批评徐氏兄弟对明代儒家并不熟悉。其次，他认为徐氏兄弟对陈献章、王守仁、湛若水、刘宗周等人的评价并不恰当。第三是对徐氏兄弟讥评浙东学派颇为不满，第四是对徐氏兄弟推崇程朱，排斥阳明也有极大的意见，且对此均有驳诘。黄宗羲否定了"道学"之名，认为"道学者，以道为学，未成乎名也。扰之曰志于道，志道可以为名乎？欲重而反轻，称名而背义，此元人之陋也"，并且认为《道学传》只不过是为周、程、张、朱立传，其门人的选择也存在问题，程氏门人中最重要的吕大临，朱氏门人中最重要的蔡元定均未列入《道学传》，因此是"错乱乖谬"，"《宋史》别立《道学传》为元儒之陋，《明史》不当仍其例"。在黄宗羲看来，儒之义统天地人，其名目原自不轻，以"儒林"二字总括一切，正为允当，故力主"《道学》一门所当去也，一切总归《儒林》"。

钱大昕对《道学传》的批判主要是体例上的问题，第一是体例混乱，"《宋史》乃创为《道学传》，列于《儒林》之前，以尊周、二程、张、邵、朱六子，而程朱之门人附见焉。豫章延平，非程氏弟子，以其得程之传而授之朱氏，亦附见焉。其他讲学宗旨小异于朱氏者，则入之《儒林》，不得与于《道学》。其去取予夺之例，可谓严矣"。第二是所选人物有抵牾之处，"夫刘彦冲、胡原仲、刘致中，朱子之师也，而不与。吕东莱、陆子静，朱子之友也，而不与。其意以为非亲受业于程朱者，皆旁支也，不得以干正统也，而独进张南轩一人，南轩非受业于程氏者也，南轩与东莱俱为朱子同志，进南轩而屏东莱。此愚之所未解也。程氏弟子首称游、杨、吕、谢，而与叔兄弟独不与，以附出大防传，故也列传固有附见之例，然南轩不附于父，二吕独附于兄，一篇之中忽变其例，谓非有意抑吕乎？此又愚之所未解。朱氏门人多矣，独进黄榦等六人，而蔡元定父子、叶味道、廖德明只列之儒林。夫蔡氏父子之学，自黄直卿外殆鲜其匹，而屏之不与道学之例。此亦愚之所未解也"。刘勉之、刘子羽、胡宪与李侗一样为朱熹之师，却未列入传中。吕祖谦与张栻俱为朱熹密友，但张氏列于传中，吕氏却被排斥在外，钱大昕对此均存有疑惑，在其《廿二史考异》中专论《道学传》，钱大昕又重申曰："宋史创立《道学传》，别于儒林，意其推崇程朱之学，如刘勉之、刘子羽、胡宪，元晦之师也，吕祖谦，元晦之友也，皆不入《道学》，而独取张栻一人。栻与祖谦均为元晦密友，乃退吕而进张，岂以吕之博不如张之约乎？然元晦亦未始不博也，吕大临在程门四先生之列，而不入《道学传》，以附见《大防传》也。栻不附其父，而大临独附其兄，非有心抑吕乎？蔡元定父子朱氏门人之尤著者，乃入《儒林》而不入《道学》，此又何说乎？张戬附见载传，而邵伯温又别入《儒林》，此皆义例之可议者也。"

　　钱大昕《拟〈续通志〉列传凡例》："《宋史》创立《道学传》，别于《儒林》，以尊周、程、张、邵、朱六子之学。元明言性理者甚多，然史无道学之名，论者又谓儒者通天地人之称儒林，足以包道学。考郑氏《通志》，原无此标目，宜并入《儒林传》。"钱大昕就此类问题提出了自己的解决方案，"愚以为周、程、张、朱五子宜合为一传，而于论赞中著其直接圣贤之宗旨，不必别之曰《道学》也。自五子而外，则入之《儒林》可矣。若是，则五子之学尊，而五子之道乃愈尊，五子不必辞儒之名，而诸儒自不得并于五子"。

　　汪师韩《上湖诗文编》中有《与友论讲学书》："足下又谓道学失真，宜立说著书以著道统，则尤惊疑，而不知所对。夫道学之名何昉乎？盖起于宋之郑丙、陈贾、林栗、姚愈诸人，设为此名，以诋毁朱子，其时博士叶适尝痛切言之矣。立《道学传》于《儒林》之前，《宋史》创例，《宋史》之无识也。后人因之，有称道学先生者，自谓儒林不能及之。孔子曰'志于道'，曰'志于学'，曰'学以致'，其道学者学道也，宁别有所谓道学乎？圣贤之学，未有不由躬行而能有心得者。"

蒋中和《眉三子半农斋集》中载《经学道学数学》："修《宋史》者知其然，遂分《儒林》《道学》为两传。夫《高士传》不可缺也，而腐史缺焉。《儒林》《道学》不必分也，而《宋史》分焉。"

万经撰《理学邵念鲁先生传》中有邵念鲁对《道学传》的看法："又元人修《宋史》，于《儒林》外别立《道学传》，先生欲并《道学》入《儒林》，曰吾道一贯，文章经术，何者非道？而以此立儒家标帜乎？"

潘德舆《论道学》："《宋史》创立《道学传》，以尊周、程、张、朱诸子，其用意至正，然其失有数端。道学即儒也，不能分轩轾而强分之，一失也。既以道学尊程朱，而程子之徒吕与叔，朱子之师刘屏山，朱子之徒蔡西山，皆不得与，二失也。《道学传》起于马枢，纪学仙者流，如《列仙传》耳，今用异术纪儒者，三失也。此皆近人已言之，吾以为又有二失，而人未之言也。经言学道，不言道学，言道学则属文不顺，失一矣。道者，天下之达道，即五伦也，故圣人不过人伦之至，三代立学，所以明人伦，盖无学不在其中，今作史立道学一门，则似学之涂至多，而此诸人专以道为学，世人见之，遂真有不以道为学者，名为推崇道学，实视学为广，视道为狭，于圣人劝学以修道之旨隐相刺谬。明邵氏宝曰：'宁为真士夫，不为假道学。'一似真士夫非道学，其疏于立言，亦《宋史》名目之偏，有以启之，至于今日道学之名目，遂为世诟病。然则《宋史》之贻累于道学，岂有穷哉？失二矣。"

吴运焜《补续群辅录·儒学》："焜按，自《史记》立《儒林传》后，史遵而历代无新，卢书改作《儒学》，名虽小异其实同焉，吴赵宋始有《道学》之目，宋史因作《道学传》，亦以濂洛关闽非汉唐训诂之学所可同年语耳。然焜谓四子绍千载之绝学，亦不过为千载之大儒，儒林、道学异其流而实同其源，无庸区别也。因依《唐书》立《儒学》一门。"

方东树《考槃集文录》有《辨志一首赠甘生》一文，其中论道："国朝学人有鉴乎明人之空疏，举为考证汉学其末流之害，乃至忘其身心礼义名节，其失又甚于空疏。又黄梨洲云学问之事，析之愈精而逃之愈巧，三代以上只有儒之名而已，司马子长因之而传《儒林》。汉之衰也，始有壮夫不为雕虫之论，于是分《文苑》于外，而不以乱儒。宋之为儒者，有事功经制之异，《宋史》立《道学传》以别之，未几道学之中又有异同，明邓潜谷又于《道学》之外立《心学》究之，封己守残，其规为措注与纤儿细士无异，天崩地坼落落，然无与于吾事，犹自附于道学、儒林同归无用而已，此论似是而未究其实也。古之真道学者，岂如是乎？不究其实而徒于其名区之，虽名为学道，奚益乎？子今欲为学，须于此大介处辨明之，则自知所从事而无误于歧趋矣。"

《章懋传略》载唐钺对《道学传》的看法："余读《宋史》诸传，病其繁芜谬乱，其细者类门生家乘裨官之例，非太史体，至所谓《道学传》者，乃复标异于儒，其所揄扬欲过贤圣，近乎诬矣，疑不足传信。"

周广业《儒学传》认为"道学"来源于道教，命名不如"儒学"合适，"史未有以'儒学'称者，《东都事略》始有《儒学传》，《宋史》又改为《道学》，不知《道学传》为六朝时黄冠之学，其书名见《太平御览》甚多，不如《儒学》为得实也。"

刘承幹《明史例案》："《明史》不用道学立传之议，实属谛当，今《清史》议立《儒学传》，固无庸再有《道学传》矣。而儒学派别乾嘉而后，区分汉宋光宣之间，又杂采东西洋各国之浮议，此尤治乱之大关，不可不细心讨论者。阮文达所拟《儒林传》稿尚须再加商榷，若李莼客《论列国朝儒林》，而极诋治宋儒之学者，岂足以取信耶？"

朱次琦认为《道学传》是标新立异："儒有君子、小人，然《儒林传》外立《道学传》焉，则《宋史》之失所尊也。《汉书》郑康成，《唐书》韩退之皆列传也，奚必标异乎？"

俞樾在为陆心源《宋史翼》所作的序中，认为陆心源的《宋史翼》有《儒林传》而无《道学传》："自有微意。"其实这也表明陆心源对《道学传》的不认同。

就"道学"二字的名义而言，陈祖范的《掌录》中论述"道学"和"性理"的名义，认为"'道学'二字见于《大学》，非后来所称之义，后来所称乃出于宋孝宗时，郑丙、陈贾上疏标此名，以诋訾朱子犹之朋党云尔，岂可以逞邪谤诽之名为正名，而史家特立《道学传》乎？且二字文义亦欠顺，学道则当矣，道学何谓耶？性即理也，性与天道，夫子所罕言，而明永乐时修《性理大全》一书，何为者？且性理无所不包，字义与乾坤六合相似，可得云大全乎？以此名书，良亦慎矣"。其所论"道学"这个名目就没有存在的理由，认为"性理"包括一切，不必再创造"道学"二字。

黄百家继承其父对《道学传》的批判，从名义的角度主张以"儒林"取代"道学"，他认为："《十七史》以来，止有《儒林》。至《宋史》别立《道学》一门，在《儒林》之前，以处周、程、张、邵、朱，张及程、朱门人数人，以示隆也。于是世之谈学者动云周、程、张、朱，而诸儒在所渺忽矣。"

尤侗《艮斋杂说》卷二对一些人物的入传颇有疑惑，其中说道："历代史止有《儒林》《文苑》，而《宋史》独立《道学传》。道学之名立而伪学之禁起矣，朱陆虽有异同，其为道学一也，今以朱子入《道学》，而以陆氏兄弟入

《儒林》，可乎？且吕祖谦、蔡元定、胡安国、真德秀、魏了翁皆道学嫡派，并入《儒林》，岂为当乎？初修《明史》拟立《道学传》，而明朝道学竟分门户，薛瑄以下，宗朱者也，王守仁以下，宗陆者也，又有陈献章江门别派，若立《道学传》，则彼此訾謷，靡已时矣。"

陆世仪《思辨录辑要》："天地间只有此个道理，人人在内，人人要做，本无可分别。自宋以来，横为蔡京、章惇、韩侂胄辈分出个门户，目为'道学'，甚至读史者亦因而另立《道学传》，不知自居何等？日用不知，吾末如之何也已矣。"陆世仪注意"分别""门户"之见只会让"道学"更加狭隘，专设"道学传"名目只能让学者陷入争执之中，而不知实用。

三、中和的评论

还有部分关于《道学传》比较温和的评论，反映了学者对上述态度的调和。

阮元担任国史馆总裁，作《拟国史儒林传序》，"《宋史》以《道学》《儒林》分为二传，不知此即《周礼》师、儒之异，后人创分而暗合周道也"，"皆于周孔之道得其分和，未可偏讥而互诮也"（《揅经室一集·拟国史儒林传序》）。

就《道学传》的命名而言，袁枚在《随园随笔》中有自己的见解："予谓《道学传》亦非有意尊朱子也，因熙宁有道学之禁，遂摘取二字为名，如东汉之《党锢传》云耳。"他还对《道学传》的命名表示质疑，认为："'道学传'非儒家名，唐马枢有《道学传》二十卷，皆载列代神仙之事，如《列仙传》之类。元脱脱《宋史》撰《道学传》以尊程朱，误矣。"

徐时栋《烟屿楼读书志》论《道学传》，认为《道学传》的创立跟时代背景有关，史书的体例可以根据时代背景进行调整，不必遵循旧例："《宋史》创立《道学传》，后人非之，明人重修《宋史》，依旧史原例，后人更非之。余始亦谓其非是，既而思之，立之是也。凡一代之史，遇事关国政沿习久远，为前代所未有者，即当分立门类，别创名目。若志若书若表若列传，皆有此例，所谓前无可因，后不容袭者也。宋之道学，胚胎于东都，而昌盛于南渡，上自朝廷，下至草野，推崇尊奉之则高于圣贤，诋斥排击之则目为朋党，渊源不绝，门户日分，标榜相高，真伪杂出，关国是而系人心，岂容不大书特书，别为卷目哉？元明以来不绝其人，然多私家授受，而无与政事之得失，固不得援旧例者矣。"同时他也认为《道学传》《儒林传》的人物选排存在问题，如认为朱熹不当入《道学传》，并提出道学、儒林的分类标准："朱子一代人物非诸儒所可及，当入正传，不当入《道学传》，既立《道学传》，则凡为道学者尽入之已耳。何乃优劣朱陆，以道学、儒林为区别哉？前人谓道学即是儒林，无分彼此。余又谓不然，《道学传》当在《儒林传》之后，凡笺经注史，博雅淹通之儒，当入《儒林传》中。其开堂讲学，薪火相传，说心谈性语录行世者，则当尽入之《道学传》中。彼以流派分门类，我即依其门类后先并载而史臣之事毕矣，不必盛推之，亦不必强抑之，世有三长之史家，必不以吾言为妄也。"

邵远平《元史类编》无《道学传》，在《凡例》说明了缘由，《道学传》是《宋史》所特有的，《元史》甚至后面的史书都不必沿袭，"古史但称《儒林》，至宋始立《道学传》，盖惟有宋诸儒刻意倡明道学，方可不愧斯名。若后此相沿仍袭，窃恐实有未副。今止称《儒学》，不名《道学》，盖儒之为义至大正，不必以道学鸣高也"。

张烈的《王学质疑》存有对《道学传》的看法。在张烈看来，《道学传》设于《宋史》是合理的，"惟《宋史》宜有之"，他认为将蔡元定、陆九渊兄弟、真德秀列入《儒林传》是有识之举，但《明史》不宜再设立《道学传》，理由有两个方面：一是明代并无有资格列入《道学传》的学者，即便纯正如曹端、薛瑄，也比不上真德秀、许衡；二是以王阳明为代表的心学，"假孔孟以文禅宗，藉权谋以标道德，破坏程朱之规矩，蹂躏圣贤之门庭"。他甚至批判阳明是讲学者"人人各树宗旨，卒之纳降于佛老，流遁于杂霸，总以成其，争名利攘富贵之私，辱圣门莫甚焉"的源头和祸首，是有违圣人之道的。所以他极力主张《明史》不宜立《道学传》。

综上，其实是可以看出《道学传》的设立颇有开创之功，这一点历代学者大多是认可的。但后代写史是否还需要继承《道学传》，就引起了激烈的讨论，最终，以反对的声音居多，由此，《元史》《明史》《清史稿》终究没有再设立《道学传》。

第三节 《宋史·道学传》的历史地位及影响

历代史书在体例结构上都有损益，恰恰反映了时代特征，如范晔的《后汉书》正式创立《文苑传》，《元史》增加了《释老传》，史家变例，不过是因时制宜的做法。《道学传》的设立，就反映了宋代理学的发展和兴盛。

《道学传》最重要的意义是在史书中确立了道统观，并梳理了道统的源流正脉，尤其表彰周、程、张、朱对理学的发展贡献。而设立《道学传》的本质，就是推崇理学为官方思想，统一思想，治理国家。

从《道学传》对思想的影响来看，有学者认为《道学传》束缚了道学的发展。如张维屏《花甲闲谈》认为《道学传》对道学的范围内容有所影响："'道学'两字，无所不包，自元人修《宋史》别立《道学传》，后人遂以谈心性、撰语录者为道学，而道学乃隘且易矣。"

《道学传》的设置对后代史书的编撰也有重要影响，清康熙十八年（1679），清廷开始编修《明史》，史馆总裁徐乾学、监修徐元文兄弟出于官方政治需要，欲仿《道学传》在《明史》中创设《理学传》，在六十一条《修史条例》中，有四条与《理学传》相关，拟收入薛瑄、曹端、吴与弼、陈真晟、胡居仁、周蕙、章懋、吕柟、罗钦顺、魏校、顾宪成、高攀龙、冯从吾等十三人，而王阳明、刘宗周则收入《名卿列传》，以此尊崇程朱理学，罢黜阳明心学。

但也有颇多学者对《理学传》的设立提出异见，如朱彝尊、尤侗、黄宗羲、顾炎武、毛奇龄、汤斌等人，毛奇龄记载了当时的争论："馆中纷纷有言宜道学者，有言宜儒林者，有言宜勋臣者，总裁断曰'勋臣而已'。又曰：'前史无《道学传》，惟宋有之，今何必然？请无立道学名，但立儒林，而屏阳明之徒于其中，何如？'众皆唯唯，独予不谓然，然而不能挽也。"

朱彝尊就已明确主张不立《道学传》，在他看来，"六经者，治世之大法，致君尧舜之术，不外是焉，学者从而修明之，传心之要，会极之理，范围曲成之道，未尝不备，故《儒林》足以包《道学》，《道学》不可以统《儒林》。"（《史馆上总裁第五书》卷三十二）

明代中后期，随着理学内部王阳明心学的兴起及其对程朱理学的冲击，更有汤显祖等人对这种体例明确表示非议，而重新纂修的宋史著作如柯维骐《宋史新编》、汤显祖《宋史》、王惟俭《宋史记》、钱士升《南宋书》等，也都未设《道学传》。

不管《道学传》受到的批判如何，但后世关于道统的建立以及体例撰写，或多或少受其影响，如黄宗羲《理学录》《宋元学案》、孙奇逢《理学宗传》、熊赐履《学统》、张伯行《道统》以及《明儒学案》、尹守衡《皇明史窃》等。

在周敦颐的家乡，清道光年间编纂的《永州府志》卷十五《先正传》首列《理学》，序曰："天将开一方之风气，则才智生，将正一世之性情，则圣贤生。永州自汉中叶稍稍有闻人，由三国以至五代，秀彦踵起，浸成名郡。然其人大都务材艺，未闻道。潇峤清淑，乃特钟濂溪先生，上承洙泗，下启关闽，以道率天下，而乡邦之间闻风兴起。士大夫来治其地，奉为表准，以教庶士。于是，忠孝廉节之事，不绝书于间史。於戏！其生也愈迟，而显也愈久。天之笃厚，于兹土岂有涯哉！旧志分代分地，品诣不著，侪偶失伦，不足以经后。爰区士类为九，首以理学冠以道国世家。"序中说周敦颐"上承洙泗，下启关闽，以道率天下"，所以有必要更新旧志，以《理学》列于首，其目的是出于教化，"以之维伦纪，辅教化，使人人趋向乎上，成德立行，树没世不朽之名"。《道学传》影响地方志的编撰，成为其中的重要章节，可见其流风已经下沉到地方社会层面了。

第六章　以《濂洛关闽书》为中心的研究

第一节　《濂洛关闽书》的成书与内容

《濂洛关闽书》十九卷，成书于清朝康熙四十八年（1709），张伯行（1652—1725）汇编并作集解。《濂洛关闽书》即濂、洛、关、闽四大学派为代表的宋五子之书。张伯行选取宋五子周、程、张、朱之书，粗存梗概，并加以诠释，故后世亦把《濂洛关闽书》称为《濂洛关闽书集解》。

一、《濂洛关闽书》的成书

《濂洛关闽书》成书于康熙四十八年（1709），初由张伯行正谊堂刊刻。清乾隆时期官修目录《四库全书总目提要》，采用副都御史黄登贤家藏本《濂洛关闽书》十九卷，收录于子部儒家类存目三，题为"国朝张伯行编"。至同治五年（1866），正谊堂原版被毁，遂于同治八年至光绪十三年续刻，各卷之末均有"同治五年夏月福州正谊书局重校开雕"牌记。光绪六年（1880），又有云南书局刻本。

　　张伯行（1651—1725），字孝先，河南仪封人。张伯行是有清一代被纳入文庙从祀的三人之一（其他二人是汤斌、陆陇其）。张伯行的生平事迹详见《张清恪公伯行神道碑》《清恪敬庵张先生行状》《张清恪公年谱》《清史稿》等。作为"天下第一清官"，张伯行日常政务繁忙，正如他自言道："臣学识短浅，搜采有所未精，兼臣吏事繁多，纂修又非其任，虽常偕生徒以分订，终恐失前哲之初心。"①尽管如此，张伯行一生勤勤恳恳，著述颇多。

　　张伯行幼年不好嬉戏，其父喜其有"儒风"，告以"宋朝周、张、程、朱五子乃上接孔曾思孟之传，他日务读其书"。康熙二十年中举人，康熙二十四年中进士，圣谕谓"新科进士回家依旧读书，不可荒废学业"，即回乡构小楼，读书其中，取《小学》《近思录》、程朱语录之类日夕玩索。康熙二十八年赴吏部试，在京城报国寺购得《濂溪先生全集》，如获至宝，以其书"刻板久湮"，"付梓以广其传"。此后辗转职任，每至一地，都以寻访先儒文献、建立书院为要务。康熙四十六年张伯行升任福建巡抚，尤以程朱学术自命。

　　张伯行在福州"讲明正学"，创设正谊书局，刊刻《正谊堂全书》，共收书 68 种，合计 526 卷，历时 22 年，包括宋周敦颐《周濂溪集》、宋程颢程颐《二程文集》、宋张载《张横渠集》、宋朱熹《朱子文集》、宋杨时《杨龟山集》、宋谢良佐《上蔡语录》、宋尹焞《尹和靖集》、宋罗从彦《罗豫章文集》、宋李侗《李延平集》、宋张栻《张南轩集》、宋黄榦《黄勉斋集》、宋陈文蔚《陈克斋集》、宋石介《石徂徕集》、宋高登《高东溪集》、宋真德秀《真西山集》、宋熊禾《熊勿轩集》、元许衡《许鲁斋集》、元吴海《闻过斋集》、明薛瑄《薛敬轩集》、明薛瑄《读书录》、明胡居仁《胡敬斋集》、明胡居仁《居业录》、明魏校《魏庄渠集》、明罗钦顺《罗整庵集存稿》、明罗钦顺《困知记》、明陈真

---

① ［清］张伯行：《恭进濂洛关闽书表》，《正谊堂续集》卷一，福州正谊书院《正谊堂全书》本。

晟《陈剩夫集》、明张元忭《张阳和集》、清汤斌《汤潜庵集》、清陆陇其《陆稼书集》、清陆陇其《问学录》、清陆世仪《思辨录辑要》、清陆陇其《读朱随笔》、清陆陇其《松阳钞存》、清陆陇其《读礼质疑》，以及宋朱熹《伊洛渊源录》、宋杨时《二程粹言》、明丘濬《朱子学的》、明陈建《学蔀通辨》、明朱衡《道南源委》、清张烈《王学质疑》，和张伯行亲自编订的《二程语录》十八卷、《朱子语类辑略》八卷、《道统录》二卷、《濂洛关闽书》十九卷、《近思录》十四卷、《广近思录》十四卷、《续近思录》十四卷、《困学录集粹》八卷、《小学集解》六卷、《濂洛风雅》九卷、《学规类编》二十七卷、《养正类编》十三卷、《居济一得》八卷、《唐宋八大家文钞》十九卷，还有张伯行所著《正谊堂文集》十二卷、《正谊堂续集》八卷。

《濂洛关闽书》的成书过程并非简易，该书是在张伯行的统筹下完成的，成书于清康熙四十八年。其成书背景一方面在于官方的支持，康熙帝崇儒重道，倡文兴教，张伯行能够人尽其才。另一方面在于张伯行推崇程朱，为了传教明道、方便后学而编修集解了《濂洛关闽书》。考其集解《濂洛关闽书》的缘由，大致有以下几个方面：

一是康熙帝崇儒重道，倡文兴教。清朝自入关伊始，即制定了"崇儒尊道"的文化国策。清初的数位帝王，为稳固统治根基，皆自觉研习、吸纳儒家文化之精髓，致力于推动文教事业的蓬勃发展。康熙帝执政之后，许多措施都体现了崇儒重道，倡文兴教。张伯行在《濂洛关闽书》序中说道："我皇上崇儒重道，又命儒臣纂修各书以垂教万世，洵所谓治臻尧舜，学并孔孟者，至乡会命题，尤重性理，使四氏之书直与孔、曾、思、孟同不朽焉。"可见，康熙帝崇儒重道在修书一事上尤为明显，其投入的人力、物力也是中国历代王朝中无可比拟的。张伯行正是得到了康熙帝的鼎力支持，才能奋力前行，著作等身。据张伯行行状载，他曾两次进《濂洛关闽书集解》，请求康熙帝钦定颁行

《濂洛关闽书》，并"钦赐嘉名，御制大序"。在第二次进表时，张伯行被特赐了"礼乐名臣"四大字。

二是张伯行推崇程朱，传教明道。张伯行自幼谙习程朱理学，并对此极为推崇。"（张伯行）于濂洛关闽五先生之书，如饥斯食，如渴斯饮，口诵手抄，汲汲如将不及。且一言一动，均必由之，而一切异学俗学不得而夺焉。先生笃志潜修于园者凡七年，其卓然为大儒、为纯臣者，皆原本乎此也。"① 因而，张伯行对于当时社会出现的各种乱象，尤为不满，认为其根源在于程朱之学晦暗不明。张伯行在《濂洛关闽书》序中道：

> 顾学者非不日诵先圣先儒之书，乃欲求一言一行之几于道而不可得，抑独可欤？程子之言曰："天下之学非浅陋固滞，则必入于佛老之虚无。"朱子又曰："圣人教人非使人缀缉语言，造作文辞，为科名爵录之计。"今之人不蹈此弊者盖鲜矣。夫刑名、功利、训诂、词章之习，固非学者所宜务，而执主静良知之说者，希心顿悟，终不能不折而入于禅，先儒之垂戒尤章章也。

据此可知，张伯行指出了当时的一些弊端，一如程子所说，天下之学往往会不自觉地陷入佛老。二如朱子所说，学者为谋取科举功名，缀缉语言，造作文辞。三是张伯行认为刑名、功利、训诂、词章等学问，不应当是学者专注的领域。因为"盖自汉唐以下，代有群言而考其说，惟在乎词章训诂之间，即如董、韩之徒，亦多正论，而究其归，尚昧夫诚敬知行之本"②。张伯行驳斥他们

① ［清］钱仪吉纂，靳斯校点：《碑传集》卷十七《康熙朝部院大臣上之中·太子太保礼部尚书张清恪公伯行神道碑·〔又〕诰授光禄大夫礼部尚书加二级赠太子太保谥清恪敬庵张先生行状》，中华书局，1993 年，第 505 页。

② ［清］张伯行：《恭进濂洛关闽书表》，《正谊堂续集》卷一，福州正谊书院《正谊堂全书》本。

"惟在乎词章训诂之间"，未能达到"诚敬知行"。而周程张朱诸子，才是真正的"要皆本乎身心体验之实，而非徒口耳诵说之资"。

如何能像周程张朱一样做到"身心体验之实"呢？那就是去读他们的书，即《濂洛关闽书》。张伯行说："先儒书具在，学者心验而身体之，于周子可以会一理之通，而振俗学之卑鄙；于张子可以穷万物之故，而识体性所自来；于程子、朱子可以得主敬穷理、下学上达之功，而不为诐淫邪道所淆惑。"（《濂洛关闽书序》）这也是张伯行编纂《濂洛关闽书》的缘由。杭世骏为张伯行写传时，便道明张伯行的用意，他在《张尚书传》中评论道："谓周、程、张、朱得孔、曾、思、孟之正传，故纂《濂洛关闽书》集解以配《学》《庸》《语》《孟》，名曰'后四书'，屡经进呈，欲以颁行学校。"①

《濂洛关闽书》的编纂目的均是为后学者考虑。张伯行认为"全书浩博，尽读则记识弗强，且义蕴精微，浅尝而旨趣未晰，不由纂辑诠解，固虑后学以繁奥而难求"②。如张子《正蒙》词义艰深，《经学理窟》以及《语类》《遗书》，似难卒读。朱子《语类》《文集》诸书浩繁难读。因而张伯行对周程张朱的著作文集进行集解，使读者开卷豁然，便于诵习。张伯行对当时的学风颇为不满，指出乡会两闱试论虽然是专取《性理》一书命题，"然士子临场不过随题敷衍，原未识立言之根本。即主司阅卷，止取文理明通，何暇辨义类之指归？虽曰先儒之精蕴难穷，亦由学者之卤莽从事"③。由于当时士子流于形式，敷衍了事，张伯行想纠正这种不良风气，于是编纂了《濂洛关闽书》。周、程、张、朱诸子著作内容广博，内涵深奥，若只是浅尝辄止，则难以领悟其真正旨趣。为此，张伯行在编纂《濂洛关闽书》时，特意编选了其中简明易懂、符合需要

---

① ［清］钱仪吉纂，靳斯校点：《碑传集》卷十七《康熙朝部院大臣上之中·太子太保礼部尚书张清恪公伯行神道碑·〔又〕张尚书传》，中华书局，1993 年，第 545 页。

② ［清］张伯行：《恭进濂洛关闽书表》，《正谊堂续集》卷一，福州正谊书院《正谊堂全书》本。

③ 同上。

的内容，进行精心的编排，并附以详尽的注解，方便后学能更好学习。同时，对于那些更为深奥精妙的部分，暂且保留，希冀学生在日后的学习中，日积月累，融会贯通。如《清史》卷六十六《陈九龄传》就记载了张伯行与其学生陈九龄的故事，张伯行授陈九龄以《濂洛关闽书》，陈九龄谨守不忘。①

《濂洛关闽书》的编纂原则，全书大体一致，诸子又各有差异。首先，每一子先作序，再为小传，介绍诸子生平家世及学术、著述，并说明其编纂目的与原则。其次，在每卷篇章标题处，揭示其大旨，然后进行疏解，且每条皆注明"某子曰"。最后是诸子编纂又略有差异。张伯行认为，朱熹注疏的《太极图说》《通书》等篇章，大注意义似简，小注头绪颇烦，因而"合大小注，融会其旨，复参以诸儒之说，顺文直解"。张载的篇章似难卒读，因而"略为删订，并参考朱子大小注及诸儒之说，详加解释，非敢有所去取也"。对于二程的著述，主要沿袭先儒所纂集者，仿《论语》二十篇编次，加以增删注解。对于朱子，主要就其浩繁难读部分，节选精要，编定七篇，并加以诠解。

《濂洛关闽书》共十九卷，包括周子一卷、张子一卷、程子十卷、朱子七卷，体量较为庞大。张伯行认为收集的资料未必全面，且公务繁多，编纂修订并非其所擅长，因而将平日所诠解的内容，令书院诸生相互研讨斟酌，最后交由学生柳瑃、陈绍濂汇总修订，成书于清康熙四十八年（1709）。

二、《濂洛关闽书》的内容

《濂洛关闽书》不仅是濂、洛、关、闽诸子论著的集大成，也是"濂洛关闽"的演变与明清儒家的道统构建的体现。关于《濂洛关闽书》一书的内容概况，详见下表：

---

① ［清］佚名撰，王锺翰点校：《清史》卷六十六《陈九龄传》，中华书局，1987 年，第 5321 页。

《濂洛关闽书》内容简表				
四子	周子	张子	二程子	朱子
所在卷数	卷一	卷二	卷三至卷十二	卷十三至卷十九
选取内容	《太极图说》 《通书》：诚上第一；诚下第二；诚幾德第三；圣第四；慎动第五；道第六；师第七；幸第八；思第九；志学第十；顺化第十一；治第十二；礼乐第十三；务实第十四；爱敬第十五；动静第十六；乐上第十七；乐中第十八；乐下第十九；学圣第二十；公明第二十一；理性命第二十二；颜子第二十三；师友上第二十四；师友下第二十五；过第二十六；势第二十七；文辞第二十八；圣蕴第二十九；精蕴第三十；干损益动第三十一；家人睽复无妄第三十二；富贵第三十三；陋第三十四；拟议第三十五；刑第三十六；公第三十七；孔子上第三十八；孔子下第三十九；蒙艮第四十	《西铭》 《正蒙》 《经学理窟》 《语录文集》	传道第一 德立第二 言学第三 五经第五 善治第七 作新第八 行事第九 正伦第十 天地第十一 阴阳第十二 圣人第十三 教人第十四 大任第十五 士志第十六 性善第十七 养心第十八 万物第十九 君子第二十	健顺章句上 健顺章句下 圣贤章句上 圣贤章句下 气质章句上 气质章句下 学校章句上 学校章句下 君子章句上 君子章句下 德行章句上 德行章句下 吾儒章句上 吾儒章句下
编纂目的	开卷豁然，读者易晓。	便于后学之诵习。	学者由是而用心焉，亦庶乎不差于所往矣。	庶便学者诵习焉。
编纂原则	每一子先作序，再为小传，介绍诸子生平家世及学术、著述，并说明其编纂原则。每卷篇章标题处揭示其大旨，然后进行疏解。			
	今合大小注，融会其旨，复参以诸儒之说，顺文直解。 因朱子所定旧本，发凡起例，仿诸《大学》编次，又以己意纂集诸说，谬为疏解。	略为删订，并参考朱子大小注及诸儒之说，详加解释。	举先儒所纂集者，谬以己意增删，仿诸《论语》二十篇编次，兼为诠释付梓。	特于《文集》、《语类》遗本，撮其要语，臆为注释，汇成七篇。

结合上表可知，《濂洛关闽书》编纂顺序并非按照濂、洛、关、闽的顺序，而是按周、张、程、朱的顺序排列。张伯行在《濂洛关闽书序》中叙述道统的顺序为："孔、曾、思、孟、周、程、张、朱之为师为儒。"可见，张伯行在《原序》中是按照约定俗成的记载，而对于《濂洛关闽书》的内部结构排序，又略有更改，张子排在卷二，程子在卷三。对于张子与二程的关系，张伯行这样描述，"张子笃志力行，关中学者与洛人并"，"二程倡道伊洛，张子倡学关中，同时异地，而程子乃取其《西铭》以示门人"(《濂洛关闽书序》)，可见张伯行对于张载的地位有所升高，与二程视为平等。

《濂洛关闽书》选取内容所选均为诸子代表作。周子包括《太极图说》与《通书》四十章，据朱熹所定旧本，发凡起例；张子包括《西铭》《正蒙》《经学理窟》、语录、文集；二程子据杨时《二程粹言》十篇，编次原本，还补充参考了语录、文集、《近思录》诸书，分二十篇，详加注解。朱子主要据《语类》、文集等书，撮要七篇，进行注释。

第二节 "濂洛关闽"的演变与明清儒家的道统构建

一、南宋时期"濂洛关闽"开始并称

至清代张伯行时期，"濂洛关闽"一词已经耳熟能详。那么何谓"濂洛关闽"？张伯行认为："自濂溪著《太极图说》，默契道源；迨横渠作《西铭》《正蒙》，研精《理窟》；二程承周子，指授发明，尤畅精义，散见于《遗书》；朱子集诸儒大成，纂述倍详，至理旁罗于《语类》……此濂洛关闽其渊源直上接洙泗者也。"[1]同时期窦克勤亦在《理学正宗》自序中曰："故濂洛关闽从来

---

[1] ［清］张伯行：《恭进濂洛关闽书表》,《正谊堂续集》卷一，福州正谊书院《正谊堂全书》本。

并称，罔敢易焉。"①张伯行《濂洛关闽书》首次以专著形式提出"濂洛关闽"，后有道光年间罗惇衍辑《濂洛关闽六先生传》一书。张伯行自序道："宋兴而周子崛起南服，二程子倡道伊洛之闲，张子笃志力行，关中学者与洛人并。迨至朱子讲学闽中，集诸儒之成，而其传益广。于是世之言学者，未有不溯统于濂洛关闽。"(《濂洛关闽书序》)可见，张伯行认为自宋朝以来谈及学者，无不追溯其源头至濂洛关闽。

"濂洛关闽"这一术语并称最早源于何时？目前学者尚未形成统一定论，笔者亦未见确切时间。清人檀萃撰有《濂洛关闽源流考》一卷，尚不可见，不知是否涉及。

学者刘学智、张岂之均认为"濂洛关闽"并称最早源于明初宋濂、王祎等人纂修的《元史》，将宋代理学概括为"濂洛关闽"四大派别。②据《元史·吴澄传》记载："(吴澄)尝著说曰：'濂、洛、关、闽，其贞也。'"学者张波认为这非确论，并追溯到吴澄于南宋时撰著的《道统图并叙》，提出："濂洛关闽并称极有可能受到南宋以来，尤其是宋理宗淳祐元年（1241）以来，周敦颐、二程、张载及朱熹配享孔庙后，周程张朱并举的影响。"③

据宋淳祐元年（1241）宋理宗诏书说道：

> 朕惟孔子之道，自孟轲后不得其传，至我朝周惇颐、张载、程颢、程颐，真见实践，深探圣域，千载绝学，始有指归。中兴以来，又得朱熹精思明辨，表里混融，使大学、论、孟、中庸之书，本末洞彻，孔子之道，

---

① 徐世昌等编纂，沈芝盈、梁运华点校：《清儒学案》卷九《窦先生克勤》附《理学正宗自序》，中华书局，2008年，第460页。

② 详见张岂之：《从儒学认识今人精神历史来由》，《人民日报》2015年1月19日。刘学智：《关学源流特征与〈关学文库〉的编纂》，《孔子研究》2014年第5期。

③ 详见张波：《"关学"与"关学史"正名》，《常熟理工学院学报（哲学社会科学）》2018年第3期。

益以大明于世。朕每观五臣论著，启沃良多，今视学有日，其令学官列诸
从祀，以示崇奖之意。(《宋史·理宗本纪》)

可见，从宋淳祐元年（1241）开始，周敦颐、张载、程颢、程颐、朱熹从
祀孔庙，宋理宗把"五臣"相提并论。周程张朱，五子并举，与"濂洛关闽"
密切相关。

学者张品端甚至追溯到朱熹著《伊洛渊源录》之时，认为"应该说《伊洛
渊源录》从师承关系上溯源探流，上接孔孟，下启来学，确立了道统谱系，后
人遂有'濂洛关闽'的说法"①。据朱熹所著《伊洛渊源录》，周敦颐被置于该
书的第一卷，而二程则分别位列第二、三、四卷，张载则被列于第六卷。可见
朱熹在《伊洛渊源录》中梳理了周敦颐、张载、二程以来的理学传承谱系，将
周敦颐、张载、二程列为理学的创始人。《四库全书总目提要》评论曰："盖宋
人谈道学宗派，自此书始，而宋人分道学门户，亦自此书始。"②

综合以上分析，可知自朱熹《伊洛渊源录》以后，周、程、张三子开始
同频共振。朱熹之后，开始把"朱子"加入，"周程张朱"相提并论。在宋理
宗的极力推崇下，五子并举，共享太庙祭祀，由是奠定了理学的官方正统地
位，以周程张朱为代表的"濂洛关闽"便成为了理学之源。南宋以后，逐渐流
播，日益盛行，至明清时期，已经蔚然一时。明清诸儒不同于宋元诸儒，宋元
儒自安定、泰山后，濂洛关闽相继而起，派别支系繁多，而明清时期，派别较
少，且多尊奉濂洛关闽。因而，下文主要讨论明清儒家对"濂洛关闽"的道统
建构。

---

① 张品端：《朱熹思想论稿》，厦门大学出版社，2023 年，第 51 页。
② ［清］永瑢等撰：《四库全书总目提要》卷九十七《濂洛关闽书》，中华书局，1965 年，第 828
页。

二、明清儒家对“濂洛关闽”的道统建构

“濂洛关闽”的早期构建主要体现为由“濂、洛”到“濂、洛、关、闽”，再到“濂洛关闽”的过程。濂、洛、关、闽分开来看，可以分别指代周敦颐、程颐、程颢、张载、朱熹五子之学及其学派，而“濂洛关闽”并称，又赋予了一层新的内涵，它代表着以“濂洛关闽”为中心的宋明理学之源、孔孟道统之续。因而“濂洛关闽”在并称的过程中，亦逐渐纳入了儒家道统谱系中。可以说“濂洛关闽”在空间上是地域的传播，在时间上是儒学的复兴。“濂洛关闽”是古代儒家学术思想在三千年历史中的中兴节点，是中古时期民族文化复兴的重要样式和成功典范。

“濂洛关闽”之说始于南宋，盛于明清。一方面在于统治者的支持。如元代官修的《宋史》新增《道学传》，将周敦颐、二程、张载、朱熹等人纳入道学框架。明代朱元璋曾昭示：“一宗朱氏之学，学者非六经、四书不读，非濂、洛、关、闽之学不讲。”①清代乾隆亦曾上谕说：“治统原于道统，学不正则道不明。有宋周程张朱诸子，于天人性命大本大原之所在。”②

另一方面则归于儒家士大夫对“濂洛关闽”的尊崇与构建。继南宋朱熹《伊洛渊源录》之后，后世儒家在著述时，都热衷于“濂洛关闽”“周程张朱”等主流话题，使“濂洛关闽”逐渐成为士人学子的共识，如南宋吴澄《道统图并叙》、元人陶宗仪《正统辨》等。明清时期，儒家对“濂洛关闽”的关怀尤甚，论述颇多。清代张伯行称：“自邹鲁而后，天下言道德学问之所出者曰‘濂洛关闽’。”③清人聂僦为明人薛瑄年谱作序曰：“汉、唐迄宋千五百年，而

---

① 转自丘濬所言，详见［明］丘濬撰，金良年整理，朱维铮审阅：《大学衍义补·治国平天下之要（上）·崇教化·设学校以立教（下）》，上海书店出版社，2012 年，第 518 页。

② ［清］崑冈修，［清］刘启瑞纂：《大清会典事例》卷九百九十九，清光绪石印本。

③ ［清］张伯行：《朱子文集序》，《正谊堂续集》卷三，清同治五年福州正谊书院刻、同治八年至光绪十三年续刻《正谊堂全书》本。

天下未尝一日睹儒者之效。明兴，濂、洛、关、闽之学大著于世，士之有志于圣人之道者，莫不皇皇焉笃嗜而深求之。"①

明清儒家对"濂洛关闽"的道统建构主要围绕"人""书""学"三个方面展开：

一是尊崇"濂洛关闽之人"。明清儒家推崇濂洛关闽核心代表人物"周程张朱"，或仰慕其学，或自予为"周程张朱"之后。明末清初黄宗羲《明儒学案》曰："寥寥千余载，至周、程、张、朱氏出，然后此学大明。"黄宗羲之子黄百家《宋元学案·泰山学案》按曰："《十七史》以来，止有《儒林》。至宋史别立《道学》一门，在《儒林》之前，以处周、程、张、邵、朱，张及程、朱门人数人，以示隆也。于是世之谈学者动云周、程、张、朱，而诸儒在所渺忽矣。"②可见，南宋以降，周、程、张、朱氏出，后世谈学者，动辄云周、程、张、朱。相比较之下，其他诸儒稍逊一筹。如《明史》有一则记载，"正统元年，诏免凡圣贤子孙差役，选周、程、张、朱诸儒子孙聪明俊秀可教养者，不拘名数，送所在儒学读书，仍给廪馔"③。可见在读书教育方面，明代帝王对周程张朱诸儒子孙也是有偏爱与优待。

二是撰述"濂洛关闽之书"。在著书立说方面，明清儒家不断编纂，丰富"濂洛关闽"相关书籍，在编撰中构建"濂洛关闽"一脉的道统，述略如下：

明代黄宗羲编纂《宋元学案》，《宋元学案》卷十一、卷十二为《濂溪学案》，卷十三、卷十四为《明道学案》，卷十五、卷十六为《伊川学案》，卷十七、卷十八为《横渠学案》，卷四十八、卷四十九为《晦翁学案》。这里，卷

---

① ［明］薛瑄著，孙玄常等点校：《薛文清公年谱·聂微序》，三晋出版社，2015年，第1176页。
② ［清］黄宗羲原著，［清］全祖望补修，陈金生、梁运华点校：《宋元学案》卷二《泰山学案·孟先生宗儒》，中华书局，1986年，第121页。
③ ［清］张廷玉等撰：《明史》卷七十三《职官志》，中华书局，1974年，第1792页。

十一到卷十八相继为北宋濂、洛、关学一脉，卷四十八、卷四十九则为南宋朱学集大成，构建了"濂洛关闽"学术源流。

明代黎温编纂《历代道学统宗渊源问对》十二卷，上述三皇五帝、三王先圣之道，先圣为孔子、颜子、曾子、子思、孟子，宋儒则有周子、程子、张子，宋儒最后为朱子。可见，黎温认为周、程、张、朱为继孔孟之后道学统宗的正脉。①

明代丘濬编《朱子学的》二卷，分为上、下卷，下卷分为《道统》等十篇。《道统》篇载周敦颐、程颢、程颐、张载四子。康熙四十八年张伯行为其作序曰："自考亭朱子倡明绝学由周张二程上溯孔孟，迄明宪宗之世二百余年……夫朱子之的固周张二程之的，周张二程之的固孔曾思孟之的也。朱子集周张二程之言作《近思录》为孔曾思孟之阶梯，文庄作《学的》为周张二程之阶梯。学者诚由《学的》以求周张二程，从《近思录》以求孔曾思孟，而由是以造乎圣人之道犹善射者。"② 可见，张伯行认同明代丘濬《道统》篇的"四子"，并指出"朱子之的固周张二程之的"，即朱子承接周张二程，即构建了"濂洛关闽"的脉络。《四库全书总目提要》亦认为该书"下编自上达以至斯文，由理而散事，而终之以道统，所以纪濂洛关闽之学之所由来，犹《论语》之有《尧曰》也"③。

明代胡广奉明成祖之命编撰《性理大全》，在《性理大全》目录中，胡广叙述先儒姓氏，首述周子，再到程子、张子、朱子，并在进《性理大全书》表中曰："否必有泰，晦必有明，由夫濂洛关闽之学兴，而后尧舜禹汤之道著，

---

① ［明］黎温：《历代道学统宗渊源问对》，明成化刻本。
② ［明］丘濬辑：《朱子学的》，清同治五年福州正谊书院刻、同治八年至光绪十三年续刻《正谊堂全书》本。
③ ［清］永瑢等撰：《四库全书总目提要》卷九十五《儒家类存目一》，中华书局，1965年，第808页。

悉扫蓁芜之蔽，大开正学之宗。"① 在明成祖的推崇下，有明一代，均崇尚《性理大全》一书，宗法濂洛关闽，进一步扩大了"濂洛关闽"的影响力。

明代刘元卿编纂《诸儒学案》，列出了宋代至国朝（明朝）诸儒，其目录载"宋：周濂溪先生、程明道先生、程伊川先生、张横渠先生……朱晦庵先生"②。由此可见"周程张朱"的构建。

明代周汝登编纂《圣学宗传》，从伏羲开始叙述圣学宗传，卷六载周敦颐，卷七载程颐、程颢、张载，卷九载朱熹，卷十载陆九渊，卷十三载王阳明、徐爱，虽然其正统强调的是"濂洛陆王"一脉，但程子之后仍有朱子，"濂洛关闽"已经是事实上无可避开的一脉。

明代过庭训撰《圣学嫡脉》四卷，该书是受周汝登《圣学宗传》有所启发，过庭训在小引中曰："余读海门先生《圣学宗传》一书，而知潜心道学，笃志圣修也……《圣学嫡脉》大都其言皆足以表彰圣经，而其行皆以羽翼圣修。"③ 如《圣学嫡脉诸儒目录》卷一载有"董仲舒、王通、韩愈、周敦颐、程颢、程颐、张载、邵雍"，卷二载有朱熹等，虽沿袭周汝登《圣学宗传》，仍然可见"濂洛关闽"的脉络传承。

明末张鹏翼辑《理学入门》，卷数不详。据《碑传集·张先生鹏翼传》载："（张鹏翼）辑濂洛关闽要言，为《理学入门》。"④

清儒首推张伯行，他不仅编著了《濂洛关闽书》，还有《道统录》《道南源委》《伊洛渊源续录》等书。《濂洛关闽书》上文已详述，这里不再叙述。《道统录》分为上下卷，上卷记载了伏羲、神农、黄帝、尧、舜、孔子、颜回、曾

---

① ［明］胡广奉敕纂：《性理大全书》，明嘉靖二十二年刻本。
② ［明］刘元卿撰：《诸儒学案》，明万历刻刘应举补修本。
③ ［明］过庭训：《圣学嫡脉》，《四库全书存目丛书》史部第108册传记类，齐鲁书社，1996年，第567页。
④ ［清］钱仪吉纂，靳斯校点：《碑传集》卷一百二十八《张先生鹏翼传》，中华书局，1993年，第3821页。

子、子思、孟子十五人，下卷专列周敦颐、程颢、程颐、张载、朱熹五人。张伯行曰："颜、曾、思、孟及周、程、张、朱，皆任明道之责者也。故穷理著书，授受丁宁，而道以言传。"① 可见，张伯行以周、程、张、朱上承孔孟，为道统正脉。

清代孙奇逢编纂《理学宗传》二十六卷。孙奇逢在论《理学宗传》义例时，将道统的脉络列为十一子，他认为："是编有主有辅，有内有外。十一子其主也，儒之考其辅也；十一子与诸子其内也，补遗诸子其外也。"② 孙奇逢把周程张朱全归为十一子之内，且卷一周子、卷二程子纯公、卷三程子明公、卷四张子明公、卷六朱子文公。由此可见，孙奇逢认为以周子为首的等十一子得"理学宗传"，即濂、洛、关、闽为道统正脉。亦如《理学宗传》序揭示道："尝思之，颜子死而圣学不传，孟氏殁而闻知有待，汉、隋、唐三子衍其端，濂、洛、关、闽五子大其统，嗣是而后地各有其人，人各鸣其说，虽见有偏全，识有大小，莫不分圣人之一体焉。"③

窦克勤编纂《理学正宗》十五卷。《理学正宗》目录卷一载周子，卷二、卷三载程子，卷四载张子，卷九载朱子。窦克勤在《理学正宗》凡例中道："自洙泗而后，历汉唐诸儒，学术多杂而不纯，不得与大宗之列，接统者，其周程朱子乎？斯编以濂溪为始，录程朱从，详明有宗也。"④ 可见，窦克勤"止录正宗，其他儒行驳而不纯者概弗敢收"，并认为理学正宗一脉当为以周子为首"濂洛关闽"一脉。耿介称为《理学正宗》作序道："接孔孟之心传者，濂洛关闽，而朱子集诸儒大成……均为有功圣道。"⑤

---

① ［清］张伯行：《道统录·序》，见《圣学宗传·道统录》，凤凰出版社，2015 年，第 399 页。
② ［清］孙奇逢撰，万红点校：《理学宗传·义例》，凤凰出版社，2015 年，第 17 页。
③ ［清］孙奇逢撰，万红点校：《理学宗传·叙（孙奇逢）》，凤凰出版社，2015 年，第 15 页。
④ ［清］窦克勤：《理学正宗》，《四库全书存目·子部》（第 24 册），齐鲁书社，1995 年。
⑤ 同上。

魏裔介编纂《圣学知统录》两卷。该书所列的道统脉络传承为"伏羲、神农、黄帝、尧、舜、禹、皋陶、汤、伊尹、莱朱、文王、太公望、散宜生、周公、孔子、颜子、曾子、子思、孟子、周子、二程子、张子、朱子、许衡、薛瑄"①，可见周程张朱作为道统的正脉所系。魏裔介另编有《周程张朱正脉》，无卷数，现不知存佚，据《周程张朱正脉》可知大概。《四库全书总目》载，该书"是编首录周子《太极图说》，次张子《西铭》《东铭》、次周汝登所辑《程门微旨》，次国朝孙承泽所辑《考正晚年定论》，及朱子与廖德明问答。题曰'正脉'，以诸儒之脉在是也"。②综合两书来看，魏裔介尊奉"正脉"，即"周程张朱""濂洛关闽"。

梁广庵编纂《道统渊源录》，卷数不详。《山西献征·州佐梁广庵先生事略》载："先生独有志圣学，从党冰壑先生游，潜究濂洛关闽之旨，订道统渊源，录以见志……所著《道统渊源录》，上自二帝三王，下及宋明诸儒，各为一传，俾有志正学者，毋迷其途。"③

熊赐履撰《学统》五十三卷。据《学统》目录载，正统为孔子、颜子、曾子、子思子、孟子、周濂溪先生、程明道先生、程伊川先生、朱晦庵先生。④由此可见，熊赐履把"周、程、朱"视为正统一脉，而将张横渠列为"卷十八翼统张横渠先生"。对于正统与翼统，《学统·凡例》定义为："孔子上接尧、舜、禹、汤、文、武、周公之统，集列圣之大成，而为万世宗师者也，故叙统断孔子……若颜、曾、思、孟、周、程、朱八子，皆躬行心得，实接真传，乃孔门之大宗子也，故并列正统焉。正统之外，先贤先儒有能羽翼经传，表彰绝

① ［清］魏裔介：《圣学知统录》，《历代学案丛书》第34册，北京燕山出版社，2019年。
② ［清］永瑢等撰：《四库全书总目提要》卷九十七《周程张朱正脉提要》，中华书局，1965年，第823页。
③ 常赞春等编纂，董润泽点校：《山西献征》卷五《州佐梁广庵先生事略》，三晋出版社，2017年，第243页。
④ ［清］熊赐履撰：《学统》五十三卷，清光绪十七年三余草堂刻《湖北丛书》本。

学者，则吾道之大功臣也，名曰翼统。"① 张横渠虽被列为翼统，但翼统羽翼经传，是辅助正统的大功臣，仍附属于正统一脉。

以上种种，均可见明清诸儒在著述中对"濂洛关闽"的构建，或是直叙"濂洛关闽"承接道统，或是以追溯学术源流、学术门派为依归，或是以目录方式编排呈现……此皆是以著述的方式，构建了"濂洛关闽"的脉络，扩大了"濂洛关闽"的影响。

三是致力于"濂洛关闽之学"，明清儒家学者自觉继承与发扬濂洛关闽之学，并引以为傲。从前面两点推究来看，无论是推崇"濂洛关闽之人"，还是撰著"濂洛关闽之书"，都是明清诸儒诸致力于"濂洛关闽之学"的表现。清代名儒李清馥在《闽中理学渊源考》道："因言濂、洛、关、闽五子之书递衍八百年来，家习户诵，生于其乡者，或亲炙，或私淑，其别相续，源流更易为寻溯。"② 后世学子家习户诵濂洛关闽之书，自觉相续濂洛关闽之学。该书记载了大量致力于濂洛关闽之学的学者，如王任重、韩伯循等人。又如清人"李文炤结识了同里熊班若、邵陵车补旃，听他们讲濂、洛、关、闽之学，大受启发，认为找到了学问的正道，回家后便四处购买周、程、张、朱的著作进行研读"③。康熙朝大臣赵士麟亦是"生平于濂洛关闽之学，身体力行，每阐发，必有奥义"④。

濂洛关闽之学，究其特别之处有三：一为闻道之学。明人林弼晚年曾究心于濂洛关闽之学，尝说："学不闻道，博无益也。"⑤ 可见林弼认为濂洛关闽之

① ［清］熊赐履撰：《学统·凡例》，山东友谊书社，1990年，第41页。
② 徐公喜等点校：《闽中理学渊源考·原序》，凤凰出版社，2011年，第11页。
③ 参见［清］李文撰，赵载光校点：《周礼集传·前言》，岳麓书社，2012年，第1页。
④ ［清］钱仪吉纂，靳斯校点：《碑传集》卷十九《康熙朝部院大臣下之上·吏部左侍郎赵先生士麟行状》，中华书局，1993年，第612页。
⑤ ［清］沈定均修，［清］吴联薰增纂，陈正统整理：《漳州府志》卷三十《林弼传》，中华书局，2011年，第1335页。

学实为闻道之学，因而究心于此。二为正宗之学。清人李颙曾见周、程、张、朱言行，掩卷叹曰："此吾儒正宗，学而不如此，非夫也！"① 可见李颙将濂洛关闽之学视为正宗，其为学最终亦为此。作为康熙朝宰辅，熊文端亦曾上书康熙皇帝道："学校废弛，经训不明。士子皆揣摩举业，为弋科名、掇富贵之具，不知圣贤之归，纲常名教之重。又或泛滥百家，沉沦二氏，习诐淫邪遁之说充塞仁义。宜使士子讲明正学，非翼赞《六经》、《语》、《孟》之书不得读，非濂洛关闽之学不得讲。"② 可见熊文端亦认为，讲明正学，非濂洛关闽之学不得讲。乾隆时期大臣王安国任教国子学时，亦让诸生讲濂洛关闽之学。"其教国子也，严月课，抑营竞，进诸生讲濂洛关闽之学，不沾沾讲义。"③ 三为学圣之学。明人陈洪谟曾在《嘉靖本慈湖先生遗书序》中说："於乎！士君子为学以自命于圣贤，必托诸言，以昭示无极；然立言亦未易也。精思力践，恍若有悟，措诸词说，气昌而意定，以不背古训，道斯至矣。有宋专门文章不虑数十家，其言卒泽于道，可以俟百世于不惑，则惟濂洛关闽之学为然。"④ 清人胡煦认为："濂洛关闽之学，学圣者也。后儒之学，学儒而已，其去圣也远矣。"⑤

　　综合上文，可见明清儒家对"濂洛关闽"的道统建构主要围绕"人""书""学"三个方面：一是推崇"濂洛关闽之人"，即对濂洛关闽核心代表人物"周程张朱"的推崇；二是撰著"濂洛关闽之书"，以著述的方式，逐渐构建了"濂洛关闽"的脉络；三是致力于"濂洛关闽之学"，明清儒家学者自觉继承与发扬濂洛关闽之学，并引以为傲。

① ［清］李颙撰，陈俊民校编：《四书反身录》卷四十五，三秦出版社，2020年，第619页。
② ［清］钱仪吉纂，靳斯校点：《碑传集》卷十一《康熙朝宰辅上·经筵讲官太子太保东阁大学士兼吏部尚书熊文端公赐履年谱》，中华书局，1993年，第255页。
③ ［清］钱仪吉纂，靳斯校点：《碑传集》卷二十九《乾隆朝部院大臣上之上·光禄大夫经筵讲官吏部尚书谥文肃王公安国墓志铭》，中华书局，1993年，第958页。
④ 祝尚书编：《宋集序跋汇编》卷三五《嘉靖本慈湖先生遗书序》，中华书局，2010年，第1682—1683页。
⑤ ［清］胡煦著，程林点校：《周易函书》卷八《学习》，中华书局，2008年，第985页。

第三节　对《濂洛关闽书》的评价

一、重于程朱，轻于周张

从《濂洛关闽书》卷数、篇幅看，周子一卷、张子一卷、程子十卷、朱子七卷，程朱篇幅远大于周张。周子遗留文字本字数不多，《太极图说》249 字，《通书》2832 字，其他文字加起来不过六千余字。张伯行在集解著作时，对于周子，仅节选了《太极图说》与《通书》，且《通书》亦仅选大半。而对于朱子，张伯行曾自言："第余往岁辑《濂洛关闽书集解》，其于朱子《文集》、《语类》诸书略勤撷拾，不无散见于诸先正各集中者。"① 为此，《四库全书总目提要》质疑曰："至周子《通书》言言精粹，朱子尚为全注，伯行乃铲除其大半，何耶？"② 由此可见，张伯行编撰《濂洛关闽》一书的偏向。

从序言看，对于周子，张伯行认为："濂溪周子生于圣道不传千五百年之后……使前圣授受之源流，迄于今不坠。"周子之功在于继孔孟之后，传承圣道。对于程子，张伯行道："自吾道南而越四传，益盛于朱子，为得统之宗。则是厚积其源而沛乎其流者，二程子之功于是为大。"在道统的传播方面，张伯行认为二程功劳最大。"二程倡道伊洛，张子倡学关中，同时异地"，而对于同时期的张子，张伯行把他比勘子思之后，曰："张子乐有子思子为之启牖于前，乌知子思子不乐有张子为之辅翼于后也？噫！子思子奋乎百世之上，张子兴起乎百世之下。"对于朱子，张伯行道："夫朱子之表章圣学，羽翼斯道，合周程张子而集其大成，其在经书传注，制举家当无不习而识之……益信勉斋黄氏之言，而知朱子之功直上跻孟子之列也云尔。"黄勉斋认为"朱子之功不在

---

① ［清］张伯行辑，张文校点：《续近思录·序》，华东师范大学出版社，2015 年，第 2 页。
② ［清］永瑢等撰：《四库全书总目提要》卷九十七《濂洛关闽书提要》，中华书局，1965 年，第 828 页。

孟子下"，张伯行亦认可，朱子为周程张之集大成者，功劳可堪比孟子。周子之功在于继孔孟之后，非可与孟子相匹敌。

由此可以总结，张伯行"重程朱，轻周张"，程子在道统传播方面功劳最大，朱子是集大成者，可堪比孟子。而周子是孔孟之道的传承者罢了，张子也只能比附子思子。可以说张伯行《濂洛关闽书》尊奉廉洛关闽为正学，但尤尊程朱一脉。

二、始于集解，终于大成

《濂洛关闽书》亦称《濂洛关闽书集解》，该书集解旨在方便后世学者，同时，又富有其特色。一是集濂洛关闽之大成。首次以专著的形式，集结了濂、洛、关、闽四大学派代表性著述，这既是对以往濂洛关闽的继承，又是最后的集大成者，使得宋代以来逐渐广播流行的濂洛关闽学说，有了集中的具象化的表达形式，即集结成了《濂洛关闽书》一书。二是集诸儒之大成。《濂洛关闽书》的集解非张伯行一家之言，而是博采诸儒。朱子是合周程张子而集其大成者，因此对于濂洛关三家，张伯行主要在朱子的基础上，博采众家，集诸儒之大成。对于朱子部分，张伯行则选择其重要的部分，编为七篇，加以详细注释诠解；在集解时，又尤其特色，无论大注小注，释义还是解句，皆顺文直解，融会贯通。以周敦颐《太极图说》为例，张伯行先解标题"太极图说"，其次，疏解原文，一句一解；同时，将字词的注解，化入行文，如释"太"、"太极"等，行文流畅。

三、为学相续，体用贯通

周程张朱上承孔孟之道，阐发四书五经，巨细无遗。故宋代以降学者为学，必先追溯濂洛关闽，学习先儒濂洛关闽之说，才能求得先圣之指归。濂洛关闽之学内容博杂，不易深入。为此，张伯行编著《濂洛关闽书》，节选精要，相加诠解，可视为理学入门之书。张伯行身体力行，苦心孤诣，始终是站在为学者的角度思考。一是为学相续。张伯行始终站在赓续学脉、正脉的角度，特意向康熙皇帝进《濂洛关闽书》表，申请官方钦定颁行，他认为只有钦定颁行，才能日久不废。二是体用贯通。在《濂洛关闽》的序言与正文中，张伯行多次提及"开卷豁然，读者易晓""便于后学之诵习""庶便学者诵习焉"，并认"先儒书具在，学者心验而身体之""学者由是而用心焉，亦庶乎不差于所往矣"。张伯行既强调"体"，用心体会，用身体验，又强调"用"，编著《濂洛关闽》便是为学者实用，而后学以致用。这对当时的学风有一定深刻影响，可以说开启了清初儒学"体用贯通"的新思潮。

第七章　以《近思录》为中心的研究

"博学而笃志，切问而近思，仁在其中矣。"(《论语·子张》）从切己之事来探究学问，推及至理学的"广大闳博"，这是朱熹与吕祖谦编纂《近思录》的初衷。淳熙二年（1175），吕祖谦访朱熹于寒泉精舍，切磋问辨，"相与读周子、程子、张子之书"，因四子思想"广大闳博，若无津涯"，把周敦颐《太极图说》与二程、张载等思想融为一体成《近思录》十四卷 622 条，便于"初学者"拾阶而上，"盖凡学者所以求端用力，处己治人，与夫辨异端、观圣贤之大略，皆粗见其梗概"。但是，在这一编辑整理过程中，如何理解"近思"？近年学界已经关注到"四书"与"四子"的说法，但我们仍然有一些相关的疑问：朱熹为什么既说"《近思录》好看"，又说"《近思录》难看"？他们的渊源体现在何处？朱吕二人对"道体"的讨论是否是兼有同异？其中的思想体系究竟体现出怎样的创新？在这一创新中，周敦颐的思想有着怎样的阐释张力？这都是值得讨论的问题。

一、《近思录》"道体"中的两种不同记述

朱熹与吕祖谦围绕道体的讨论是理学发展中的重要问题，在这一过程中，"道体"逐渐被揭开、积累和推进。特别值得指出，《近思录》作为北宋四子思想集成的经典范本，成书未久，很快就风行一时，朱子在《答黄仁卿》中曾说道："看《春秋》外，更诵《论》《孟》及看《近思录》等书，以助其趣乃佳。"[1] 朱子将《近思录》注入到《春秋》《论孟》的体系之中，作为儒学的基本经典。他又向弟子陈淳说："《近思录》好看。四子，六经之阶梯；《近思录》，四子之阶梯。"[2] 儒家经典之间有着为学秩序的阶梯关系，学者如果要了解儒家的"六经"，就需要通过四子思想的诠释；而要理解北宋四子之道，则必须通过《近思录》。因此，"《近思录》好看"，这是初学者走进理学的"门径"，也是周张二程与孔曾思孟、尧舜文武的弥合。

饶有意味，朱子在《答吕伯恭第四十一书》中，同时又提出《近思录》"难看"："《近思录》首卷难看。某所以与伯恭商量，教他做数语以载于后，正谓此也。若只读此，则道理孤单，如顿兵坚城之下，却不如语、孟，只是平铺说去，可以游心。"[3] 这似乎与朱子推崇《近思录》"好看"正相矛盾。又根据陈来考证，此书作于乙未八月，当时《近思录》业已成书，意在征求吕祖谦意见。那么，为什么会有两种截然不同的看法？《近思录》究竟是"好看"还是"难看"？这是辑录者的错误还是理解偏差还是背后有着怎样动因？

稍加考察就会发现，《近思录》的"难看"正在于"太极及明道论性之类"上。淳熙三年四月吕祖谦在所作序中曾提出商榷："《近思录》既成，或疑首卷阴阳变化性命之说，大抵非始学者之事。祖谦窃尝与闻次缉之意：后出晚进，

---

[1] ［宋］朱熹：《答黄仁卿》，《晦庵先生朱文公文集》卷四十六书，《四部丛刊》景上海涵芬楼藏明刊本。

[2] ［清］王懋竑：《朱子年谱》卷二，四库全书本。

[3] 同上。

于义理之本原虽未容骤语，苟茫然不识其梗概，则亦何所底止？列之篇端，特使之知其名义，有所向望而已。"① 按照吕祖谦的解释，《近思录》的次辑之意主要有二。一是学习"义理之本原"应该是一个自然而然的结果，因此《近思录》的篇端应该是统领思想的发展，使后学"知其名义，有所向望"。二是站在初学者难以理解的立场，"阴阳变化性命之说"义理高深，不便于后学的理解。从"太极及明道论性"的文本看，这属于《近思录》卷首的核心内容，也是"道体"的开篇。但无论是"太极及明道论性之类"还是"阴阳变化性命之说"，视角都聚焦在《太极图说》的理解上。吕祖谦在《序》中非常清楚的表明了自己的担忧："若乃厌卑近而骛高远，躐等陵节，流于空虚，迄无所依据，则岂所谓'近思'者耶？"② "近思"就是思考所能接近之事，按何晏《集解》的解释，"'近思'者，近思己所能及之事"，"厌卑近而骛高远"将义理高深的"道体"置于卷首岂不成了"远思"？这显然是从文本理解的角度考虑读者的接受能力，担心学者缺乏根底而易于走偏。

如何弥合"太极""阴阳变化性命之说"的问题成为了摆在朱吕编辑过程中的一道难题。朱熹自己也意识到《太极图说》的难于理解的问题，淳熙三年（1176）在《答吕伯恭》说："《近思录》数段已补入逐篇之末，今以上呈。恐有未安，却望见教。"但是很快，在吕祖谦《答或人第十书》中曾给出了一个另辟蹊径的回答："《近思录》本为学者不能遍观诸先生之书，故掇其要切者，使有入道之渐。若已看得浃洽通晓，自当推类旁通，以致其博。若看得未熟，只此数卷之书尚不能晓会，何暇尽求头边所载之书而悉观之乎？"③ 因此，

① ［宋］朱熹著，朱杰人，严佐之，刘永翔主编：《朱子全书》第13册，上海古籍出版社、安徽教育出版社，2002年，第165页。
② 同上。
③ ［宋］朱熹：《答或人》，《晦庵先生朱文公文集》卷第四十六，《四部丛刊》景上海涵芬楼藏明刊本。

在《书近思录后》中明确提出"诚得此而玩心焉，亦足以得其门而入矣"。以"道体"作为义理思想的本原，虽然对于初读者而言是难以理解的，但却是统摄四子思想的基底。如果说，没有这样一个形而上的根基，如何系统化的展现理学的内在逻辑结构？又怎样从根本上建立一个"近思"的思想体系？不难理解，围绕"道体"的确认在朱熹与吕祖谦之间存在着微妙的张力，这种争论的背后，潜藏着理学建构与儒学阶梯的理解差异。对于这个问题，朱子晚年时又反复提醒门人后学，"《近思录》近令抄作册子，亦自可观。但向时嫌其太高，去却数段（如太极及明道论性之类者），今看得似不可无"①。《太极图说》是构建形上体系的一个重要线索，显然是有意为之的，从朱熹的回答即可以看出这是对道体架构的回应。因为朱熹并没有否定因太极、阴阳五行、性命等话题义理深奥，在他看来《近思录》难读的表象背后，其实是理学建构的目的，因此，他将《太极图说》作为理学思想架构的核心预设，在《答廖子晦书》中又明确指出："周子吃紧为人，特著太极之书，以明道体之极致。""看《近思录》，若于第一卷未晓得，且从第二、第三卷看起。久久后，看第一卷，则渐晓得。"（《朱子语类》）其中"从第二、第三卷看起"的观点，代表了朱熹思想的成熟看法，其"好看"与"难看"的问题就这样得到了解决。在《答严时亨》也有类似的总结："《近思录》一书，皆是删取诸先生精要之语，以示后学入德之门户，而首卷又是示人以道体所在，编入此段，必不是闲慢处。"②尽管朱熹的诠释并不必然优于吕祖谦，但却与吕祖谦各自代表了一种诠释的路向。《太极图说》作为《近思录》首卷，重要的原因是理学思想的建构，以及理学话语的传输问题。朱子门人黄榦也曾注意到这个"近思"与"远思"的问题，在《复李

① ［宋］朱熹：《答吕伯恭》，《晦庵先生朱文公文集》卷第三十三，《四部丛刊》景上海涵芬楼藏明刊本。

② ［宋］朱熹：《答严时亨》，《晦庵先生朱文公文集》卷第六十一，《四部丛刊》景上海涵芬楼藏明刊本。

公书》中对这一思想统绪有所提及："至于首卷，则尝见先生说其初本不欲立此一卷，后来觉得无头，只得存之。今近思反成远思也。以故二先生之序，皆寓此意。"黄榦的立场，似乎是站在首卷难以理解"反成远思"的一边。

换个角度看，按照王懋竑《朱子年谱考异》的说法："（乾道）九年癸巳夏四月，《太极图说解》《通书解》成……东莱书壬辰有改定《太极图说解》之云，则必不至于癸巳而后成矣。又按：己丑、己亥皆订正《太极通书》，不云有解也。丁未作《通书后记》：'戊申始出《太极》、《西铭》两解以示学者。'年谱以书解附焉。东莱与朱子书云：'《太极图解》近方得本玩味，浅陋不足窥见精蕴，多未晓处，已疏于别纸。'其书在戊子。又云：'《太极》所疑，重蒙一一镌诲。'"① 从事态发展的经过看，朱熹与吕祖谦二人对于《近思录》的"道体"都格外重视。但是，乾淳年间是朱熹对北宋诸子思想整理最为集中的时期，周子、二程等思想阐释完成以后，必然面临整体思想建构的问题，因此有意识地将《太极图说》作为"道体"的资源加以利用，这是儒学建构的目的。但此时吕祖谦却以"多未晓处""重蒙一一镌诲"求教于朱子，说明了围绕《太极图说》的讨论已是分歧重重。从时间上说，《太极图说解》成书于乾道九年（1173），比《近思录》早二年，因此将《太极图说》列于《近思录》卷首其实并非源于个人的别出心裁，完全是对周敦颐思想学说的建构目的。乾道九年完成《太极图说解义》时，给张栻的回信中曾说道"至程子而不言，则疑其未有能受之者尔"，二程没有将《太极图》出示学者，很大程度上出于恐无接受者。又说"读者诚能虚心一意，反复潜玩，而毋以先入之说乱焉，则庶几其有得乎周子之心，而无疑于纷纷之说矣"②，朱子不仅对《太极图说》难以理解有着深刻的认识，而且指出其义理"精密"，希望后学"虚心""反复"研读。在这个

---

① ［清］王懋竑：《朱子年谱考异》卷一，四库全书本。
② ［宋］周敦颐：《周敦颐集》，中华书局，1990年，第11页。

层面上说，朱熹将《太极图说》列入《近思录》卷首，实是朱子理学建构的应有之义。这也正是钱穆在《〈近思录〉随劄》中所说的，"朱子编辑《近思录》一书，凡分七篇十四目。首为'道体'，此两字亦有大讲究"①。这一"讲究"既上达于太极天理，又下学于日用常行。在这一过程中，朱吕二人的定位终究是有所不同，虽吕祖谦终究没有作出否定的回答，在这一冲突中似乎也接受了朱子的做法，但更实质的问题在于"后来讲学家力争门户，务黜众说而定一尊，遂没祖谦之名，但称'朱子近思录'，非其实也"，朱子对《近思录》的主导性建构意义，使得后世学者更愿意把《近思录》作为朱子的思想成果进行研读。

随着朱熹道统观的深入，朱吕二人编纂《近思录》本为"穷乡晚进，有志于学，诚得此而玩心焉，亦足以得其门而入矣"，但是成书之后却引起了极大的反响，正如葛兆光所概括的，"其实选本就好像是范本，也好像是标本，就好比教科书，一旦选进去，就等于承认了它的正宗性质，所以这就构成了一个真理的谱系"②。在这一"真理的谱系"中，《太极图说》成为思想建构的核心话题进入到理学体系之中，构成了宋代理学"道统"起源的内在资源。而相较于濂溪文集的传播情况，《太极图说》作为《近思录》集成形态的开篇，这是周敦颐思想发展的一次重要变化，以这种变通的方式取代原来由附庸《通书》的单篇文献，可以说是极大地推动了周敦颐思想的传播。结合朱汉民对"道体"的相关解释来看，"《近思录》首卷的'道体'，其基本学术任务，就是将早期儒家看作是'应然'目标的仁义之道、忠恕之道、中庸之道，统统论证为源于必然法则的天道"③。朱熹借此"必然法则"核定思想文本的权威地位，大批儒生熟读理学，首先要读的便是《太极图说》，由此确立起统一文本形态的

---

① 钱穆：《宋代理学三书随劄》，九州出版社，2019 年，第 191 页。

② 葛兆光：《思想史研究课堂讲录续编》，生活·读书·新知三联书店，2012 年，第 61 页。

③ 朱汉民：《〈近思录〉的道学体系与思想特色》，《北京大学学报（哲学社会科学版）》2022 年第 5 期。

阐释权力。

二、南宋"道体"思想的递相推进

《太极图说》作为考察"道体"渊源的标志，深入分析其中的思想范畴，不难发现，周敦颐用《太极图》来表示"天道"，作为一种"图语性"文本，并没有大幅的文字标示，只有无极太极、阴阳、五行、男女、万物五个圈，以及"太极图""乾道成男""坤道成女"的文字标识，因此，又作《说》联系起来阐释，用图像思维探索万物化生的路径。这一过程，可以说从内容到形式都丰富了儒学的传承方式与意义形态，这正是朱子道体建构的聚焦点。

特别是《太极图说》首句"无极而太极"给宇宙万物化生一个整体的解释，这是最具高度的枢纽话语。从思想话语来看，"无极而太极"中的"太极"，承接《易经》"易有太极，太极生两仪"阐发宇宙的本原的说法，将太极、阴阳系统地结合起来，作为天道性命治学的起点，以此阐发万事万物的终极道理。从周子原文主旨说，这些典籍讨论太极、阴阳等概念，既是承接《易经》《中庸》学术的根基，也确是传统儒学的核心部分。

如果"太极"是理解宇宙万物的根本，但为何又出现了"无极"一语？《太极图说》本身并没有具体的交代，朱熹对这一原创思维，明确指出，"上天之载，无声无臭"，这就是"无极"的特殊用法。无极就是一种无形无象的存在，是指一种无限性，"既是指空间上的不可穷尽，也是指时间上的没有终始"①。朱熹对此可谓倾注了极大的心力，对于"无极"并不是否定，而是如何避免有生于无而走向佛道思想。站在主体的角度来说，朱子并不是一开始就有这样的认识，在"延平本"《太极图通书后序》中特别提到"如《太极说》

---

① 朱汉民：《湘学通论》，高等教育出版社，2016 年，第 146 页。

云："无极而太极"，而下误多一生字"。① 从形式上看，虽然字面上只有细微的差别，但这种文本上的差异其实意味着义理上的不同，有感于佛老害道，朱子认为"故曰'无极而太极。'非太极之外，复有无极也"②。其中"而"就是"如"，直接否定了有生于无的表述。在一定程度上说，如果将"太极"解释为"造化之枢纽，品汇之根柢"，是化育阴阳、化生万物的起点，那么"无极"是宇宙尚未出现的寂然无为的状态。在朱熹的阐释中，显然包括了一个洞见，那就是无极与太极是一个等值的表述。无极就是太极，太极也就是无极，二者在语意上相互发明。因此，他直接点出"圣人谓之太极者，所以指夫天地万物之根也。周子因之而又谓之无极者，所以著夫无声无臭之妙也。然曰'无极而太极''太极本无极'，则非无极之后别生太极，而太极之上先有无极也"③。称"太极"是因为它作为宇宙的本原，称"无极"则是因为它无形无象，以此揭示无极与太极的内在关联，这是作为理解道体思想的关键。

周敦颐《太极图说》以天道性命之学为主题，通过"太极—阴阳—五行—万物"这样的"同构互感"范畴中实现形而上化，但是朱熹在这一形而上架构中，表面上是突出无极与太极的关系，但实质则暗含"无形有理""本末体用"等彼此贯穿理学发展关键的命题，特别在《朱子语类》中又指出："子在川上章下注云，与道为体。曰：'天地、日月、阴阳、寒暑，皆与道为体。'又问：此体字如何？曰：'是体质，道之本然之体不可见，观此则可见无体质体。如阴阳、五行，为太极之体。'又问：太极是体，二五是用？曰：'此是无体之体'。"④ 提出阴阳五行之用是"无体之体"，这是一个饶有意味的话题。经朱子

---

① ［宋］周敦颐：《元公周先生濂溪集》，岳麓书社，2006年，第75页。
② 同上书，第2页。
③ ［宋］朱熹著，郭齐、尹波点校：《答杨子直》，《朱熹集》，四川教育出版社，1996年，第2154页。
④ ［宋］周敦颐：《元公周先生濂溪集》，岳麓书社，2006年，第25页。

的阐释，促使《太极图说》的典范模式发生了转移，上升到形上的哲理思考。这种阐释，朱熹在《太极解义后论》也曾自述："愚既为此说，读者病其分裂已甚，辩诘纷然，苦于酬应之不给也，故总而论之。大抵难者或谓不当以继善成性分阴阳；或谓不当以太极阴阳分道器；或谓不当以仁义中正分体用；或谓不当言一物各具一太极。"其中"阴阳分道器""体用""一物各具一太极"是义理争论的核心要点，尽管这些质疑来自对朱熹诠释《太极图说》的义理结构，但在诸儒的争论之中对太极阴阳五行的展开逐渐成为理气心性的探讨，生发了层出不穷的续补注本，形成了各自不同的诠释道路。

朱学门人大力阐扬《近思录》，围绕其中的义理思想，陈埴著《近思杂问》，"无之极乃有之极，惟其无中有有，故少刻方生得这阴阳五行。若无许多有在里面，如何有许多发出来？以手闭太极，指无极言这个只是无。复以手闭无极，指太极言这个便是无极中有底。复以手闭无极、太极，指五行言这个便是无极、太极，其于男女太极，万物太极也。太极所谓'冲漠无朕'，此之谓也"（陈埴《近思杂问》）。其中申述了朱子对《太极图说》的思想理解，《朱子语类》中有"问冲漠无朕章。曰'此只是说无极而太极'"的语录，陈埴《杂问》中的问答可以说是对"无极太极"与朱子注解阐释的一种承继关系。

淳祐元年，周敦颐、二程等人从祀孔子庙庭，叶采、杨伯嵒等人在宋元时期围绕《近思录》展开了新的讨论，影响较大。杨伯嵒《泳斋近思录衍注》作为最早的注本，"伯嵒据晦翁曰：'上天之载，无声无臭'，而实造化之枢纽、品汇之根柢也。故曰'无极而太极'，非太极之外复有无极也"（杨伯嵒《泳斋近思录衍注》）。而对"主静"的解释，"[旧注]无欲故静。伯嵒据南轩先生《太极图解义》云：人而不能反其初，则人极不立，而去庶物无几矣"（杨伯嵒《泳斋近思录衍注》）。以当时影响较大的朱熹与张栻《太极图说解义》为基础，衍注自己的理解，由此朱张的诠释被当作《太极图说》接续的前提，形成了不同文本层次的积累。

与《泳斋近思录衍注》同时期的叶采《近思录集解》，是《近思录》传播中影响最大的一种。据其自称"朝删暮辑，逾三十年"辑成，并于淳祐十二年上表为"我宋之一经"。在《序》中特别提到"天相斯文，是生濂溪周子，抽关发朦，启千载无传之学"，高度肯定周敦颐的思想共享，对南宋以后理学的发展影响最大。叶采受学于蔡渊，为朱熹的再传弟子，以"无极而太极"为例，蔡渊在《太极图原说》中解释为"所谓无极而太极者，盖亦无体之易，而有致极之理"，既援引了朱子、黄榦等人将太极理解为"理"的说法，又将"无极而太极"阐释为"无体之易"，从体用关系进行阐发。叶采在蔡渊的基础上，参考了"升堂记闻及诸儒辩论"，对"无极而太极"的义理思想有较多发挥："故主太极而言，则太极在阴阳之先；主阴阳而言，则太极在阴阳之内。盖自阴阳未生而言，则所谓太极者必当先有；自阴阳既生而言，则所谓太极者即在乎阴阳之中也。谓阴阳之外别有太极常为阴阳主者，固为陷乎列子'不生''不化'之谬，而独执夫太极只在阴阳之中之说者，则又失其枢纽、根柢之所为，而大本有所不识矣。"（叶采《近思录集解》）叶采在对"无极而太极"进行解释时，从"主太极而为言"与"主阴阳而为言"两个方面作了区分，阴阳未生之前，太极已然存在；阴阳生发之后，太极则在阴阳之中。无论是在阴阳之外还是在阴阳之内，太极作为一个万物生生的主宰，因道理流行而应接事物。并且他以"愚按"的形式进一步解释，太极与阴阳的先后上存在一种矛盾，"节斋先生此条所论，最为明备，而或者于阴阳未生之说有疑焉。若以循环言之，则阴前是阳，阳前又是阴，似不可以未生言"（叶采《近思录集解》）。他指出蔡渊从太极和阴阳两个角度分别展开，所论最为完备。另一方面"阴阳未生之说"不无可议之处，他并未完全照搬蔡节斋的说法。太极应是"具于阴阳之先而流行阴阳之内"，从中演绎出太极阴阳分先后，尽管如此阴阳动静始终离不开"太极"这个圆心的存在，但不能说太极在阴阳未生之前就不存在。从思想内涵上说，太极具有阴阳动静之理是朱子提出的命题，叶采从太极阴阳动静发展到未生已生之说，这是对《太极图说》诠释递相推进的发挥。但就主题来说，朱子对于太极、阴阳的理解固然可以概括为"体用一源"，与蔡节斋"阴阳未生"自是不同，但叶采的"未生""已生"之说是否类似于蔡节斋而与朱子《太极图说解义》有所差异？在这不同的出发点中，构成了宗朱学者对叶解批评的主要原因。

儒家学者对《近思录》的关注，推动了理学思想的传播，而《太极图说》由此成为儒学发展的经典依据。以朱子《太极图说解义》的线索逐次展开，"太极"的命题在《近思录》中从多个层面得到推进。朱学门人蔡模续编《近思续录》《近思别录》，延续对程朱理学的推崇，引证《朱子文集》中"'动静无端，阴阳无始'，天道也。始于阳，成于阴，本于静，流于动，人道也"（蔡模《近思续录》）进行阐释，表面看来庞杂浩繁，实则脉络条贯旁通，围绕周敦颐、二程、朱熹等传承线索逐次展开，不仅有"无极太极之妙"的理解，还推导出程颐《程氏经说》中"动静无端，阴阳无始"的运行不止的说法，这为知识脉络溯源提供了重要线索，也是《近思录》接续发展的一个起点。从逻辑上看，尽管这些阐释对太极阴阳有比较细碎的论证，但大体都是沿着《太极图说解义》的思想理路展开。随后，熊节编《新编音点性理群书句解》收录蔡模《近思续录》十四卷，"建安后学"熊刚大注对内容逐句注解，卷前作有题记："周张二程之格言，文公已分门类编集。今觉轩先生复取文公之格言，依其门类编作《近思续集》，理学之书尽在是矣。"注文提升了对《近思录》的理解，例如，"其高极乎无极太极之妙"熊氏注解为"极具高妙，惟无定极之中，有至定极之理。""而其实不离乎日用之间"注解为"探其幽赜，论其阴阳之变，合五行之顺布。"熊刚大本虽然没有单行刊刻，但从朱子《近思录》到蔡模《近思续录》再到"句解"，固然给"近思"注入了新的阶梯。相映成趣，《近思别录》中搜罗张栻与吕祖谦的语录，"东莱先生曰'易有太极，是生两仪'，非谓既生之后无太极也，卦卦皆有太极；非特卦卦，事事物物皆有太极。乾元者，乾之太极也；坤元者，坤之太极也。一言一动，莫不有之。"无论是张栻还是吕祖谦，这些讨论都围绕《太极图说》展开，不断推动着濂溪理学的向前迈进。

三、"道体"在明清传播中的多重转译

朱子将《太极图说》置于《近思录》卷首并作有《太极图说解》，这是《太极图说》传播接受中最为重要的一次变化。后世学者正是在朱子整理、诠释的基础之上理解《太极图说》，在这种"接力棒"式的过程中，《太极图说》作为思想资源成为促使理学格局形成发展的动力，从文献内涵的大概，可析分为四类：

（一）集注集释

"太极"与传统儒学的关系，乾隆元年茅星来按照考据学家整理文献的传统阐发《太极图说》，代表儒学传承的另一种思路，影响最大。基于《太极图说》中"太极—阴阳—五行—万物"的演化图示，"《易》所言太极，在两仪、四象、八卦之先。此所谓太极，即在阴阳、五行、天地、万物之中。彼处有次第，此处无次第也。盖彼处在圣人画卦上说，须是以渐生出，故有次第；此则直就阴阳五行天地万物自然之理言之，故无次第也"（茅星来《近思录集注》）。他不仅仅是着眼于道体系统来讨论《太极图说》，而且由《周易》而契入《太极图说》阐释的追溯，一面确立周敦颐在道学史上的独特地位，一面承接元儒吴澄等人的观点，建立起儒学贯通的脉络："吴草庐曰：太极无动静，动静者气机也。气机一动则太极亦动，气机一静则太极亦静。故朱子释云：'太极之有动静，是天命之流行也。'此是为周子分解太极不当言动静，以天命之有流行，故只得以

动静言也。"（茅星来《近思录集注》）吴澄以"气机"反证朱子"天命之流行"，指出动静的原因在于"气机"，从接续与衍变两个方面阐释《太极图说》的承接关系。与茅星来同时期，黄叔璥编《近思录集朱》，在《序》中提道："诠释《近思录》所载者什之七八，有非系正条，以类而推，而其实理相通者又什之二三。"以朱子注释为"原注"，集朱语录"补以儒先成语"，揭示了《二程遗书》、朱子汇次之间《太极图说》的话语关联。这类做法与江永《近思录集注》的"采朱子之言"有着相似之处，因《近思录》辞微义奥，后学多有未晓，因此集《四书集注》《朱子语类》等书，取其义之相类者附于下，以赓续学脉的方式弥补《近思录》缺少朱子话语的遗憾。《近思录》虽然说编纂目的是便于观览，但在这一过程中，将《太极图说》作为理学发展中的特殊标识，"历代朱子学者接连不断编纂出面目各异的《近思录》'集朱续录'，正是他们对朱子理学思想的认知差异和诠释演化的一个绝佳缩影"[1]。不断凸显在话语接续的意义，清儒汪绂《读近思录》对《太极图说》作为性命之学的开端有着高度的认同，"《近思录》分十四卷，而以道体开其端，道体篇五十一条，而以《太极图说》冠其首。此如子思子作《中庸》，而首言'天命之谓性'"（汪绂《读近思录》）。他将《太极图说》与《中庸》"天命之谓性"相比拟，并以"融贯经义"的方式阐发对"道体"的理解："孔子言'易有太极'，言交易、变易者，有至极之理存焉也。周子言'无极而太极'，言冲漠无朕之中而实有太极之理也；又言'太极本无极'，言此至极之理，本无朕兆之可窥、声臭之可得也。"（汪绂《读近思录》）从孔子到周敦颐到朱子阐释"太极"中的"至极之理"，由这个"理"推导出"以在天言之，'万物资始'，可不谓极乎？'无声无臭'，可不谓无乎？以在人言之，'喜怒哀乐之未发'，可不谓无乎？未发之中，'天下之大本'也，可

---

① 严佐之：《〈近思〉后续著述及其思想学术史意义》，《文史哲》2014 年第 1 期。

不谓极乎？君子近取诸身，夫亦大可见矣"（汪绂《读近思录》）。由天道推导出"性命之微"，反映佛道盛行的背景下回归儒学的融贯理解。

（二）续编补注

着眼于对义理的阐发，张习孔《近思录传》有着自己特别的问题意识。例如对"太极动而生阳，静而生阴"提出了详细的阐释，"此是周子立言，不能一齐并说出，故先说个动而生阳，阳极而静，静而生阴。其实一时俱有，不分后先，要看'互为其根'一语，非是待阳动极了然后生静。盖太极有动静，便有盈虚消长之理"。他指出太极的动静不是"不分后先"，其中包含着"盈虚消长之理"，有着自己对《太极图说》关涉问题的理解。刘源渌《近思续录》中对《太极图说》有过总结："朱夫子《太极说》一章，凡五节。曰：动静无端，阴阳无始，天道也。始于阳，成于阴，本于静，流于动者，人道也。然阳复本于阴，静复根于动，其动静亦无端，其阴阳亦无始，则人盖未始离乎天，而天亦未始离乎人也。"结合"动静无端，阴阳无始"的命题阐明天道与人道不相离，融合《太极图说》与阴阳动静的思想旨趣更为明显。因此，续编的意义正在于接续朱子以来理学的解读。

在西学冲击的大背景下，晚清文人以经典注疏增加了守旧心理，但同时也不时从传统中谋求西学性质趋向的理论依据，以便抗衡理学的僵化与时文的空疏。有关《太极图说》问题的阐释上，陈沆《近思录补注》可谓别具只眼。"魏默深曰：'无极而太极'一语，自象山与朱子三书辨难，疑乎太极之不沦于无也。及罗整庵理不载气先之辨，亦以周子此语为首疑，盖疑乎太极之不滞于有也。千载聚讼，即主周子、朱子之说者，亦不过'无形有理'之言与夫'不离乎气''不杂乎气'之二语，然终疑其赘。"从朱熹与陆九渊的辩论，到罗钦顺抵制阳明学说的辩论中修正朱子"理先气后"论，反对理的主宰说，提出实体是气，理只是这一实体的固有属性的说法，因此，围绕"理""气"的讨论，其实是《太极图说》关键的问题。陈沆采用魏源的说法，"说者不就卦画言，而第悬空说理"，希望回归到《太极图》上来，"故吾从而以圆者图之耳，自首节至第六节，皆指图中圈线而言。则无不一望了然，直捷简易，不独可释象山太极前有无极之疑，亦可解罗整庵乌生气之惑矣"（陈沆《近思录补注》）。追根溯源，以《太极图》来阐释理气问题，以"未有阴阳之前，先有一混沦之物以生天生地"的观点批判"整庵谓'理者只是气之条理自然不可易者而已，气外无理，阴阳之外无太极'"（陈沆《近思录补注》）的说法。魏源是"睁眼看世界"的第一人，将"说"与"图"相互配合论证理气向后的问题，以此否定罗钦顺提出的"气外无理""阴阳之外无太极"的观点，具有一定的时代意义。于此，陈沆在按语中说道："默深此说似浅近而实简易，较诸家争先后争有无、悬空揣测于无形无影之地者，有支离、切实之分矣。"（陈沆《近思录补注》）而陈沆以问题意识递相发展朱熹、罗钦顺、魏源的学说，这正是支撑《太极图说》深化的基础。

与魏源对《太极图》的理解相似，另一位湖湘学者郭嵩焘著《近思录注》也不乏此内容。《近思录注》作为读书劄记，主张以湖湘理学经世致用为务，从体用关系中进一步引申出讨论的问题：朱子的阐释是否与周敦颐《太极图说》有异？例如对"君子修之吉，小人悖之凶"的阐释，直接指出"修之则为君子，悖之则为小人。疑朱子以圣人、君子分等差，非周子立言之旨"。以"修"与"悖"的阐释理解朱子"圣人、君子分等差"，实际上是对朱子诠释的异议，体现出湖湘学人护卫周子理学的时代趋向。

（三）仿编别录

"太极"之说出自天道本体，不少学者将"性""乾元"等学说联系起来用以说明"道体"。以朱子思想接续四子，汪佑《五子近思录》"取《节要》合编制，犁然五子，如五行之不可缺一矣。更取《学的》与《节要》合订焉，由五子而阶梯四子、六经，由群儒大成而阐释群圣大成，所称科级毕具"。在《近思录》中将"朱子精微之言吻合于四先生者，增入各卷篇末"，以"道体"篇为例，其中"原五十一条补三十一条"，集朱子之大成。"晦庵先生曰：太极只是一个理字。""阴阳只是一气，阳消处便是阴，不是阳退了又别有个阴生。"虽然汪佑等人并没有直接以《太极图说》为开端，但以"《学的》与《节要》"中的言论解读"太极""阴阳"等话题，这个问题的讨论显然与"道体"相关，在这一思路中，以朱子补辑北宋四子之"阶梯"，潜移默化地形成了接续发展的线索。针对汪佑《五子近思录》而来，施璜作《五子近思录发明》指出："迨读北平孙氏《学约续编》，亦谓薛、胡、罗、高四先生，羽翼周、程、张、朱五先生者也。于是汇萃其精要者，以附于各卷之末，盖即以四先生之言发明五先生之旨，而意益亲切，语更详备焉。"汇集薛瑄、胡居仁、罗钦顺、高攀龙四先生之言注解"五子"。在这一渊源脉络中，施璜特别表彰将《太极图说》置于卷首的做法："首卷便掇取《太极图说》冠于篇端，何哉？盖朱子教人从事圣贤之学，而圣贤之所以为圣贤者，不过穷理尽性，以至于命而已。"这种表述，突出《太极图说》贯通性命之学的价值，以周敦颐作为"四先生"的源头："故首列《太极图说》于篇端，使人粗知天理之根源，略明人物之始终，以正其趋向，而定其阶梯，不至于错走路头也。"按照这种说法，薛瑄等人思想也进入到"五子"传统而成为内在的构成。特别是，在第一条语录的卷尾，又附录《附太极图并解》并作有说明："此周子画图立说，揭出太极全体以示人，君子当修中正仁义，以求体夫在我之太极也。"从《太极图说》返归《太极图》以及朱熹的《解》，这是渊源式的追踪，关注的焦点在于以"四先生"的研究话题，贯穿起理学道统传承的基础。

　　沿袭朱子将"太极"作为形上哲学的归宿，儒家士人以朱子《太极图说解》为基础扩充演化。蔡模《近思续录》《近思别录》并没有在《近思录》原本中寻章摘句，而是接续朱子的说法，进一步延伸；明代江起鹏作《近思录补》十四卷，在"道体类"中收录七条"太极"语录，包括朱晦庵、张南轩、薛敬轩、胡敬斋等人，"（薛瑄）太极图，一言以蔽之，曰'理气'而已"，"周子之'太极'，即《中庸》之'诚'"。以时代关注为切入，成为《近思录》层累的接受史。以此思路，清儒张伯行以推阐程朱理学为己任，荟萃张栻等理学家语录为《续近思录》《广近思录》，延续《近思》阶梯之说的做法，从道统建构的视角进行建构，"这道体浩浩无穷"。"道体浑然，无所不具。而浑然无不具之中，精粗本末，宾主内外，有不可以毫发差者。故虽文理密察，缕析毫分，而初不害其本体之浑然也。"（张伯行《续近思录》）以朱子"道体"的理解为总述，仅仅是儒学本体的一种复述，并没有甩开"太极"作为形而上天道性命之学的本质。又如，《广近思录》首条辑录"张南轩曰：太极，所以形性之妙也。性不能不动，太极所以明动静之蕴也。极乃枢极之义，圣人于易特名'太极'二字，盖示人以根柢，其义微矣"（张伯行《广近思录》）。用张栻的"性"说转述对"道体"的理解，从多个方面肯定太极作为道体思想的表达。

　　从《太极图说》到朱子的诠释，濂溪理学经历了一个积累的过程，周敦颐思想因此得以发扬光大，各种不同形态的集注、续补促进了《近思录》学术文化的深广进展，但无论是对《近思录》话题的接续，还是对理气心性话题的讨论，在本质上都是"无极太极""理气心性"的累积与延展，使得《太极图说》隐含的多重义理思想得到释放，在传播中不断衍生，在衍生中持续丰富，实现了《太极图说》作为儒学经典的理论建构。

第八章　以《性理大全》为中心的研究

性理之学，由来远矣。《尚书·虞书·大禹谟》"人心惟危，道心惟微；惟精惟一，允执厥中"一节，古称"虞廷十六字""十六字心传"。"道心"犹言"道之性"，"人心"犹言"人之性"。由"道心"与"人心"二者间的张力所建立的这一对哲学范畴，充满理性韵味，堪称永恒话题，为孔孟所宗，为程朱所宗，亦为陆王所宗，实为中国哲学与中国儒学的标志性起点所在。

哲学绝非人类本身的学问。人类的精神也绝非人类肉体的逸出品。必须研究天道天理与人心人性的关系，相对地在史学、文学、伦理学之外讨论抽象的本质问题，方可称之为哲学。由此而言，只有传统所说的"性理之学"，可以当得起中国哲学的核心内涵和发展主线。

宋儒突出"天道""天理"，元代科举考试以《四书》为主，明代汇编《五经大全》《四书大全》《性理大全》，而清初编纂《性理精义》，科举考试以《太极图说》《通书》《西铭》《正蒙》为主。科举考试的层面也就是社会教育的层面，性理之学由此成为社会教育的基本内容。以"性理"为取向，而非以"物质""欲望""市场""财富"为取向，是人类文明史的巨大进步。

第一节　"性理"的渊源

一、"性理"语词的缘起

中国古代的"性理之学"，指宋明理学或宋代新儒学。"'性与天道'是理学讨论的中心内容"[①]，"性指人性，但是理学家也讲物性。天道即天理"[②]，"在思想史上是继承先秦子学、两汉经学、魏晋玄学、隋唐佛学之后的又一新的发展阶段"[③]。随着经学笺注的没落和佛道思想，宋明理学也产生。

"性理"的含义，古已有之。如《书经·汤诰》："惟皇上帝，降衷于下民。若有恒性，克绥厥猷惟后。"伟大的上帝降下了"衷"给百姓，顺从人的常性，能够安定他们性情的人就是君主。《易经·乾卦》："大哉乾元，万物资始，乃统天。""乾道变化，各正性命，保合太和，乃利贞。"《易经·说卦传》"穷理尽性，以至于命"，也是谈性与天道。而《论语》子贡所说的"夫子之文章，可得而闻也；夫子之言性与天道，不可得而闻也"，更是直接说出了孔子"性与天道"的难得，以及对他老师能懂玄妙深奥道理的赞叹。顾炎武的《与友人论学书》中也谈道："命与仁，夫子之所罕言也；性与天道，子贡之所未得闻也。"[④]

《孟子·尽心上》："尽其心者，知其性也，知其性则知天矣。"尽心是知性知天的前提，与《说卦传》同样讨论了相似的路径。《礼记·中庸》更是如此，提出了："天命之谓性，率性之谓道，修道之为教。"提出的性、道、教三个问题，正与"性与天道"的理学中心内容相契合。特别是通过统计可以得出，在《大学》《中庸》《论语》《孟子》这四部书中，"理"字出现了 90 多处，"性"字

---

① 侯外庐等主编：《宋明理学史（上）》，人民出版社，1997 年，第 2 页。
② 同上书，第 9 页。
③ 同上书，第 2 页。
④ ［清］顾炎武著：《亭林文集》卷三，清康熙刻本。

出现了 50 多处。① 可见儒家学者对于"性""理"二词的关注度。

老庄道家先贤和其他诸子，也有对"性"或者"理"的描述：

> 静则全物之真，躁则犯物之性。(《老子注·四十五章》)
>
> 万物殊理，道不私，故无名。无名故无为，无为而无不为。(《庄子·则阳篇》)
>
> 有人之形，无人之情。有人之形，故群于人；无人之情，故是非不得于身。(《庄子·德充符》)
>
> 万物各异理，而道尽稽万物之理。凡理者，方圆、短长、粗靡、坚脆之分也。故理定而后物可得道也。(《韩非子·解老》)
>
> 生性也，死命也。(《吕览·知分》)
>
> 凡人物者阴阳之化也，阴阳者造乎天而成者也。天固有衰废伏，有盛盈盆息；人亦有困穷屈匮，有充实达遂。此皆天之容物理也，而不得不然之数也。古圣人不以感私伤神，愈然而以待耳。(《吕览·知分》)

而后的学者也有不少关于"性理"的讨论。郑玄注《礼记·乐记》时说："理，犹性也。"不过，他没有从理论的层面去证明这一观点。三国刘劭的《人物志》讨论了万物之理："若夫天地气化，盈气损益，道之理也。法制正事，事之理也。礼教宜适，义之理也。人情枢机，情之理也。""盖人物之本，出乎情性。情性之理，甚微而玄；非圣人之察，其孰能究之哉？"他把人物的本体定义为"性情"，人物的言行则是"性情"的理。王弼的"性其情"观点中，"性"也是人的依据，王弼在《周易略例·明象》中提出："物无妄然，必由其

---

① 吴丹梅：《北溪字义的理学思想研究》，湖南大学硕士论文，2016 年。

理。""理"是对万事万物规律进行的一个总结。郭象的"自生""独化"观中提到性是万物依循的根据，"任其天性而动，则人理亦自全矣"，本性是天理的内在表现。

若要儒家脉络去探寻性理，前人也有不少讨论，如薛瑄《性理诸书发明》、吴澄《答人问性理》等。

薛瑄，字德温，号敬轩，谥文清，山西河津人。生于洪武年间，幼时跟随父亲学习研读经书。之后虽然宦海浮沉，依旧研读不断，笔耕不辍。他记录并结集读书心得而成《读书录》《读书续录》二书。据朱冶考证，《读书录》一书，便是其阅读《性理大全》而成的读书心得。① 《读书录》中《性理诸书发明》便详细讨论了"性理"及性理书的发展。《读书录》的首句便是周敦颐《太极图说》中的"圣人定之以中正仁义而主静"，认为主静是天下之大本；次而又论周敦颐"诚无为，幾善恶"之说，并将《中庸》之文与其对照，辨明此儒家学说，而非佛教。文章最后驳斥程复心把周子《太极图》认为是"气"的老庄之说，可见其对周敦颐为儒家性理学开端的认可。并且他付诸书评，认为《易经》《书经》《诗经》《礼记》《春秋》都是圣贤对性理的发明，五经之后则是《大学》《论语》《孟子》《中庸》《程朱易传义》《诗传》《四书集注》《太极图说》《通书》《西铭》。通过书籍排序，可见其对性理学脉络的梳理。

吴澄，字幼清，晚字伯清，江西乐安人。南宋末年中乡试，宋灭后隐居家乡，潜心著述。吴澄的性理说会和朱陆，在《答人问性理》一文中，同样梳理了性理脉络和性理定义。他从孟子，荀、杨"性善""性恶"开始说"性"，由《易经》开始说理，二程、张载的性理之说，补充了前人的不足。并且他为性理学下了一个定义："所谓性理之学，既知得吾之性，皆是天地之理。"他认为

---

① 朱冶：《试析〈四书五经性理大全〉对名儒薛瑄〈读书录〉的影响》，《中华国学》2014年第1期。

可以由人的本性上达天地之理。

二、"性理学"的产生

性理之名自古有之，性理学则是起源于宋儒。陈来认为"性理之学"的本质是"心性论"。牟宗三也认为"性理之学"即"心性之学"。他将"理"分为"名理""物理""玄理""空理""性理""事理"六类，并提出"盖宋明儒讲学之中点与重点唯是落在道德本心与道德创造之性能上"，也叫作"内圣之学"，"自觉的进行道德实现以发展其德性人格之谓也"①。在《性理的确定意义》一文中，他用更容易理解的语言把"性理"概括为理学家对时代社会的真切感触，把个体生命看为德性生命，通过道德实践逐步净化。②同样把"理"分为六类的是牟宗三的好友唐君毅，他分"理"为"文理""名理""空理""性理""事理""物理"。他认为宋明理学的理，是言性理并从性理通向天理："真正的天理，当由心性之理通上去，而后发现之贯通内外之人我及心理之理。"③

若论性理学的开端，周敦颐是无可争议的开山祖师。《宋元学案》有云：

> 孔孟而后，汉儒止有传经之学。性道微言之绝久矣。元公崛起，二程嗣之，又复横渠诸大儒辈出，圣学大昌。故安定、徂徕卓乎有儒者之矩范，然仅可谓有开之必先。若论阐发心性义理之精微，端数元公之破暗也。④

此处的"心性义理"，便是"性理"。虽然《太极图说》与《通书》阐发了心性义理之精微，但总体还更偏宇宙论。更为向内探究，将形而上之理赋于人

---

① 牟宗三著：《心体与性体（上）》，吉林出版集团有限责任公司，2013年，第7页。
② 牟宗三著：《宋明儒学的问题与发展》，华东师范大学出版社，2004年，第41页。
③ 唐君毅著：《中国哲学原论导论篇》，九州出版社，2021年，第41页。
④ ［清］黄宗羲原本、清全祖望修定：《宋元学案》，卷十一，道光道州何氏刊本。

之性，使二者结合的则是二程。程颐："性即理也，所谓理，性是也。天下之理，原其所自，未有不善。喜怒哀乐未发，何尝不善？发而中节，则无往而不善。"① 程颢："道即性也。若道外寻性，性外寻道，便不是。圣贤论天德，盖谓自家元是天然完全自足之物。"② 朱熹则是继承周、张、二程"性理"学说集大成者。他也对"性理"二者关系进行阐述："性即理也，在心唤作性，在事唤作理。"③ "性者，人物之所以禀受乎天也。然性命各有二，自其理而言之，则天以是理命乎人物谓之命，而人物受是理于天谓之性。"④ 也就是说，性即是理，性来源于理。朱子的说法直接影响了性理书之名的产生。

三、"性理书名"的形成和"性理书"的发展与范围

关于性理书名的产生，清康熙《御纂性理精义》上有这么一段话："初，朱子门人陈淳撰《性理字义》，熊刚大又撰《性理群书》，性理之名由是而起。"⑤ 其实除了《性理字义》《性理群书》两本书外，还有王孝友《性理彝训》、程端蒙《性理字训》等性理为名的书籍，而这些作者几乎都是朱子门人或者朱子后学。

《性理字义》共四卷，分为上下卷和附录，是陈淳学生把他晚年讲学内容整理而成的，是阐述朱子理学思想的重要著作。该书把性理学相关命题分为命、性、心、情、才、志、意、仁义礼智信、忠信、忠恕、一贯、诚、敬、恭敬、道、理、德、太极、皇极、中和、中庸、礼乐、经权、义利、鬼神、佛老共二十六门。《性理字义》一书是了解朱子理学思想的重要书籍，对韩日的性

---

① ［宋］二程撰、［宋］朱熹编：《二程遗书》，卷二十二上，四库全书本。
② ［宋］二程撰、［宋］朱熹编：《二程遗书》，卷一，四库全书本。
③ ［宋］黎靖德辑：《朱子语类》，卷五，明成化九年陈炜刻本。
④ ［清］李光地辑：《朱子大全》，卷四十二，清康熙五十二年武英殿刻本。
⑤ ［清］李光地奉敕纂：《御纂性理精义》，《序》，四库全书本。

理学影响也很大。我们也可以通过此书了解"性理"的定义：

> 性即理也。
>
> 性命只是一个道理，不分看则不分晓。
>
> 天所命于人以是理，本只善而无恶。
>
> 理与性字对说，理乃是在物之理，性乃是在我之理。①

《性理群书句解》四十六卷，此书分前、后两集。前集搜罗了宋代周敦颐、二程、邵雍、张载、司马光、朱熹图文，后集对《近思录》《近思续录》《近思别录》等书进行了注解和句解。该书的编纂主旨与体例，影响了后世编纂"性理"相关的著述。同时可以通过此书了解元明清理学发展的相关问题。

关于性理书发展与范围的相关问题，我们还可以用目录学的方法去探究。章学诚认为目录学可以"辨章学术，考镜源流"。由此我们可以通过宋至清时期理学书目的分类，了解性理学的发展趋势。南宋郑樵《通志·艺文略》对于理学书籍的分类放在了"诸子类"的"儒术"中，共二百零四部，包括《孟子》《荀子》等书。南宋私家书目《郡斋读书志》《直斋书录解题》《遂初堂书目》三部中已经收入宋儒性理相关书籍。《郡斋读书志》将宋儒性理学书籍打散放入"易类""书类"等各个类别之下，但是内容最多的还是"家类"下的"儒家类"，如《伊川孟子解》《横渠孟子解》《周子通书》《正蒙书》《程氏杂书》《理窟》等。《直斋书录解题》和《遂初堂书目》则全部列入"儒家类"，有周敦颐、二程、张载、朱熹、二程、谢良佐、杨时等的书籍。把性理书单独列为一类，是从元代才开始。陈绎曾《文筌》中把性理书从子书中独立，单成一类。而到了

---

① ［宋］陈淳撰：《北溪字义》，卷下，四库全书本。

明代，性理书在官方目录中独立为一类位于子书之前，经书之末①。正统六年，杨士奇等编写的宫廷藏书册籍《文渊阁书目》，以千字文前二十字排序，将性理收入"黄"类书目，其下包含《先圣大训》《孔子家语》《颜子》《曾子》《子思子》《言子》《曾思二子》《周子通书》《周子太极通书》《周子太极图》《周子太极问答》《周子通书训义》《周子太极图发挥》《通书发挥》《太极辨》《周子附录》《濂溪集》《伊洛渊源》，包括周敦颐、二程、张载、邵雍、杨时、谢良佐、胡宏、朱熹、张栻、吕祖谦、陆九渊等宋来诸儒作品、注解类书籍及附录②。但到了清朝，性理书籍不再有尊崇的地位，而是被打散于各类之中。清代官方撰写的《四库全书总目提要》中，性理之学已然被分割于史、子、集三部之中了。

可见"性理学"源自宋儒对前代儒学继承、补充、发展，以"心性之学"为主要讨论内容的学术。而性理学书籍，广义上囊括宋前对"心性之学"讨论的书籍，如宋、元、明性理学家的著述及后人整理相关书籍（语录、文集、选编、汇编、学案等），而狭义则为宋明性理学家对其关键思想著述的书籍。这些书籍的分类和择选，也同样体现出性理学由宋代产生、元明发展鼎盛、清代衰落的过程。

第二节 《性理大全》成书背景、内容及版本流传

一、《性理大全》成书背景

（一）元代理学的发展

元代理学承接了宋学的传统，但也有所变化。由于蒙古入侵的原因，南北理学从而出现了隔阂。南方理学承接程朱理学，北方理学中章句训诂。后随着

---

① ［元］陈绎曾撰：《文筌》，清李士棻家抄本。
② ［明］杨士奇编：《文渊阁书目》，四库全书本。

统治者对理学逐渐重视，赵复、许衡、刘因开始于北方宣扬程朱理学。而南方则有和会朱陆的理学家吴澄，及浙东金华学派的金履祥、许谦等人。

朱子学为核心的理学，在宋代就有了正统地位。淳祐元年（1241），朱子从祀孔庙，《四书章句集注》正式成为官学和科举的教材。在元代，宋代从祀谱系得以继承："皇庆二年六月，以许衡从祀，又以先儒周敦颐、程颢、程颐、张载、邵雍、司马光、朱熹、张栻、吕祖谦从祀。"① 元代也认可宋代的道统之说："是时廷臣欲有由答德意，而患夫其道有待于悠久也，乃定取士之法，其书必曰《易》《书》《诗》《春秋》《礼记》，其道必出于尧、舜、禹、汤、文、武、周公、孔子，其学之授受必由乎颜、曾、思、孟、周、程、张、朱以为论定，而不可逾越者也。"②

在上述情况之下，朱学顺理成章地成为了官学。皇庆元年（1312），程钜夫提出："朱子《校贡举私议》可损益行之。又言取士当以经学为本，经义当用程朱传注。"③ 于是元代科举遵循《校贡举私议》制定，二年颁布《中书省准试科条目》。延祐二年（1315）元朝恢复科举，朱子正式做为元代官方学术思想、科举考试的标准："群经《四书》之说，自朱子折衷论定，学者传之。我国家尊信其学，而讲诵授受，必以是为则。而天下之学，皆朱子之书。书之所行，教之所行也。教之所行，道之所行也。"④

元脱脱等人所修的《宋史》中也首开《道学传》，正式把宋儒列入道统之中。至正三年（1343），元顺帝下诏编修《宋史》，历时两年半成书。《宋史》全书共计五百万字，有本纪七卷，志一百六十二卷，表三十二卷，列传二百五十五卷，共四百九十六卷。其中《宋史·道学传》四卷，共二十四人，

---

① ［明］宋濂、王祎撰：《元史》，清武英殿本。
② ［元］虞集撰：《道园学古录》，卷三十四，《四部丛刊》景上海涵芬楼藏明刊本。
③ ［民国］柯劭忞撰：《新元史》，卷一百八十九，民国九年天津退耕堂刻本。
④ ［元］虞集撰：《道园学古录》，卷三十六，《四部丛刊》景上海涵芬楼藏明刊本。

收录了北宋五子、二程、朱熹门人等多位宋明性理学家。元代对于宋明性理学的尊崇以及元代理学自身的发展与传播，被明代所继承，以朱子学为主的宋明学术，也成为明代的官方之学。

（二）明初巩固政权的需求

刚经历战乱的明初，为了整顿风气，增加士大夫对统治政权的认可，明朝统治者实施一系列的"文治"策略，其中就包括崇儒。明太祖在即位之初，便明确了太学的讲学内容："首立太学，命许存仁为祭酒，一宗朱氏之学，令学者非《五经》、孔孟之书不读，非濂洛关闽之学不讲。"①洪武三年（1370）科举得以恢复。解缙曾对明太祖表达自己编纂儒学典籍为太平之做的想法："陛下若喜其便于检阅，则愿集一二志士儒英，臣请得执笔随其后，上溯唐、虞、夏、商、周、孔，下及关、闽、濂、洛。根实精明，随事类别，勒成一经，上接经史，岂非太平制作之一端欤？"而解缙编纂的目的有两个，一是"一洗历代之因仍，肇起天朝之文献，岂不盛哉！"②盛世修典是自古以来的传统，以彰显天朝气象。二来是改变汉儒等非程朱理的学者对经典的理解与阐述的方式。

建文帝继任后，延续了明太祖的文治理念，进一步提高文官的地位。而后的成祖朱棣，不仅在永乐元年（1403）开科取士，还在之后于编纂《四书五经性理大全》之前，便已经命人重修《明太祖实录》，编纂《永乐大典》《圣学心法》等多部典籍，以实现巩固统治、证明自己得位合法性、笼络士人的目的。科举考试中的"经义"参考书便是《朱子四书章句集注》《诗集传》《周易本义》《周易程氏传》《书集传》《春秋传》《陈氏礼记集说》等程朱理学学者相关作品，对经义的推崇也远远高于经史与策论。

---

① ［清］陈鼎撰：《东林列传》，卷二，四库全书本。
② ［清］张廷玉等奉敕撰：《明史》，卷一百四十七，清武英殿本。

（三）帝王本身对理学的了解与认可

明太祖不仅仅推行儒家学术，自身对于儒家经典也有一定的了解。他尤其喜爱《书经》，甚至亲自注解了《书经·洪范》篇，《明太祖实训》上有载：

> 洪武二十年二月甲辰，御注《书·洪范》成。
>
> 太祖尝命儒臣书《洪范》揭于御座之右，朝夕观览，乃自为注。至是注成，召赞善刘三吾曰："朕观《洪范》一篇，帝王为治之要道也，所以叙彝伦，立皇极，保万民，叙四时，成百谷，本于天道而验于人事。箕子为武王陈之，武王犹自谦曰：五帝之道，吾未能焉。朕每为惕然，遂疏其旨为注，朝夕省览。"三吾对曰："陛下留心是书，上明圣道，下福生民，为万世开太平者也。"①

明太祖对《洪范》这篇文章喜爱到了放在御座左右，朝夕观览，甚至亲自做了注解，把该篇当成为治理国家的要道。在《实训》记载中，明太祖在喻下的时候多次引用《书经》中的言论。可见明太祖本身对儒家经典的推崇和了解，这点也体现他在对后代的教育上。

明成祖自幼便接受了完整儒学教育。自洪武元年（1368）起，明太祖就为太子、诸王专门请了当时的大儒及翰林官担任老师，《明会要》有载："十一月辛丑，建大本堂，取古今图籍充其中，征四方名儒教太子诸王，选才俊之士充伴读。上时临幸，评论古今。"②在长期儒学教育的熏陶下，明成祖有了一定的理学素养，比如他命人编纂的《圣学心法》，其名便出自《书经·大禹谟》的十六字心传。而《圣学心法》一书，由"君臣父子"的伦理纲常组成，尤其重

---

① ［明］胡广等撰：《明太祖实录》，卷六，明刻本。
② ［清］龙文彬撰：《明会要》，卷三，清光绪十三年永怀堂刻本。

视"帝王之学"，他的君主理论及治国理念是以《大学》"格物、致知、诚意、正心、修身、齐家、治国、平天下"八条目为纲领，宋儒特别是程朱理学阐述的"心法"辅翼纲领。

《明史纪事本末》中有载，永乐七年（1409），"命学士胡广，侍讲杨荣、金幼孜及户部尚书夏原吉等扈从。赐皇太子《圣学心法》。上出一书，示胡广等曰：'朕因政暇，采圣贤之言，若执中、建极之类，切于修齐治平者，今已成书，卿等试观之。'广等览毕，奏曰：'帝王道德之要，备载此书。'遂名曰《圣学心法》，命司礼监刊行。"据此可见，这本书是成祖认为的"帝王道德之要"，而道德之要的主要内容就是"允执厥中""皇建有极""修齐治平"等圣贤言论。成祖与太祖同样在后代教育上，推崇和认可儒家经典，认为这是帝王之要。

二、《性理大全》成书过程及主要内容

（一）《性理大全》的成书过程

若要编写大典，就需要有一定的文献储备。关于对文献搜集储存过程，《明史·艺文志》[①]中有详细的描述：

> 明太祖定元都，大将军收图籍致之南京，复诏求四方遗书，设秘书监丞，寻改翰林典籍以掌之。
>
> 永乐四年，帝御便殿阅书史，问文渊阁藏书。解缙对以尚多阙略。帝曰："士庶家稍有余资，尚欲积书，况朝廷乎？"遂命礼部尚书郑赐遣使访购，惟其所欲与之，勿较值。

---

① ［清］张廷玉等奉敕撰：《明史》，卷九十六，清武英殿本。

北京既建，诏修撰陈循取文渊阁书一部至百部，各择其一，得百柜，运致北京。宣宗尝临视文渊阁，亲披阅经史，与少傅杨士奇等讨论，因赐士奇等诗。是时，秘阁贮书约二万余部，近百万卷，刻本十三，抄本十七。

明代从明太祖起便开始搜求遗书。永乐年间，明成祖更是不计代价的访购民间余书。《性理大全》成书于正式迁都前。迁都后，能有百柜书籍从南京运往北京。可见《性理大全》成书之时，明成祖访购书籍已经有了很大的成果。文献收集足够之后，面对如此内容繁杂的典籍，也需要一定的人员来进行编纂。明成祖不仅吸纳了胡广、解缙、杨士奇、金幼孜等建文帝时期的旧臣，还在即位之时便开科取士，吸纳了不少人才。

一切准备就绪之后，永乐十三年（1415），明成祖便开始命胡广等人编撰《五经四书大全》及《性理大全》。据《明太宗实录》[①]记载：

> 上谕行在翰林院学士胡广、侍讲杨荣、金幼孜曰："《五经》《四书》皆圣贤精义要道其传注之外，诸儒议论有发明余蕴者，尔等采其切当之言，增附于下。其周、程、张、朱诸君子性理之言，如《太极》《通书》《西铭》《正蒙》之类，皆六经之羽翼，然各自为书，未有统会，尔等亦别类聚成编。二书务极精备，庶几以垂后世。"命广等总其事，仍举朝臣及在外教官有文学者同纂修，开馆东华门外，命光禄寺给朝夕馔。

明成祖很明确地区分了《五经四书大全》和《性理大全》的内容及功能，

---

① ［明］杨士奇等撰：《明太宗实录》，卷一百五十八，明刻本。

《五经四书大全》是圣贤精义、传注及后人的注解等，《性理大全》是宋儒"性理"相关的言论，目的是羽翼六经。《大全》成书非常之快，仅不到一年，就编撰完成。如此快的速度，也是后儒对其诟病的一点。"先上命翰林院学士兼左春坊大学士胡广等编类，是书既成，广等以稿进，上览而嘉之赐名五经、四书、性理《大全》，亲制序于卷首，至是缮写成帙计二百二十九卷，广等上表进上御奉天殿受之命礼部刊赐天下。"①不论后儒如何看待，成书之时明成祖对其十分满意，并为之做《序》。在《序》中，明成祖首先提及了古代圣王以"道"治理天下，但是秦汉以来都没有像古代圣王那样昌盛，是人自身使"道"不明不行，因此自己治身、治国不敢有所懈怠。他认为帝王治理之本是"道"，"道"由圣人通过六经传达治迹，然后表明编撰《性理大全》的缘由：

六经之道明，则天地圣人之心可见，而至治之功可成，六经之道不明，则人之心术不正，而邪说暴行侵寻蠹害。欲求善治，乌可得乎？朕为此惧，乃者命儒臣编修《五经》《四书》，集诸家传注，而为《大全》，凡有发明经义者取之，悖于经旨者去之，又辑先儒成书，及其论议格言，辅翼《五经》《四书》，有裨于斯道者，类编为帙，名曰《性理大全》。

书编成来进，朕间阅之，广大悉备，如江河之有源委，山川之有条理，于是圣贤之道粲然而复明，所谓"考诸三王而不缪，建诸天地而不悖，质诸鬼神而无疑，百世以俟圣人而不惑"。

大哉，圣人之道乎！岂得而私之，遂命工镂梓，颁布天下，使天下之人获睹经书之全，探见圣贤之蕴，由是穷理以明道，立诚以达本，修之于身，行之于家，用之于国，而达之天下。使家不异政，国不殊俗，大回淳

---

① ［明］杨士奇等撰：《明太宗实录》，卷一百五十八，明刻本。

古之风，以绍先王之统，以成熙皞之治，将必有赖于斯焉！遂书以为序。①

从《序》可知，编撰《性理大全》是为了弘扬六经之道，让天下人了解儒家圣人之道，用于穷理、明道、立诚、达本、修身、齐家、治国、平天下，使得家国同风同俗，天下和乐、太平；并借助儒家经学来统一儒士的思想，形成共同的价值体系，以巩固政权。同时这也真正确立了宋儒性理学为明代官方学术，正统思想。

（二）《性理大全》的主要内容

《性理大全》又名《性理大全书》，是明胡广、杨金荣、金幼孜等人奉旨编撰的宋元诸儒性理学说的汇编。其"性理"之名，出自陈淳所撰《性理字义》。胡广（1369—1418），江西吉安人，字光大，为建文朝状元。靖难之后，为成祖所重，官至文渊阁大学士、内阁首辅。在修撰《大全》之前，他便曾参与《明太祖实录》《永乐大全》等书的编纂。《性理大全》以程朱理学为宗，汇集宋元诸儒之说，是明朝学者问学的根底，也是科举入仕的官方教材。

《性理大全》一书十分繁富，共取了宋儒一百二十多家之说。先是收录宋儒著作九种共二十五卷，采用丛书体例。其中卷一是周敦颐的《太极图》《太极图附录》，卷二、卷三是《通书》《通书后录》，卷四为张载《西铭》《西铭总论》，卷五、卷六是《正蒙》，卷七到卷十三是邵雍的《皇极经世书》及《附录》，卷十四到卷十七是朱熹的《易学启蒙》，卷十八到卷二十一是《家礼》，卷二十二到卷二十三是蔡元定的《律吕新书》，卷二十四、卷二十五是蔡沈《洪范皇极内篇》，此部分照录原书。

---

① ［明］杨士奇等撰：《明太宗实录》，卷一百五十八，明刻本。

卷二十六到卷七十，则是分门别类采，用类书体例，汇编各家言论。有理气、鬼神、性理、道统、圣贤、诸儒、为学、诸子、历代、君道、治道、诗文共十三类。每类下又有小类，如理气下有天文、阴阳、五行、四时、地理五类，性理下有性命、性、人物之性、气质之性四类，总共有一百多类。

关于《性理大全》一书的来源，《四库全书总目提要》中有所提及："其衰诸儒之言以成一书者，则古无是例，《近思录》其权舆矣……熊节作《性理群书》二十三卷，于是性理之名大著于世。"① 更加详细的取材来源已有不少学者考证。目前主要的观点是：前二十五卷取材于宋儒熊节的《性理群书句解》或元儒黄瑞节的《朱子成书》②。卷二十六至卷七十则受朱熹《近思录》《朱子语类》和明成祖御制《圣学心法》的影响 ③。朱冶《元明朱子学的递嬗：四书五经性理大全研究》④ 一书对《四书五经性理大全》的取材底本，及《性理大全》卷二十六至卷七十每类的书籍来源均制表标示，认为《性理群书句解》《朱子成书》二书大同小异，这是前二十五卷的参照来源，二十六卷以后，来自《朱子语类》的是"理气""性理""鬼神""圣贤""诸儒""为学""诸子""历代""治道"，来自《近思录》的是"为学"，来自《圣学心法》的是"道统""君道""治道"。可见《性理大全》的朱学印记之深厚。

① ［清］永瑢、纪昀等撰：《四库全书总目提要》，卷九十三，四库全书本。
② ［日］吾妻重二：《〈性理大全〉的成立与黄瑞节〈朱子成书〉——宋代道学家著作经典化的重要侧面》，徐兴庆编：《东亚文化交流与经典诠释》，台湾大学出版中心，2007年，第365—392页；［清］永瑢、纪昀等撰：《四库全书总目提要》，卷九十四，四库全书本。
③ ［清］永瑢、纪昀等撰：《四库全书总目提要》，卷九十三，四库全书本；朱冶：《元明朱子学的递嬗：四书五经性理大全研究》，人民文学出版社，2007年，第172—173页；曾贻芬：《明代官修大全散论》，《史学史研究》1996年第2期。
④ 朱冶：《元明朱子学的递嬗：四书五经性理大全研究》，人民文学出版社，2007年，第172—173页。

（三）《性理大全》的现存版本

《性理大全》为明清两朝官方科举教材，又被二朝统治者所重视，因而版本繁多，流传较广。无论是官私刻印，《性理大全》在明、清始终占据学术书籍印刷的主流。在明代，《性理大全》在全国主要府、州、县级学校得到广泛推广，不仅有官方刻印，还有福建兴起的书坊。而清代不仅有官方重刻《性理大全》，私家书坊甚至私人抄写也是很广泛的事情。现列中、日、韩等国《性理大全》版本收藏如下：

《性理大全》中国所存版本

名　称	版　本	存　佚
明代		
性理大全七十卷	明永乐十三年（1415）内府刊本	台湾"国家"图书馆；浙江大学图书馆；四川师范大学图书馆；大连图书馆；河南省图书馆；云南省图书馆；复旦大学图书馆
性理大全书七十卷	明景泰六年（1455）书林魏氏仁实堂刻本	北京师范大学图书馆；河北师范学院图书馆
性理大全书七十卷	明弘治八年（1495）书林魏氏仁实堂刻本	南通市图书馆；华东师范大学图书馆；北京师范学院图书馆
新刊性理大全七十卷	明嘉靖十七（1538）年黄氏集义堂刻本	辽宁省图书馆
性理大全书七十卷	明嘉靖二十二年（1543）应天府学刻本	北京大学图书馆；中国科学院图书馆；华东师范大学图书馆；山东大学图书馆；辽宁省图书馆；浙江图书馆；湖南省图书馆；台湾"中央研究院"历史语言研究所傅斯年图书馆
新刊性理大全七十卷	明嘉靖二十六年（1547）郑世豪宗文堂刻本	中国国家图书馆

（续表）

名　称	版　本	存　佚
新刊性理大全（新刻性理大全）七十卷	明嘉靖二十七年（1548）王氏新三槐刻本	清华大学图书馆
新刊宪台厘正性理大全（新刊宪台考正性理大全书）七十卷	明嘉靖三十一年（1552）余氏自新斋刻本	首都图书馆；苏州市图书馆；中共北京市委图书馆
新刊性理大全（新刻性理大全）七十卷	明嘉靖三十一年（1552）叶氏广勤堂刻本	湖北省图书馆
新刊性理大全（新刻性理大全）七十卷	明嘉靖三十一年（1552）双桂书堂刊本	浙江图书馆
新刊性理大全七十卷	明嘉靖三十二年（1553）熊氏一峰堂刻本	镇江市图书馆
新刊性理大全（新刻性理大全）七十卷	明嘉靖三十五年（1556）张氏新贤堂刻本	江西师范学院图书馆
性理大全书七十卷	明嘉靖三十八年（1559）樊献科刻本	首都图书馆；浙江图书馆；郑州大学图书馆；安徽省图书馆；哈尔滨师范大学图书馆
新刊性理大全七十卷	明隆庆二年（1568）张氏静山斋刻本	安徽大学图书馆
新刊宪台厘正性理大全（新刊宪台考正性理大全书）七十卷	明万历十四年（1586）徐元太等刻本	苏州市图书馆
性理大全书七十卷	明万历二十五年（1597）吴勉学师古斋刻本	中国国家图书馆；首都图书馆；北京大学图书馆；清华大学图书馆；北京师范大学图书馆；天津图书馆；合并大学图书馆；东北师范大学图书馆；西北师范大学图书馆；四川大学图书馆；福建省图书馆；温州市图书馆；台湾大学图书馆等

（续表）

名　称	版　本	存　佚
新刊性理大全（新刻性理大全）七十卷	明万历三十六年（1608）建邑书林安正堂刘莲台刻本	北京大学图书馆；华东师范大学图书馆；内蒙古自治区图书馆
性理大全书	明抄本	中国国家图书馆
性理大全书存十卷	明内府乌丝栏精抄本	台湾"国家"图书馆
新刊性理大全七十卷	明福建坊刻本	中国国家图书馆；台湾"国家"图书馆
新刊宪台厘正性理大全	明福建坊刻本	台湾故宫博物院
清代		
新刊性理大全八卷性理体注训解标题不分卷	清康熙三十六年（1697）三乐斋刻本	湖南省图书馆
性理大全书七十卷	清康熙五十四年（1715）刻本	台湾"国家"图书馆
新刊性理大全八卷性理体注训解标题	清乾隆元年（1736）集锦堂刻本	中国国家图书馆
新刊性理大全八卷性理体注训题标题八卷	清乾隆四十一年（1776）集锦堂刻本	青海省图书馆
性理大全书七十卷	清乾隆抄本	上海图书馆
新刊性理大全八卷性理体注补训解备旨合参八卷	清咸丰元年（1851）京都琉璃厂刻本	青海省图书馆
新刊性理大全八卷	清咸丰二年（1852）敦化堂刻本	孔子博物馆；烟台市图书馆
新刊性理大全八卷性理体注补训解	清映秀堂刻本	陕西省图书馆
性理大全书七十卷	清前期抄本	复旦大学图书馆；山东省图书馆；天津图书馆；辽宁图书馆；南京图书馆；浙江图书馆；中国国家图书馆；中国科学院图书馆；湖北图书馆；北京大学图书馆

《性理大全》日本所存版本

名　称	版　本	存　佚
明代		
性理大全书七十卷	永乐十三年（1415）内府刊本	京大附图
新刊群书考正性理大全	永乐十三年（1415）刊本	民博牧野文库
五经四书若性理大全	朝鲜世宗时期刊本	广岛市立中央浅野文库
性理大全书七十卷	明正德十一年（1516）刊本	公文书馆红叶山文库本（内阁文库）
性理大全七十卷	嘉靖二十七年（1548）王氏新三槐刊本	东北大
新刊性理大全七十卷	嘉靖三十一年（1552）双桂书堂刊本	市立米泽
新刊性理大全七十卷	嘉靖三十二年（1553）熊氏一峰堂刊本	九大硕水文库
新刊性理大全七十卷	明嘉靖三十八年（1559）樊献科重订刊本	京大文桑原文库；山口大；宫内厅书陵部；
新刊性理大全七十卷	明嘉靖三十九年（1560）刊本	进贤堂公文书馆红叶山文库本（内阁文库）；东大东文研
（新刊宪台厘正）性理大全七十卷	明嘉靖四十年（1561）余氏自新堂刊本	东京都立中央特别买上文库坂本广太郎旧藏；养贤堂文库宫城县图
性理大全书七十卷	嘉靖刊本	东北大
性理大全书七十卷	明嘉靖	前田育德会
新刊性理大全七十卷	嘉靖中刊本	东大总觉庐文库（市村瓉次郎氏买付本）
性理大全书七十卷	万历二十五年（1597）师古斋刊本	东大东文研大木；东洋文库；一桥大
性理大全七十卷	万历三十一年1603刊本	阪大总怀德堂文库
新刻九我李太史校正性理大全七十卷	万历三十一年1603重刊本	东大总

（续表）

名　　称	版　　本	存　　佚
性理大全	万历三十六年（1608）刊本	堺市立中央
新刊性理大全七十卷	明万历三十六年（1608）后刷	宫内厅书陵部古贺藏本
（新刊）性理大全七十卷	明万历三十六年（1608）刊本	建阳安正堂刘莲台足利学校
性理大全书七十卷	万历中江西刊本	东大总南葵文库（纪州德川家）
性理大全书七十卷	明刊本	静嘉堂文库守先阁旧藏本
性理大全书七十卷	刘肇庆校明末刊本	新潟县图
性理大全书七十卷	明刊本	东大东文研大木
新刊性理大全七十卷	明刊本	京大人文研东方
新刊性理大全七十卷	明刊本	东大东文研子部
新刻京本性理大全七十卷	明刊本	京大人文研东方；新发田市立；东北福大
清代		
性理大全七十卷	李九我校小出立庭句读承应二年（1653）据万历三十一年（1603）刊本重刊本	京大人文研东方；京大文中哲文；宫内厅书陵部；东北大；冈山县图；国会；阪大总怀德堂文库；蓬左文库；八户市立汉籍；山口大；宫城县图伊达文库；市立米泽；一桥大；公文书馆林（大学头）家本（内阁文库）；东京都立中央青渊文库；东京都立中央井上文库；山梨县图徽典馆图书；东洋文库；滋贺大教育；爱媛大；千叶县立中央石毛功旧藏；九大；伊那市立高远町；东大总觉庐文库（市村瓒次郎氏买付本）；佐贺县图锅岛家文库；国士馆楠本文库

（续表）

名　称	版　本	存　佚
性理大全七十卷	李九我校承应二年（1653）刊本	宫内厅书陵部德山毛利藏本
新刻性理大全书七十卷	承应版	前田育德会尊经阁
性理大全	康熙十二年（1673）刊本	堺市立中央
性理大全书七十卷	朝鲜正祖中刊纯祖哲宗闲修本	东大总
新刻性理大全书七十卷	清刊本	东大总
新刻性理大全书七十卷	李九我纂订青畏堂清刊本	东京都立中央诸桥文库
民国至今		
性理大全书七十卷	清乾隆中敕辑王云五 1974 年用台湾故宫博物院藏文渊阁本景印	京大人文研本馆；京大人文研东方；爱媛大；爱知学院大；国会
时间不明		
性理大全七十卷	朝鲜刊本	市立米泽
性理大全书七十卷	用足利学校遗迹图书馆藏朝鲜重刊本景照	东洋文库
性理大全书七十卷	朝鲜重刊本	东洋文库
性理大全书七十卷	朝鲜刊庆尚道后印	足利学校

《性理大全》韩国所存版本

名　称	版　本	存　佚
明代		
性理大全书	永乐十三年（1415）版	韩国国家图书馆；首尔大学 kyujanggak 韩国研究所；梨花女子大学图书馆
性理大全书	永乐十三年（1415）乌丝栏抄本	朝鲜大学图书馆；全北大学图书馆

（续表）

名　称	版　本	存　佚
性理大全书	嘉靖四年（1525）郑贤孙刊木板本	城岩古书博物馆档案馆
性理大全书	朝鲜世宗九年（1427）木板本	首尔大学 kyujanggak 韩国研究所；城岩古书博物馆档案馆；韩国国家图书馆
性理大全书	朝鲜世宗年间（1419—1450）木板本	城岩古书博物馆档案馆
性理大全书	朝鲜成宗年间（1470—1494）金属活字本	城岩古书博物馆档案馆
性理大全书	朝鲜中宗年间（1488—1544）木板本	韩国国家图书馆
性理大全	嘉靖七年（1528）清江书堂木板本	首尔大学 kyujanggak 韩国研究所
性理大全书	嘉靖三十八年（1559）樊献科重订木版本	韩国研究院图书馆
新刊性理大全	嘉靖甲子（1564）张氏新贤堂校刊木板本	高丽大学图书馆
性理大全书	正德—嘉靖年间（1506—1566）刊本	城岩古书博物馆档案馆
性理大全书	正德—嘉靖年间（1506—1566）刊本	高丽大学图书馆（与上条板式大小不同）
性理大全书	朝鲜中宗二十六年（1531）金属活字本（甲寅字）	高丽大学图书馆
性理大全书	朝鲜明宗—宣祖年间（1546—1591）刊本	高丽大学图书馆
性理大全书	倭乱以前（1592—1598）刊本	城岩古书博物馆档案馆；忠南道大学图书馆
性理大全书	万历二十五年（1597）师古斋木板本	城岩古书博物馆档案馆；韩国国家图书馆；启明大学东山图书馆；成均馆大学 respectangle
性理大全书	万历三十一年（1603）木版本	圆光大学图书馆
性理大全书	明板木板本	首尔大学 kyujanggak 韩国研究所

（续表）

名　称	版　本	存　佚
清代		
性理大全书	明朝末—清初木版本	成均馆大学 respectangle
性理大全书	仁祖二十二年（1644）木板本	首尔大学 kyujanggak 韩国研究所
性理大全书	显宗七年（1666）木板本	高丽大学图书馆
新刻性理大全书	康熙四十年（1701）正顺堂藏木板本	高丽大学图书馆；全州大学中央图书馆
新刻性理大全	康熙四十三（1704）年木板	东国大学中央图书馆
性理大全书	朝鲜正祖年间（1777—1800）木板	韩国国家图书馆；东国大学中央图书馆
性理大全书	1800 以前木板本	岭南大学图书馆
性理大全	朝鲜高宗十一年（1874）写本	成均馆大学
性理大全书	朝鲜朝后期笔写本	东国大学中央图书馆
性理大全书	朝鲜朝后期刻末期后刷木板本	淑明女子大学图书馆；中央图书馆
性理大全书	朝鲜后期木板本	韩国现代文学博物馆；全南国立大学图书馆；成均馆大学 respectangle
性理大全书	朝鲜朝后期木版本（初铸甲寅字翻刻）	成均馆大学 respectangle
性理大全书	清朝年间呈祥馆周誉吾藏板	成均馆大学 respectangle
性理大全书	清朝年间木版本清畏堂藏板	成均馆大学 respectangle

其他国家存版本

名　称	版　本	存　佚
明代		
性理大全书	明嘉靖十三年（1534）王氏三槐堂校正重刊本	普林斯顿大学东亚图书馆

（续表）

名　称	版　本	存　佚
新刊性理大全	明嘉靖三十年（1551）张氏新贤堂木板本	哈佛燕京图书馆
新刊群书考证性理大全	明嘉靖三十七年（1558）敬贤堂木板本	哈佛燕京图书馆
新刊性理大全书七十卷	明嘉靖间刻本	美国国会图书馆
性理大全书	明万历二十五年（1597）吴勉学师古斋刻本	哈佛燕京图书馆；美国柏克莱加州大学东亚图书馆；法国国家图书馆
性理大全书七十卷	明万历间刻本（疑为万历间江西刻本）	美国国会图书馆
性理大全书七十卷	明司礼监刻本	美国国会图书馆
清代		
性理大全会通七十卷	清康熙间光裕、聚锦堂刻本	法国国家图书馆
《性理大全节要》	越南阮朝绍治二年（1842）盛文堂印本	越南河内国家社会科学中心汉喃研究院图书馆
《性理大全节要》	越南阮朝绍治三年（1843）习文堂印本	越南河内国家社会科学中心汉喃研究院图书馆
《性理大全节要》	越南阮朝绍治四年（1844）美文堂印本	越南河内国家社会科学中心汉喃研究院图书馆
《性理大全节要》五卷	越南阮朝嗣德二年（1848）合文堂刻本	法国国家图书馆
时间不明		
性理大全书	时间不明	哥伦比亚大学东亚图书馆
性理大全书	时间不明	美国普林斯顿大学葛思德东亚图书馆

三、康熙重刊《性理大全》 修订《性理精义》

《性理大全》在清康熙年间经过了一次官方的整理。清朝统治者仍然试图用程朱理学建立王朝秩序，康熙帝尤其尊崇朱子之学，不仅再次刊刻《性理大全》，而且下令节编《性理精义》。

《钦定学政全书》记载，顺治九年（1652）提准说书以宋儒传注为宗。并让儒生诵习讲解《四书五经性理大全》《蒙引》《存疑》等书，并列为科举考试的教科书"淹贯三场"①。康熙十二年（1673），康熙帝重刊《性理大全》并为其作《序》：

> 迨明永乐间命，儒臣纂集《性理大全》一书。朕尝加翻阅，见其穷天地阴阳之蕴，明性命仁义之旨，揭主敬存诚之要。微而律数之精意，显而道统之源流，以致君德圣学，政教纪纲，靡不大小兼核，而表里咸贯，洵道学之渊薮，致治之准绳也。岁月既久，版籍残缺，特命礼臣重加补订，以备观览，爰制序于卷端。朕方精思格言，探讨绪论，以遐稽乎古帝王心法道法之微，亦欲天下臣民究心兹编，思降衷之理，安物则之恒，庶几咸尽其性，以复臻乎唐虞三代熙皞之治云尔。②

康熙皇帝认为《性理大全》读一书可知"道学渊薮""致治准绳"，对该书评价极高。书籍因为流传已久，内容有所残缺，因此重新补定以方便大家阅读，而后更是把该书推向全国。康熙二十六年，理学名臣李光地向康熙面奏："秦汉以后，礼坏乐崩。六经虽经宋儒阐明，然永乐间所修《大全》，未免芜杂疏漏。宜大征天下知学之士，搜罗群言，讨论编纂。以至礼乐制度，亦稽古论

---

① ［清］素尔讷撰：《钦定学政全书》，卷六，清乾隆三十九年武英殿刻本。
② ［明］胡广奉敕纂：《性理大全书》，《序》，四库全书本。

定，有典有则，贻厥子孙。诚千载一时也。"①康熙皇帝表示赞同，但仍然有所担心，一是很难保证编纂客观，二是很难保证内容的简朴。

直至康熙五十六年（1717），李光地等奉旨取《性理大全》"撷其精华"，节编成为《性理精义》，共十二卷，也称作《御纂性理精义》。该书以满汉文撰写，卷帙仅为原书七分之一，为清代科考的重要教材。其内容形式与《性理大全》相同，前为丛书后为类书，前六卷为理学重要书籍：《太极图说》《通书》《西铭》《正蒙》《皇极经世》《易学启蒙》《家礼》《律吕新书》，后六卷则按类区分为：学类、性命类、理气类、治道类四大类。康熙帝亲自为其作《序》：

> 前明纂修《性理大全》一书，颇谓广备矣。但取者太繁，相类者居多。凡性理诸书之行世者，不下数百，朕实病其矛盾也。爰命大学士李光地诠释进览，授以意指，省其品目，撮其体要。既使诸儒之阐发，不杂于支芜，复使学者之披寻，不苦于繁重。至于图象、律历、性命、理气之源，前人所未畅发者，朕亦时以己圣祖意折中其间，名曰《性理精义》。颁示天下，读是书者，自有所知也已。

《性理精义》重在"精"一字，可见其删削之多，如《皇极经世》七卷删其六、《家礼》四卷删其三、《律吕新书》两卷删其一。《性理大全》有理气、鬼神、性理、道统、圣贤、诸、为学、诸子历代、君道、治道、诗文共十三类，而《精义》只有学类、性命类、理气类、治道类四类。《御纂性理精义》："蔡沈《洪范数》之类，既斥之以防僭拟，所附诗赋之类，亦削之以戒浮文。其余诸门，皆精汰严收，十分取一。"②可见削删之多，择取之精。

---

① ［清］李清植编：《文贞公年谱》，《年谱上》，清道光刻本。
② ［清］李光地奉敕纂：《御纂性理精义》，《目录》，四库全书本。

值得注意的是《性理精义》的择取倾向。康熙皇帝十分的崇朱和重实，在康熙五十二年（1713），他为《御纂朱子全书》做序中有说"朱子之道，五百年未有辨论是非，凡有血气皆受其益"①，以此来标榜朱熹。《御纂性理精义》凡例中说："此书以性理为名，但令学者用心实学，以知圣德王道之要。"把《太极图》《通书》列于卷首就显示了这点。虽然这看起来只是对《性理大全》体例的继承，但其实当时已有学者胡渭考证《太极图》源于陈抟，《性理精义》并不认可这一说法，依旧把其放于卷首，以彰显《太极图》为宋明理学之"道统"。《性理精义》不仅认可朱子的"道统"观，还认可朱子对于《太极图》《通书》的解释，"朱子曰：'《太极图》只是一个实理，一以贯之'"，"朱子曰：'诚，实理也'"。朱子把《太极图》认为是一个实理，把《通书》中的"诚"也认为是一个实理。在康熙看来，《性理大全》一书甚至都是说一个"实"字。

四、《性理大全》的历史地位与学术价值

（一）后人对《性理大全》的评判

《性理大全》一经颁布，明代学者对于经书的理解便以程朱理学为范式了，明成祖对于反对者的态度可见其对程朱理学的维护：

> （成祖）令儒臣辑《五经》《四书》及《性理全书》，颁布天下。饶州儒士朱季友，诣阙上书，专诋周、程、张、朱之说。上览而怒曰："此德之贼也。"命有司声罪杖遣，悉焚其所著书，曰："无误后人。"②

成祖认为诋毁程朱理学之人是"德之贼"，并且焚毁著书认为会"误导"

---

① ［宋］朱熹撰：《御纂朱子全书》，《序》，四库全书本。
② ［清］陈鼎撰：《东林列传》，卷二，四库全书本。

后学。河东学派的薛瑄认为："自考亭以还，斯道已大明，无烦著作，直须躬行耳。"①同时期的章懋也说道："经自程朱后不必再注，只遵闻行知，于其门人语录，芟繁去芜可也。"可见当时朱学一尊的地位。

明亡后，学者陷入了对明亡的探讨和反思当中。由于对明亡的反思，清前期的理学产生了很多新的变化，例如颜元为代表的事功之学，顾炎武为代表的考据之学，王夫之为代表的总结诸子百家之学的哲学思想②。清初儒学家对《性理大全》诟病不已，认为《性理大全》是儒学僵化的源头，顾炎武的《日知录》曾说："自八股行而古学弃，《大全》出而经说亡。"他认为《大全》只是把宋元学者的注解再抄写一遍，不仅劳民伤财，还"上欺朝廷，下诳士子"③。有着同样观点的是朱彝尊，他对当时说经只能说朱，一旦不尊朱便会被攻伐的风气十分不满，在《经义考》中说道："胡广诸人止就前儒之成编，一加抄录而去其名。……于诸书外，全未寓目，所谓《大全》，乃至不全之书也。"④朱彝尊认为《大全》不全，名不副实。陈廷敬则阐述了导致上述问题的原因，即成书仓促："《大全》之书，明永乐朝急就之书也。七年开馆于秘阁，十三年帝问纂修如何，馆中人闻之惧，仓卒录旧书，略加删饰以进。"⑤这种说法于是成为主流，皮锡瑞《经学历史》清代官修《天禄琳琅书目》《四书全书总目》都是持这一观点：

> 然广等以斗筲下才，滥膺编录，所纂《五经四书大全》，竟剽窃坊刻讲章，改窜姓名，苟充卷帙。其《性理大全书》尤庞杂割裂，徒以多为

---

① ［清］张廷玉等奉敕撰：《明史》，卷二百八十二，清武英殿本。
② 侯外庐等主编：《宋明理学史》下册，人民出版社，1997年，第696页。
③ ［清］顾炎武撰：《日知录》，卷十八，清乾隆刻本。
④ ［清］朱彝尊撰：《经义考》卷四十九，四库全书本。
⑤ ［清］陈廷敬撰：《午亭文编》卷三十二，四库全书本。

贵，无复体裁……胡广等所编，徒博讲学之名，不过循声之举，支离冗碎，贻误后来。①

四库馆臣的驳斥尤为严厉，甚至由书籍编纂上升到个人品性。而此时的学者，有不少由深研《性理大全》转为反对的。清代学者颜元，二十六岁得读《性理大全》，进退起居都依循《朱子家礼》，三十四岁时为养祖母守丧，严格遵循《家礼》，"泣血哀毁"之后转为坚定反对理学，认为程朱之祸"甚于杨墨，烈于嬴秦"。无独有偶，日本古学派学者山鹿素行早年通过《四书大全》和《性理大全》研读朱子学，他所作的《山鹿语类·圣学篇》出自《性理大全》但又批判性理大全。他从朱熹对周敦颐"无极而太极"的解释开始批判，认为朱子之学使圣学堕于高尚虚远。② 这也是对于《性理大全》和理学的第二个批判点。马宗霍《中国经学史》："明自永乐后，以《大全》取士，四方秀艾，困于帖括，以讲章为经学，以类书为策府。其上者复高谈性命，蹈于空疏，儒林之名，遂为空疏藏拙之地。"③马宗霍此言实出自江藩《汉学师承记》一文，江藩认为明人只知类书不知古学，只说性命不知义疏，只求富贵不求问学。山鹿素行是从理论出发，认为理学诸儒远离现实日用，江藩和马宗霍则是从理学的使用上，认为理学诸儒空谈性命流于教条。

现代学者也有很多因循上述二点，认为《性理大全》成书仓促、剽窃旧书，并且钳制思想。但是也有不少学者逐渐摆脱清人的观点，从文本本身认识《性理大全》一书的价值。曾贻芬《明代官修"大全"散论》认为《性理大全》并非像清代学者说的只是照抄，而是在分类和取舍方面都下了一番功夫。虽然

---

① ［清］李光地奉敕纂：《御纂性理精义》，《目录》，四库全书本。
② 王起：《山鹿素行古学著作与明修"大全"》，《日本问题研究》2018年第2期。
③ 马宗霍：《中国经学史》，湖南师范大学出版社，2018年，第112页。

前卷丛书后卷类书的编辑方法有胡乱拼凑之嫌疑，但同时也便于使用。① 刘宝全也持同样观点，认为《性理大全》的编排虽然依循《朱子语类》的体例，但增加了一百二十多家宋儒之说，体例更为严整，内容更为丰富。② 李晓明和董恩林则是客观分析了《大全》成书仓促的原因，是受到明蒙战争和迁都北京的影响，明成祖才是编纂进度的实际掌控者，胡广本人也只是遵从明成祖的命令，③ 因而并非如清儒所说"斗筲下才，滥膺编录"。朱冶则是从《大全》取材角度解释了清儒对抄袭前人成书的争议，认为："《大全》取材底本的特色，符合明成祖对该书内容与体裁的要求，也受江西学者主事的纂修人事影响，最终再现了元末明初南方理学研习的真实情形。《大全》所取正是符合科举考试需要的、流行于元末明初的'纂疏体'理学著述中最成熟的作品。"④ 这些观点有利于我们抛开学术立场，更为准确、客观地认识《性理大全》本身的价值。

（二）《性理大全》的巨大影响

藉由《性理大全》颁布，确立了程宋明理学尤其是程朱理学的官方思想，同时《性理大全》也成为明代科举考试三场策问中"性学策"的一部分⑤。此后明代学者读书仕进，都无法脱离《性理大全》中的文本与注疏，实现了明成祖用程朱之学统一人们思想的愿景，通过思想文化的认同从而建立起政治认同。《性理大全》对于有明一朝的政治稳定起了极大的作用，同样对于清朝多民族融合和文化认同起到了极大的作用。同时我们也不能规避这一做法的负面

---

① 曾贻芬：《明代官修大全散论》，《史学史研究》1996 年第 2 期。
② 刘宝全：《明初〈性理大全〉的刊行及其在朝鲜的传播》，中国朝鲜史研究会编：《朝鲜·韩国历史研究》第十一辑，延边大学出版社，2011 年，第 205 页。
③ 李晓明、董恩林：《从明成祖的政治权衡论官修〈大全〉之编纂》，《中国高校社会科学》2016 年第 1 期。
④ 朱冶：《明初〈四书五经大全〉取材及其成因考析》，《史林》2017 年第 6 期。
⑤ 刘海峰：《科举学与性理学——三浦秀一教授访谈录》，《科举学论丛》2020 年第 1 期。

影响，经学依附于科举，经学解释以科举教材解释为准绳，极大程度上束缚了人们的思想和创新能力。但此路不通便有其他出路，异于宋明理学的朴学的发展，正是清儒为自己寻找到的新的出路。

而《性理大全》在东亚汉字文化圈传播，同样影响了朝鲜、日本和越南的治国和教育。《性理大全》成书后不久便流传到朝鲜，朝鲜世宗时期对于《性理大全》的刊刻非常积极。现存的朝鲜版本《性理大全》便有世宗时期的刊刻本。直到显宗时期，性理大全仍在刊刻。[①] 而《性理大全》一书做为朝鲜王朝培养人才和研究儒学的典籍，从经筵讲学到一般士大夫，从国家最高教育机构到地方乡校，整个社会都在研读。在这个时期，史学相关书籍是性理类书籍的辅翼，朝鲜也成功培养出很多性理学大家。江户时期，大量汉籍流传到日本，其中不乏《性理大全》等当时中国新刊书籍。光明天皇承应二年（1653），刊行《性理大全》，并建立圣庙。现存日本各大图书馆里，便有大量承应年间刊刻的《性理大全》。日本对于儒学也十分推崇，日本的儒学家能够直接参与机要，并修建大量孔庙祭祀，但日本学者并不是像朝鲜学者一样对其全盘接受，例如日本古学派，早期追随程朱理学，而后倡导复古，探索孔孟原著"圣人之学"，如前文提及的山鹿素行及伊藤仁斋、荻生徂徕等人。与《性理大全》等理学在朝鲜全面推广不同，日本更主要的是对《家礼》的继承和发展。越南则与朝鲜相同，《性理大全》被越南政府作为科举考试的重要教材，大量刊刻并分发给各级学校。同时越南对《大全》进行了节录，也展现出了越南对儒学的本土化。现存的四版《性理大全节要》便体现了当时越南人对科举应试的需求。

陈荣捷《近思录详注集评》中有这样一段话："(《近思录》《朱子语类》《性理大全》《朱子全书》《性理精义》)支配我国士人之精神思想凡五六百年。影响

---

① 刘宝全：《明初〈性理大全〉的刊行及其在朝鲜的传播》，中国朝鲜史研究会编：《朝鲜·韩国历史研究》第十一辑，延边大学出版社，2011 年，第 205 页。

所及，亦操纵韩国与日本思想数百载，且成为官学。在我国亦惟儒独尊，尤以朱子之哲学为主脑。"① 这段话我们亦可以看成《性理大全》及其所代表的理学哲学对于东亚汉字文化圈的影响。

其次就是《性理大全》本身所具有的文献价值。关于《性理大全》的文献价值已经有不少学者讨论，主要结论有三。一是性理大全有补充传注，是"纂疏体"理学最成熟的作品。二是《性理大全》及《五经四书大全》独特的"大全"体，促进了后世《大全》文献的编纂，同时也启发了《四库全书》的编纂。三是《性理大全》是韩日等东亚《家礼》文献儒学研究的基础，而《家礼》是近世东亚儒学研究的突破口。② 《家礼》是朱子学传播的载体，近世学者通过《性理大全》及其他版本《家礼》研究，从而更好地研究东亚近世文明。

最后就是《性理大全》所展现的以宋明理学为主的中国哲学，是中国优秀的传统文化，体现了中国哲学对于内外双向的探求，向内探求人的道德本心，然后向外探求天道的道德秩序，随后再进行道德实践，对个人本身进行人格培养。这种对个人人格的培养，和对宇宙道德的探究，是中华民族宝贵的精神财富。

---

① 陈荣捷：《近思录详注集评》，华东师范大学出版社，2007 年，第 3 页。
② 复旦大学上海儒学院编：《评吾妻重二〈爱敬与仪章：东亚视域中的《朱子家礼》〉》，《现代儒学》第 10 辑《家的文化传统及其现代意义》，商务印书馆，2022 年，第 229 页。

第四部分　周敦颐理学思想的海外传播研究

第九章　韩日《圣学十图》的传播学研究

　　周敦颐所著《太极图说》汲取先秦阴阳五行说和汉唐元气论的思想精华，以图文并茂的形式，建构了太极的概念及其在宇宙、人生中的应用，从"太极无极"到"人尽其才，才尽其用，才尽其用"的宇宙生化图，形成了儒家的宇宙观，将儒家思想提升到了一个更高的境界。这部作品不仅在中国哲学史上占有举足轻重的地位，而且深刻影响了东亚各国的思想文化，如韩国、日本等。周敦颐的思想一度成为朝鲜儒学体系中重要的意识形态，《太极图说》包含宇宙和人的辩证关系给韩国的哲学发展带来深远的影响。周敦颐《太极图说》于13世纪中后期传入朝鲜半岛。① 从此，周敦颐《太极图》成为韩国儒学史上图像的源头，便作为蓝本被朝鲜儒学界争相学习与模仿，郑道传（1342—1398）创作的《学者指南图》在此基础上受启发而来。权近（1352—1409）结合朱熹的《中庸章句》的说法，仿照《太极图说》以图解的方式绘成《入学图说》，来阐述天人心性合一的思想。曹植（1501—1572）则在融汇了周敦颐与朱熹的

---

① 王晓霞：《濂溪学在朝鲜半岛的传播与影响》，《河南师范大学学报（哲学社会科学版）》2018年第1期。

思想后加以自己的思想图式化绘就了《三才一太极图》和《太极与通书表里图》二图，这两图的架构和层次基本延续了周敦颐《太极图》，被收入在其著作《学记图》中，《学记图》在有些史料上又称之为《南冥圣学图》。然而在诸多朝鲜儒学者中最为著名的当为大儒李滉，他对以前的观念进行综合，并将其本土化构建成朝鲜的朱子学思想体系，其代表作为《圣学十图》《天命新图》，将韩国儒学推向完整的成熟形态，形成盛行朝鲜的儒学图像说理的独特方式，对韩国、日本影响巨大。

一、李滉与《圣学十图·第一太极图》的成书过程

李滉是韩国著名的儒学家，他所著的《圣学十图》是研究儒家思想的重要著作之一。该书通过图示的方式，阐释了儒家经典的基本思想和原则，对于推广儒学和教育具有重要的影响。

（一）儒学家李滉

李滉，字景浩，别号退溪、陶叟、退陶、清凉山人等，祖籍真宝县（青松）。因曾在退溪居住，因此自号退溪；后在陶山建私塾，又被称为陶叟。他一生经历了朝鲜李朝四个王朝统治时期从燕山君、中宗、明宗再到宣祖。燕山君七年（1501）农历十一月二十五日，出生在庆尚道礼安县温溪里（今安东市陶山面温惠洞），是家中最小的一个。[1]历史资料显示，祖辈李滉的祖先曾在朝廷担任过要职。玄祖李子修曾任通宪大夫判典仪寺事，恭愍王十一年（1362）作为郑世云的副将出征讨伐红巾贼有功，封为"松安君"。高祖李云侯

---

[1] 李滉的父亲与礼曹正郎金汉哲的女儿结婚，育有三男一女，夫人金氏29岁去世后，再娶别侍卫朴缊的女儿，并育有四男。其中，夫人金氏所生子女中有一子年幼夭折，所以李滉实际上是七兄妹，李滉是再娶夫人朴氏所生。

是中训大夫，曾官任军器寺副正。曾祖李祯曾任善山都都护府使。祖父李继阳和父亲都是进士。李滉出生未满一岁失去了父亲，家庭经济重担落在了母亲一人肩上，家境因此显得颇为拮据。年幼的他六岁时便跟随邻居学习《千字文》；十二岁时跟随叔父松斋公（李堣）修学，学习《论语》等儒学经典；十九岁（1519）时第一次接触《太极图说》，当时为了理解《太极图》就先后学习了《周易》和《小学》；二十岁左右已经学习完《心经》、《性理大全》。由于幼年的勤学苦练，他长大成年后显露出聪慧的治学才能，于嘉靖戊子年（中宗二十三年，1528）成为进士，甲午年（1534）文科及第，成为承文院副正字，此后仕途顺畅，后来调任博士，历任了成均馆典籍（均馆典籍）和户曹佐郎（户曹佐郎）。直到他36岁时，也就是丁酉年（1537），由于各种原因开始了辞官模式。这年冬天李滉的母亲去世，他辞官守孝三年。守孝期满后，他被任命为弘文馆修撰（弘文馆修撰）。此后的三年内他先后担任了司谏院正言、司宪府持平、刑曹正郎、弘文馆副校理兼世子侍讲院文学、议政府检详、议政府舍人，司宪府掌令、成均馆司艺兼侍讲院弼善，司谏院司谏和成均馆司成（正三品）等职务。甲辰年（1544）春他被任命为弘文馆教理，随后被任命为左弼善，弘文馆应教与典翰，最终因病免职，成为司雍院正，后又被复职。后因为奸臣李基（芑）拖累被撤职，但不久后他再次恢复职务，担任司仆寺正。丙午年（明宗元年，1546）的春天，他再次因为外舅举行葬礼请假而停职。次年，丁未年（1547）秋天，他被调回首尔受命为鹰校，但到了首尔后因病又被免去了职务。戊申年（1548）一月担任外职，他成为丹阳郡守，后担任丰基郡守。己酉年（1549）冬季，李滉因病辞职，直接返回故乡后遭到弹劾，被剥夺了官阶。壬子年（1552）夏天，他再次受命返回朝廷，被任命为教理。之后他又被调到应教，后来晋升为成均馆大司成。此后他因病被免职，后再次成为大司成，刑曹参谋和兵曹参议，但均因病被免职，成为金知中枢府事。乙卯年

（1555）春天，休假期间被解职，他租船东归。此后他被任命为瞻志中枢府事，被任命为弘文馆副提学，接连接到召命，但均因病谢绝任职。戊午年（1558）秋天李滉上诉请求免职，想让明宗收回成命，但没有得到批准。于是无奈之下只能进都城去谢恩，此后他被任命为大司成不久，又被任命为共助参判。尽管李滉三番五次地推辞，但明宗一直也没能应允。次年春天，他只得请假回到家乡，并三次上书请求免去任命了的同知中枢府事。乙丑年（1565）夏天，他上传文书态度坚决要求辞官在家。同年冬天，李商下令特旨，重新任命他为同知中枢府使。丙寅年（1566）一月，李滉只得带病上路，登文致谢，在回首尔途中被任命为互助判书兼任大提学。他也是极力推辞担任新的官职，等待回家。丁卯年（明宗二十二年，1567）春天，明朝使臣来到首尔，因此传召了他。李滉六月进入都城，这时正好明宗驾崩，年仅十七岁的宣祖即位。宣祖任命李滉为礼曹判书，李滉推辞不肯就任，后因病还是被免了职。十月再次接到被任命为知中枢副使的命令，并被要求上任，李滉仍然上奏恳请辞职。

戊辰年（宣祖元年，1568）对于朝鲜儒学界是非常重要的一年。一月，李滉再次被宣祖任命为议政府右赞成并督促他就任，李滉再次上诉，强烈要求辞官。在多次恳辞中推脱不了，他最终成为中枢府事。同年七月，李滉在一次朝中上辞呈，呈报六项建议，也是后人经世论著代表作《戊辰六条论》。十二月，他呈上了著名的《圣学十图》。后他虽然成功辞掉了右赞成职务，但被任命为大提学、吏曹判书。① 但献书的时间在众多资料上均不相同，《国朝宝鉴》（1895）卷之二十四中记载"十一月。李滉进劄上圣学十图。"但是在更早的《退溪先生年谱》（1843）卷之二中及《宣祖实录》虽然确切的时间不一致，但是可以确定的是十二月，所以这里采用了学术界比较认可的十二月。

---

① ［韩］奇大升：《高峰集》第 3 卷，《高峰全书》，2007 年。

己巳年（1569）三月，李滉一再要求次子帮他上书辞官文书，宣祖才得已准予他辞职。此时的李滉已是病情非常的严重了。隆庆四年（宣祖三年，1570）十二月农历十二月初八日，李滉离世。他被追封为议政。①

李滉穷其一生研究朱子学，其著作丰富。学术成就主要集中在五十岁以后，大量的论著产生于此段时间。从五十三岁起，他先后修订了秋峦郑之云（1509—1561）的《天命图》（天命旧图），重新绘制了《改定天命图》（天命新图）。其著作主要有《朱子书节要》《宋季元明理学通录》《启蒙传疑》《西铭考证》《心经后论》《论四端七情书辩》《圣学十图》等，结集为《陶山全书》四册、《增补退溪全书》五册、《退溪学文献全集》二十册，被尊为"海东之考亭"，其学说被称为"退溪学"。晚年他重视教育，潜心研究儒学，早年因购置在退溪的西边购置了寒栖庵为居室，所以他自号退溪，后人都尊称他为退溪先生。暮年时他在陶山之南建筑了书室（即后来之陶山书院）著述讲学，门徒众多，形成退溪学派。②

（二）经典之作《圣学十图》

《圣学十图》是李滉六十八岁时向宣祖敬献的作品。此书著于李滉晚年，是李滉哲学思想成熟的体现。学术界将《圣学十图》看作是李滉以朱子为中心的哲学体系的构建。书中探讨了儒家学习的不同方面，内容涵盖了从基础的伦理道德到个人修养、社会责任等多个层面，强调了学习的重要性和实践的必要性。李滉在书中提出的"内圣外王"理念，强调了个人内修与外治之间的辩证关系，是李滉对以前儒学观点进行综合，韩国本土化后，创立韩国朱子学思想体系，并把它推向完整的成熟形态，为后来的儒家学习提供了重要的指导。全书共有

① ［韩］奇大升：《高峰集》第3卷，《高峰全书》，2007年。《退溪先生墓碣铭》铭文是李滉自己建造并同时写的。

② ［韩］尹丝淳著；赵甜甜、唐艳译：《退溪李滉的哲学思想》，中山大学出版社，2023年，第2—7页。

54 页，由两个部分组成。一部分是上呈此书写给宣祖的劄子，有 11 页。另一部分则是书的内容，有 43 页。他在上书的时候说："臣窃伏以道无形象，天无言语。……圣学有大端，心法有至要。揭之以为图，指之以为说，以示人入道之门、积德之基，斯亦后贤之所不得已而作也。"① 他说《圣学十图》之所以采用图说的形式呈现原因，是因为以图说的方式向人们展示道与德，更易让人理解入道的方法，也是圣贤们采用的方式。《圣学十图》主要由十个主题组成，涵盖了儒家教育、道德修养、政治哲学等方面。每个主题都以一个图来表示，十个主题由十幅图分别表示，除了图画表达之外还辅助以文字加以说明，来强化理解。尽管李滉在创作《圣学十图》的过程，从《太极图说》开始到《夙兴夜寐箴图》为止，并没有记录下阅读的年代和学习的要领，而是在多年潜心研究领会朱子学要领的基础上完成的。李滉在《劄子》中也明确表示《圣学十图》内容主是在以往圣贤们圣学心法的基础上归纳总结提炼而来。"于是谨就其中拣取其尤著者，得七焉。其《心统性情》则因程图而附以臣作二小图。其三者，图虽臣作，而其文其旨，条目规划，一述于前贤，而非臣创造。合之为《圣学十图》，每图下辄亦僭附谬说，谨以缮写投进焉。"② 十图中其中七幅图是从众多学者的论著中择取而来的：《第一太极图》取于周敦颐的《太极图说》中的太极图；《第二西铭图》（上下）与《第八心学图》均为程复心所作；《第四大学图》是李氏朝鲜权近（阳村）所绘；《第七仁说图》出自朱熹之手；《第九敬斋箴图》是南宋的王柏所作。《第三小学图》《第五白鹿洞规图》《第十夙兴夜寐图》皆由李滉自己绘制的。另外还特别说明，《第六心统性情图》（上中下）是由程复心的画上，加上李滉所创作的中下二幅小画。在每个图的后面有先贤的学说和李滉自己对学说的理解及感悟。尽管在《圣学十图》主要引用了他人的图表和论

---

① ［韩］李滉：《次子（劄子）》，《退溪先生文集》第 7 卷。
② ［韩］李滉：《进圣学十图劄（并图）》，《东贤奏议》卷十二。

述，但这些内容都是在他深入研习儒家经典并构建起自己的理论体系之后，有选择性地借鉴他人观点，并加以突出和强调，最终精心编纂而成的。

为了更清楚地看到《圣学十图》的内容与结构，依据《进圣学十图札并图》中所述的图的来源及其理论依据及文本的关系，综合韩国成均馆大学安炳周教授所作的简表现绘表如下：

《圣学十图》的图文关系		
篇章图名	图作者	理论来源及文本说明
《第一太极图》	周敦颐（1017—1073）	周敦颐《太极图说》，朱熹注，李滉阐释。
《第二西铭图》（上下）	程复心（1279—1368）	张载《西铭》，引用宋人解说及李滉阐释。
《第三小学图》	李滉	朱熹《小学题辞》，李滉阐释。
《第四大学图》	权近（1352—1409）	《大学》，朱熹《大学或问》李滉阐释。
《第五白鹿洞规图》	李滉	朱熹《白鹿洞书院学规》，李滉阐释。
《第六心统性情图》（上中下）	程复心（上图），李滉（中、下图）	林隐程氏（程复心）《心统性情图说》，李滉注释及说明。
《第七仁说图》	朱熹	朱熹《仁说》，李滉阐释。
《第八心学图》	程复心	林隐程氏（程复心）《心学图说》，李滉阐释。
《第九敬斋箴图》	王柏（1197—1274）	朱熹《敬斋箴》，李滉阐释。
《第十夙兴夜寐箴图》	李滉	陈南塘（柏）《夙兴夜寐箴图》，李滉阐释。

《第一太极图》作为《圣学十图》的第一图，是经过李滉深思熟虑的结果。《圣学十图》中十图的先后次序有特定寓意，把周敦颐《太极图》放在首图的位置，一是《太极图》讲述的是宇宙生成论，是《圣学十图》的"思想纲目，

最具综合概括性"，有着提纲挈领的作用。二是因为李滉认为它是圣学的开端、心得最重要的方法。在这里可以把《第一太极图》看作《圣学十图》其余九图的首领。《太极图》放在首页，其余九图则是围绕它展开。这一模式也是借鉴了朱熹的《近思录》中将《太极图》作为的首章，其目的与意义相同。李滉在《第一太极图》后附言《太极图》是"以造化言，朱子谓此是道理大头脑处，又以为百世道术渊源"①。

《第一太极图》将人的本性与天道之间的逻辑关系进行了系统化阐述。李滉认为太极蕴含着存在与生成的根本原理，这一太极原理即是人的本性，构成了人之所以为人的根基和发挥功能的基础。因此《第一太极图》中以周敦颐《太极图》为主图，位于中心，图的第二或第三层开始左右两侧是李滉照搬了朱熹《太极图说解》中对周敦颐的《太极图》内各图层的意思作的解释说明。创新之处恰在于图文的组合方式，融合两大儒学家对宇宙观的见解，并很好契合主图所表达的意思。阐释因版本的不同开始注释的位置稍有不同，现存湘南学院周敦颐纪念馆的《圣学十图》旧写本中可以看到《第一太极图》阐释文字从《太极图》的第三层开始，页面两侧自右向左、自上而下呈纵行分布，规整清晰。而后两幅选自韩国国会图书馆藏《退溪先生文集》卷之七《劄子》中的《第一太极图》，两者虽均出自《退溪先生文集》卷之七《劄子》，却因收录的不同时间和不同版本而各有差异，两者的版式与所采用的字体均不一样，左右阐释的位置相比湘南学院所存的版本中的位置是要高，但就两者的起始位置也略为不同。目前所搜集的版本中大部分《太极图》的第一层○图上半部左右均为空白，很好地与第一层○"无极而太极"意思相吻合，因而形式与内容巧妙的结合显示了李滉的独具匠心。

---

① 王晓霞：《韩国儒学的图说学与周敦颐〈太极图〉》，《东南学术》2023 年第 1 期。

《圣学十图》版本图表

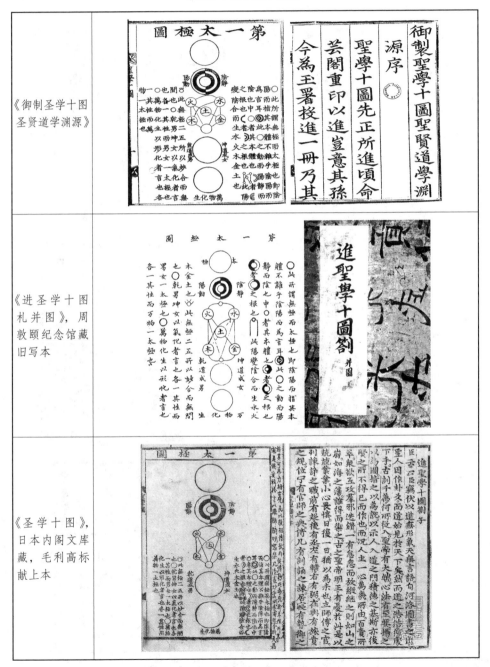

《御制圣学十图 圣贤道学渊源》	
《进圣学十图 札并图》，周 敦颐纪念馆藏 旧写本	
《圣学十图》， 日本内阁文库 藏，毛利高标 献上本	

（续表）

《圣学十图》，朝鲜总督府旧藏本	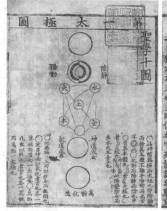
《圣学十图》，《三先生遗书》本，早稻田大学馆藏朴世采写本	
《圣学十图》，庆应大学藏和刻本	

（续表）

《圣学十图》，挂图本	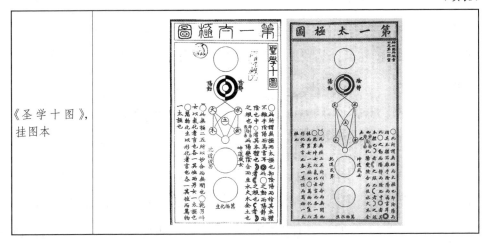

李滉在其图解中与朱熹的《太极图说解》持有相同的观点，即认为太极的本体超越了阴阳的范畴，太极的动态产生阳，静态产生阴。无极与太极的结合是精妙且无间的。人类是通过获得太极之气而实现转化的，而万物则是通过获得太极之形而实现转化的。从"确立太极"到"确立人极"的过程，展现了"天人合一"的哲学思想。

《第二西铭图》是《圣学十图》的第二图，主要是对北宋著名思想家张载的《西铭》进行阐释。《西铭》是张载在学堂双牖上书写的两篇文章之一，《西铭》最初名为《订顽》，后由程颐改名为《西铭》。这篇文章被张载的学生收录于《正蒙》中，也称为《乾称》篇。全篇篇幅不长，主要是关于体悟"求仁"境界的精神家园与价值理念。其核心思想是"民胞物与"，就是把宇宙当成一个大家族，每个人应有的道德义务，强调了"存，吾顺事；没，吾宁也"的乐天顺命思想和"为天地立心，为生民立命，为往圣继绝学，为万世开太平"的价值理想，构建社会理想蓝图。《西铭图》是元朝程复心所绘，系统的解说集中在其著作《四书章图总要》中。李滉根据程复心的《西铭图》以"理一分殊"思想进行系统的解说。李滉借助《第二西铭图》对人的存在的普遍性和个别性进行了逻辑剖析，揭示了作为万物一体的仁道。《西铭图》分为上下两个部分，上图着重于明理一分殊之辩，下图则"尽事亲之诚以明事天之道"，把《西铭》"求仁"的精义，从"主体与客体的和谐"贯穿到"明天地万物一体"的道理。

在李滉的《圣学十图》中，《小学图》和《大学图》紧随《太极图》和《西铭图》之后，分别位于第三、四位。在《圣学十图》中，《第三小学图》与《第四大学图》共同构成了"十图"的基础，其余八图都与这两图相关联，体现了从天道到人伦，再到教育的递进关系。《第三小学图》是由李滉本人依据朱子的《小学题辞》的目录创作出来的图与《大学图》相呼应。《小学图》强调了教育的基础性和重要性，以及通过"敬"来实现教育目标的重要性。在《小学图》解说又引用朱熹《大学或问》的内容，"学之大小，固有不同，然其为道则一而已。是以方其幼也，不习之于小学，则无以收其放心，养其德性，而为大学之基本；及其长也不进之于大学，则无以察夫义理，措诸事业，而收小学之成功"。其阐述大学与小学是相互依赖的关系，要把小学、大学连贯一起看。《第四大学图》中，李滉采用了李氏朝鲜的权近（阳村）的图，旨在阐释《大学》的经文和朱子的《大学或问》，强调"敬"在学习和思考中的主导作用。李退溪在《圣学十图》中对图序有明显的结构安排，前五图"本于天道，而功在明人伦、懋德业"，后五图"原于心性，而要在日勉用，崇敬畏"。

《第五白鹿洞规图》是李滉基于朱熹在白鹿洞书院制定的学规而作的图。学规中明确了教育的目的，提出了修身、处世、接物的基本要求，强调了"父子有亲、君臣有义、夫妇有别、长幼有序、朋友有信"等五伦的教育。李滉通过对《白鹿洞规图》的阐释，提出圣学居敬、穷理，核心在"敬"，强调五伦五常这些伦理关系应该到人伦中去实践。

《第六心统性情图》是《圣学十图》中的第六图，由上、中、下三部分组成，旨在揭示心、性、情之间的关系。《第六心统性情图》上图由元儒程复心所作。它主要探讨了心、性、情的基本关系，强调心的主导作用，认为心能够统摄性情，使之和谐统一。中图是李退溪自作，主要讨论了本然之性与四端之情的关系。中图中的"性圈"中只有"仁义礼智"，代表本然之性未受气质影响的理想状态。这种状态下的性是至善无恶的，所发之情是"四端之情"，也是至善无恶的。退溪在这里强调了性善论，认为在理想状态下，性情关系是纯粹善的。下图也是李退溪自作，进一步探讨了本然之性融入气质之中的现实状态。下图的"性圈"中除了"仁礼信义智"之外还有"清浊粹驳"，说明现实中的性是受气质影响的。这种状态下的性是有善有恶的，情也包含了七情，既有道德情感也有自然情感。退溪通过这一图示表达了现实世界中性情关系的复杂性。三图共同强调了心在统摄性情中的核心作用，心的修养是实现性情和谐的关键。通过上中下三图，退溪展示了性情关系的不同层次，从理想状态到现实状态，揭示了性情关系的复杂性和修养的重要性。《第六心统性情图》是退溪对心、性、情关系的深刻阐释，体现了他在理学思想中的独创性和对朱子学的继承与发展。

《第七仁说图》作为《圣学十图》中的第七图，直接运用了朱熹所作的图，主要探讨了"仁"的概念及其在儒家思想中的重要性。李退溪在图中引用了朱熹的观点，认为"仁"是天地生物之心，也是人应有的道德心。在"人生而静之上"未发之前，四德（仁、义、礼、智）都具备，而"仁"则包含并统摄了这四者。作为道德理性的"仁"，在人的存在中具有重要的精神或思想价值，是生命存在的价值所在。李退溪通过"仁"来贯通天地自然与人类社会，使其成为天人之间的关节点和媒体。"仁"不仅是理论上的概念，更是实践中的指导原则。他强调通过修养和实践来实现"仁"的境界，使之成为个人道德修养的核心。

《第八心学图》是《圣学十图》中的第八图，源自林隐程氏（程复心）《心学图说》，主要探讨了心学的核心概念和实践路径。李滉在图中将心分为"道心"和"人心"。道心是本源于性命而觉于义理的心，是符合天理的道德心；而人心则是生于形气而觉于欲的心，容易受到私欲的影响。他借鉴了朱熹的观点"心是身体的主宰，而敬又是心的主宰"，以此为自己的"敬"思想画龙点睛。这与之前关于"敬"的讨论相辅相成，相较于朱熹曾并列提出的"持敬"与"穷理"，更加凸显了退溪对"敬"的特别重视，从而完善了他对"敬"思想体系的构建。李滉强调"以敬存心"，认为通过持敬的修养，可以使人心变为道心。这一思想体现了他对心学的独特理解，即通过道德修养来实现心的净化和提升。在《第八心学图》中，他提出了"存天理遏人欲"的两条进路，通过努力修养，存养天理，抑制私欲，从而达到心的道德化和理性化。《第八心学图》是退溪心学思想的重要体现，展示了他对心、性、情关系的深刻理解和对儒家道德修养的重视。

《第九敬斋箴图》主要基于朱熹的《敬斋箴》进行阐释。《敬斋箴》强调了"敬"的重要性，提出了具体的修身实践方法，要求在日常生活中保持恭敬和谨慎的态度自戒和修身。退溪在《敬斋箴图》中进一步阐释了朱熹的"敬"思想，强调"敬"在圣学中始终如一的重要性。他认为，通过"敬"的修养，可以达到心的净化和提升。退溪引用了真德秀的话，指出"敬之为义，只是无复余蕴"，并列举了朱熹关于"敬"的具体实践细目和适用的各种场所。《敬斋箴图》不仅强调了"敬"的理论意义，还提供了具体的修身养性方法，指导人们在日常生活中如何实践"敬"。退溪将"敬"视为圣学的核心，认为它是实现道德修养和心性提升的关键。

《第十夙兴夜寐箴图》是《圣学十图》中的最后一图，主要基于陈茂卿所作的《夙兴夜寐箴》进行阐释。箴言中提到"鸡鸣而寤，思虑渐驰"，强调在清晨鸡鸣时醒来，整理思绪，反省过去的错误或总结新的收获。在日常生活中，要保持端庄的仪态和恭敬的心态，如"盥栉衣冠，端坐敛形"，"提掇此心，皦如出日"，即要整理仪容，端正坐姿，保持内心的明亮和清净。在学习时要"对越圣贤"，即面对圣贤的教诲要恭敬地学习和思考，将所学应用于实践。在晚上要"斋庄整齐，振拔静明"，即保持庄重和整齐，使心灵保持清净。退溪通过《夙兴夜寐箴图》将陈茂卿的箴言具体化为日常生活的实践指导，强调从早到晚都要保持恭敬和谨慎的态度。他认为通过这样的日常修养，可以使心保持在一种"静存动察"的状态，即在静态中保持内心的宁静，在动态中保持对事物的明察。

《圣学十图》作为一个整体构成了天人合一的体系。第一图《太极图》和第二图《西铭图》联结到一起构成了他的宇宙论学说，第五图《白鹿洞规图》第八图《心学图》专注于心性论的理气关系与四端七情扩展到作为社会共同体成员该遵守的责任与义务。

从第一图太极图与第二图西铭图中可以了解到世界的本源。从第三图《小学图》与第四图《大学图》中体会到身心学习方法。第九图《敬斋箴图》与第十图《夙兴夜寐篇图》中体会到实际的修养方法。其余第五图《白鹿洞规图》、第六图《心统性情图》、第七图《仁说图》、第八图《心学图》的性质在《圣学十图》里担当扩展、深化、附言的角色。

从《太极图》可以看出退溪的思想体系中有专注于"理气、太极、阴阳"理论的天道范畴。理作为世界的本原和主宰，亦可以用太极来表述此即"太极即理"。在退溪思想中，太极与阴阳是既对立又互补的关系，他承认太极依赖于阴阳动静的原理。这符合退溪所说的万物是合理气而成的主张，与理气在一起才是完整的整体。退溪说太极能动静，因此理具有可以控制气的力量，更加强调修养的必要性，这样就不会将儒家的根基性理论"性善说"动摇。

《圣学十图》涵盖了退溪所重视的儒家圣贤论述，同时也包含了他认为必要的补充与完善。研究发现，退溪对先贤的论述并非简单照搬，而是融入了自己的理解和进一步论证。因此，通过《圣学十图》，我们一方面可以窥见退溪所推崇的儒家文化，尤其是程朱理学；另一方面，也能了解他对儒家文化，特别是朱子学的个人论述与发展，从而深入理解退溪的思想体系及其文化价值观。

在成书的过程中，李滉对内容进行了多次修订和完善，以确保体现出的思想准确无误且易于理解。完成后的《圣学十图》在当时的知识分子中广泛传播，成为学习儒学的重要教材之一。在后来的儒学研究中，这部著作也被视为经典之作，对后世儒学的发展产生了显著的影响。

二、韩国、日本《圣学十图》的版本

李滉及其学问在韩国得到高度评价，很多学者和论著都评价他为"东方第一人"，他盛名远传，也得到了隔壁邻国日本学者的高度赞誉。渡边豫斋评价说，"退溪学识造诣远非元明诸儒可比"。而薮孤山认为李滉是继程朱之后继承儒学正统的韩国儒学代表人物。"孔子之道……直至宋朝的程朱深入研究，才得以明示。"其圣学经朝鲜李退溪传承，于日本德川时期（1603—1867）前后传至日本山崎闇斋（1618—1682），并对日本儒学（性理学）的发展影响巨大。韩国儒学研究学者尹丝淳表示即使把比较范围扩大到中韩日三国，在当时李滉也是第一人。① 可见，学术界对李滉及其学问的认可。

（一）《圣学十图》图书版本及传播

李滉的《圣学十图》作为一本经典的儒学专著，不仅在韩国文化中占据重

---

① ［韩］尹丝淳著；赵甜甜、唐艳译：《退溪李滉的哲学思想》，中山大学出版社，2023年，第2页。

要的地位，且成为朝鲜历代国王和学者的重要参考书籍，同样对日本等东亚地区的儒学传播有着重要影响，成为研究东亚儒学的重要文献之一。其传播历史悠久，版本众多。它在朝鲜历史上多次重印，仅在朝鲜王朝时期，《圣学十图》至少被印刷了 24 次之多。其最早的版本多为手抄本，随着刊印的发行，以及学者们对李滉这个伟大的儒学家的研究持续的热度，出现了多个印刷版本。这些版本不仅在内容上进行了整理，并附有详细的注释，这些版本在内容上虽大致相同，但在插图、注释及排版等方面各有特色，体现了不同学者的解读与感悟。据韩国著名儒学者金章泰总结历代研究《圣学十图》比较著名的有三十三位学者，韩国本土的有艮斋李德弘（1541—1596）和芝山曹好益（1545—1609）四未轩张福枢、后山许愈、秀山金秉宗、省斋权相翊、恭山宋浚弼、钦斋崔秉心、阳泉丁大秀、重斋金榥、朴钟洪、李相殷、金斗宪、柳正东、尹士顺、安炳周、金章泰、尹炳泰，以及日本的友枝柳太郎、高桥进和中国的张立文等人。[①] 他们主要集中在介绍、讨论、注释、应用并绘制图表等方面的研究。另外，还有一些译本及研究论文，探讨了《圣学十图》的历史背景、思想内涵及其在现代社会中的意义。丰富多样的版本使得《圣学十图》更加易于理解和传播。

《圣学十图》于 1568 年（戊辰年）敬献给朝鲜宣祖时并未能刊印。《宣祖实录》中记载《圣学十图》的成书时间为 1568 年十二月朔日，即十二月初一日。但在退溪的年谱中，被记载为当年的十二月十六日（庚寅日）。这也导致许多学者的论著当中这一时间也是各不相同。而近来的退溪家年表则采纳了年谱的记录，将十二月十六日作为创作完成日期，并据此进行修谱。而关于《圣学十图》成书和附署的时间间隔问题，虽然证据中没有直接提到具体的间隔时

① ［韩］金章泰：《〈圣学十图〉注释》，《退溪学报》第 48 辑，退溪学研究院，1985 年，第 6—22 页。

间的原因，但可以推测，制作和附署的时间存在一定的间隔应该是与李滉在创作过程中对学术成果的反复修正和完善的时间差。

李滉在《圣学十图》的进札中说道："第缘臣怯寒缠疾之中，自力为此，眼昏手颤，书未端楷，排行均字，并无准式。如蒙勿却，乞以此本，下诸经筵官，详加订论，改补差舛，更令善写者精写正本，付之该司，作为御屏一坐，展之清燕之所，或别作小样一件粘贴为帖，常置几案上，冀得于俯仰顾眄之顷，皆有所观省警戒焉，则区区愿忠之志，幸莫大焉。而其义意有所未尽者，臣请得而申言之。"从中看到他对于学问的严谨态度，意思是他年事已高，眼花手抖，不能把字整齐的排好。这个版本还得要请经筵官们进行评论，纠正其中的错误和不足之处，最后还要请书法好的人精写下来制作正本，然后交给司曹制作成御屏，或者再做几个小装贴，放在案上，以便随时俯仰观省，警戒。宣祖接受了李滉的提议，十二月二十六日命令制成屏风，并刊印颁发给群臣，在夜对时进讲。后序这一过程被详细记录在退溪的孙子蒙斋李安道的《蒙录》和学峰金成一的《实记》中。

《堂后日记》记载："己巳三月十一日，传曰：夕玉堂持《圣学十图》况馆中时未及校正，何敢易言。"可以看到 1569 年时，《圣学十图》刊印工作已经启动，只是三月十一日时洪文馆还没有完成校正工作。当时退溪已在归乡途中，十分关心此事，于是写信给大司成高峰与政院和弘文馆联系，并让孙子和金潜斋负责原版和刊印的对校工作。从书信中关于《圣学十图》刊印的碎片式记载，可以得到以下信息。书籍的印刻地点在首尔，由李光明负责刻印，初版印刷好就送到陶山，让李滉确认。最初李光明是不肯把劄子印上，后李滉要求他刻上去。进呈的初版印式与后来的小样十图不同，其中的篆书都是退溪亲手所写。采用木版刻字刊印，心学图刊印效果不佳，因此重新刊印。如果李明光无法刻制，则请外部人员刻制，由弘文馆的首任绘制后刻制。十图中最后刊印的劄子一版的校正是由高峰完成的。刊印过程中原版与刷图的对校、印刷进展及联系工作由文人金潜斋负责。退溪校阅初版印本并修改后寄往首尔，孙子蒙斋会逐字向高峰汇报，之后的刊印工作由高峰负责。① 经过如此复杂而繁琐的过程，刊印工作终于在七月下旬完成。高峰在七月二十一日给退溪的书信中报告说，已经就文昭殿事宜进行了禀议，并且《圣学十图》的刊印也接近尾声。

刊印完成的《圣学十图》在八月进行了装裱，制成屏风，于九月初连同兵帖一起进献给宣祖。宣祖在九月初四日将十图颁赐给群臣，颁赐的机构有40多个。之后，庆尚监司李阳元向李滉请求想在地方刊印发行，但被退溪制止。

李滉给孙子的回信中还记载了刊印完成的《圣学十图》颁赐给身为判中推府事的李滉是在次年庚午年春天。"十图颁赐一件，枢府送来，而枢府答状，但言受药不言受十图，枢府若仇叱同（下人名），须以忘未入答之意，通于宋都事，为可。"以上是刊印及刊印后的概况。之后陆续地追刊了（星州、海州、咸兴、永州、平壤、顺天、南原）刊以及校书馆刊，这些在尹炳泰教授的《退溪书志的研究》中有详细记载，而重刊的情况则是记录在金章泰教授的调查报告中。根据他的调查，屏风、兵帖、刊印分别在光海君二年（1610）和五年（1613）、仁祖元年（1623）、肃宗六年（1665）、英祖三十一年（1755）、正祖二十三年（1799）进行过。而据李相殷篇译《进圣学十图劄》中谈到《圣学十图》最初名为《进圣学十图》，原本是一册木刻本，收录在《退溪文集》第七卷"劄子"，后来才称为《圣学十图》。所以现在看到很多版本的《圣学十图》其出处均来自《退溪文集》第七卷《劄子》。

《西厓先生年谱》卷一中详细地记载了《圣学十图》传入中国的情况。在

① 退溪学丛书编辑委员会编：《答安道孙》，《陶山全书》，退溪学研究院，第303—306页。

1569 年（己巳年）的十月，书状官西厓先生（柳成龙）与青莲李后白一同前往北京与吴京（字仲周）会面，讨论学术时并传递了《圣学十图》。①

《圣学十图》版本很多，有早期的手抄本，还有大量的印刷版本。我国现存手抄本有初刊本及明代殿本进呈手稿抄本。流传于世的古籍版本较早的为现在日本内阁文库所藏的朝鲜隆庆六年（1572）在朝鲜的荣川郡刊印的版本。朝鲜肃宗十七年（1681）由吴道一首次刊印公开发行。朝鲜英祖十七年（1741）再次重印。书首有《进圣学十图劄并图》，署款"判中枢府事李滉"，卷尾有"吴道一跋"，牌记为"丙子春，天极儿膳。辛巳秋，装于守山书室"。其书结构为太极图、西铭图、小学图、大学图、白鹿洞规图、心统性情图、仁说图、心学图、敬斋箴图、夙兴夜寐箴图 10 幅图，每幅画图后面都附有作者意见。现收藏存于湘南学院周敦颐纪念馆的写本，基本保留源本样式。全书在形态是呈东方古籍书的开本方式，由右至左。有目录页，劄子页及内页。劄子页里每页九行，每行 20 字，有墨笔眉批。对濂溪以来流行的诸儒图说中的失当处进行了修正。字体为楷书，排列工整。书籍的视觉效果好，阅读轻松。

学界后来还发现了一部署名金范的《圣学十图》，尽管其确切完成时间尚无法确定，但从内容分析来看，其成书时间至少应在栗谷李珥的《击蒙要诀》出版之后。该版本中约有 50% 的内容与李滉的《圣学十图》一致，而其余相异之处则可视作对李滉版本的补充和修订。

韩国《圣学十图》的资料非常丰富，形式多样，包括翻译、注释、图画、电子版本、有声读本及 VR 等，版本形式与科学技术及阅读方式紧密结合。目前仅韩国古典综合网站能检索到涉及《圣学十图》的资料就有 837 份。其中经典译本有 188 份，包含有 15 篇记事，173 篇文章。朝鲜王朝实录有 33 份，包

---

① 《西厓先生年谱》卷一，第 4—69 页。

含 9 篇记事，24 篇文章。新译朝鲜王朝实录有 3 份。承政院日记 21 份，其中 3 篇记事，18 篇文章。日省录有 7 篇。韩国文集总刊有 323 份。古典原文的有 30 篇。韩国古典业刊有 7 份，韩国文集总刊编目索引 10 篇。古典翻译中脚注信息有 107 条。从 1964 年到 2024 年期间国会图书馆首尔馆藏资料为 224 份，国会釜山图书馆馆藏有 15 份。国会图书馆馆藏中有原文资料的有 208 份。其中有 67 个文件是有原始材料的 PDF 版，可以进行下载。还有语音支持的有 51 篇。而教保文库相关资料相对较少一些，总共 60 本，其中纸质版本有 35 本，Ebook 版本有 25 本。

目前，现代韩国《圣学十图》专著版本有尹丝淳译著《圣学十图》，乙酉文化社 1987 年版；高丽大学民族文化研究院，韩国思想研究所《（译注与解说）圣学十图》2009 年版；李相镇、宋基燮、李德一解译《圣学十图：东国十八选》1997 年版；姜宝承翻译《圣学十图：寻找我的十张地图》；韩炯祖读解，韩亨朝（直译）《圣学十图：自我救赎指南》，韩国学中央研究院出版部 2018 年版；琴（金）章泰所著《〈圣学十图〉和退溪哲学结构》，首尔大学出版部 2001 年版；赵南国译《通俗易懂的圣学十图》，教育科学史 1990 年版；郑佑荣、张三植译《圣学十图》，科学社 1998 年版；赵南国、赵南旭、杨永阁、杨英阁翻译《圣学与敬：圣学十图》，圣学辑要，1982 年译本；崔在穆《容易读懂的退溪圣学十图》，韩国岭南大学 2004 年版。还有电子版本如退溪李滉著，Cicbooks 编辑组翻译《圣学十图 10 篇关于性理学的图画和文章》，Sieg Books, 2018 年；洪元植翻译《圣学十图：真正的成人之路》；退溪李滉著，卓阳肾译《退溪李滉：退溪集·天命图说·心学·圣学十图劄记名言》，2019 年。以及漫画版本如赵南浩改编，申明焕画《画中见性理学：李滉的圣学十图》，三星出版社 2006 年版；许景大作，郑允採画《漫画李滉圣学十图》，首尔人文古典 2011 年版。此外还有李铉辰、李源震、金亨信、朴镇勋、金智妍、金肾洙、金浩南、文俊锡、既定、玄胜哲、洪光民、洪光民合著的《Tansable Philosophy：圣学十图》，青岚 2020 年 VR（虚拟数字）版本，等等。著作版本不胜枚举，其数量之多，形式之新，让人惊叹。由此可见，《圣学十图》在韩国文化思想教育中所占的分量。《圣学十图》在韩国广泛传播，不仅从内容和形式上加以变化，且与先进的数字技术相结合，以视、听等多样化的新媒体传播手段展示在世人面前。至此，我们会发现，在韩国，《圣学十图》等哲学思想的书籍并不再局限于学术的领域，而是真正融入了平民百姓的生活当中，把退溪注重实践的思想体现得淋漓尽致。

从这些版本中我们不难看出，尽管版本众多，却基本遵循了原著的思想，只在侧重点上有所不同而已。其目的都是为了让人们更好地读懂圣人的思想。尹丝淳译著的《圣学十图》使用现代语言对原著古代汉语进行翻译，语言更加通俗易懂，便于现代读者理解和接受。他根据自己的理解和现代学术视角，对原著中的某些内容进行适当的解读和阐释，也对相关图案、理气论、心性论等方面增加了分析和叙述。他对原著中的某些思想进行更深入的挖掘和分析，加强了原著内容与孔孟的四端七情思想、二程与朱熹的天理人欲思想之间的联系，使读者能够更深层次地理解其中的含义。从 1990 年赵南国译本《通俗易懂的圣学十图》的书名便能洞晓译者的著书动机。

涉及《圣学十图》文章更是不计其数。韩亨柞的《退溪〈圣学十图〉朱子学的理念与圣学的设计图南明学研究》从李滉个人的人生道路、编著《圣学十图》的过程以及《圣学十图》提出的概念等进行了详细的说明，并进一步探讨李滉的哲学思想与朱子思想的关系。尹丝淳在《退溪圣学十图研究》中叙述了《圣学十图》所涵盖的哲学思想，并对图义进行了详解。还有延边大学潘畅和教授的论文《通过退溪的〈圣学十图〉和栗谷的〈圣学辑要〉看两者的思想特点》等从不同的角度对比分析李滉与栗谷的思想异同。

（二）《圣学十图》日本版本与传播

据史料记载，朱子学传入日本大约是 17 世纪。江户时代（1603—1868），韩国朱子学蓬勃发展时期，李滉成为韩国朱子学界最耀眼的星。他的著作以及宋元明学者的著作朝鲜刻本传到了日本，给江户时代朱子学的兴起产生了极大的影响，出现了一批日本本土朱子学者。其中受最具代表性的当属藤原惺窝和山崎闇斋。藤原惺窝是朱子学忠实的追随者，推崇李退溪的《天命图说》以及他校刻的《延平答问》。山崎闇斋则熟读李退溪所有论著，思想深受启发，高度评价李退溪学说，称他为"朝鲜第一人"。山崎闇斋虽著作很少，但是却非常有见地，他最主要的著作《文会笔录》二十卷，大都是摘抄《朱子语类》《朱子文集》、程朱门人著作或者是朝鲜李退溪论著等作品。在关于世界本源的本体论即理气论方面，朱熹继承了二程和张载"性即理"的思想。李退溪的四端七情说，讨论了性与情的关系问题。他的"四端发于理"的论说不过是"性即理"的推论。藤原惺窝在文集中表示"此理具于人心而无应事者曰性，性亦理也"。由此看来，中、日、朝鲜朱子学派学者大都承认"性即理"的命题。山崎闇斋的理气心性说虽说有一定变化，但基本沿袭了朱熹与李滉的思想。随着朝鲜朱子学思想在日本的扩散，李退溪的学说与论著受到日本朱子学界空前的关注，对日本朱子学后期的发展有着极其重要的作用。

《圣学十图》传入日本后，受到了日本学者的高度评价和深入研究。日本学者在研究过程中，不仅关注其本身的哲学思想，还对《圣学十图》中的图示方法非常感兴趣，为后来图式化说明哲学开启了非艺术图像化历程。

《圣学十图》在日本的出版版本多样，涵盖了早期翻译、明治时期的再版以及现代汉字版。历史上版本有明代版本、江户时期宽文版本、宝历版本、明治时期版本四个时段。明代版本初版是李滉所著的原始版本，主要用于儒学教育，包含图示和解释，旨在使儒家思想更加直观易懂。江户时期的宽文版是

《圣学十图》在日本的最早翻译版本之一，由日本学者翻译并出版，帮助日本士人初步了解李滉的思想。宝历版是在早期翻译的基础上进行的修订和再版，进一步传播了李滉的思想。明治版是明治维新时期儒学在日本的地位发生了变化以后，《圣学十图》在这一时期被再次翻译和出版的版本，成为士人学习儒学的重要参考书籍。

目前，日本国内流行的版本相对韩国而言要少很多。检索到的只共 12 本，其中有 8 本是韩语版，仅有 3 本为日语版。但在图书拍卖市场有比较早的是江户初期的《圣学十图》写本。日语版的有 1975 年发行的由退溪学研究院阿部吉雄编译的版本，作者李退溪《李退溪全集：日本刻版》以及 1977 年影印的《圣学十图》版本，这本书的编译者不详。后来，友枝龙太郎编著的《李退溪的生涯和思想》在 1985 年由退溪学研究院出版。《圣学十图》韩语版的也是比较常见的一些版本。如 1985 年由尹丝淳在李滉基础上所编译的《圣学十图：论四端七情书》，乙酉文化社出版。2001 年首尔大学出版部出版了琴（金）章泰所著《〈圣学十图〉和退溪哲学结构》以及 2002 年国际退溪学会大邱庆北支部上庆尚北道出版的中《国译圣学十图附录》。还有 2001 年由李光洁编译，弘益出版社出版的《圣学十图》版本，并于 2012 再次发行修订版。还有 2018 年韩亨祚主编的《圣学十图，自我救赎指南》由韩国大学中央研究院出版部出版。论文有《李退溪〈圣学十图〉以"敬"为中心的意义》，小林宽发表在《研究纪要》。高桥进的《李退溪思想的体系的构成要诀：〈圣学十图〉的中心》于 1983 年发表在《伦理学》。日本的儒学者在不同历史时期对《圣学十图》进行了翻译和再版，是对《圣学十图》进行深入研究的结果，为学术界提供了更全面的理解，在一定程度上促进了李滉思想的传播。

《圣学十图》作为朝鲜儒学的重要著作，在日本的传播促进了中韩日三国之间的学术交流与合作。日本学者通过对《圣学十图》的研究，不仅加深了对朝鲜儒学的理解，也为日本儒学的发展提供了新的视角和思路，激发了日本学者在儒学研究中的创新意识。日本学者在研究过程中，不断将《圣学十图》的思想与日本的实际情况相结合，形成了具有日本特色的儒学思想体系。

三、现代意义与启示

在东亚文化圈中，《太极图说》和《圣学十图》作为两部具有深远影响的文化经典，不仅在中国本土产生了广泛的思想和文化效应，还跨越国界，在韩国和日本传播开来，成为中韩日三国文化交流的重要纽带。《太极图说》以太极图为核心，阐述了宇宙生成、万物变化的哲学思想，蕴含着丰富的自然观和宇宙观，直接被李滉编在《圣学十图》的首图，是对儒家宇宙观的认可，与其余九图一起构成了李滉的哲学思维体系，体现了他对儒家哲学的深刻理解和创新性发展，对韩国及日本的哲学思想、文化发展产生了深远影响。

《圣学十图》在哲学方面继承和发展了朱子学。《圣学十图》由十个图组成，每个图后附有李退溪的简要评论。其核心思想围绕天道观、心性论展开。李滉通过这些图示，将朱子的理学思想与朝鲜的实际情况相结合，提出了"敬"作为圣学的核心。这种思想体系不仅在理论上具有严密的逻辑性，而且在实践上也具有很强的指导意义。同时，李滉的心学思想在继承朱子学的基础上也是有所发展，他试图使朱子的理论更加系统和严密。他的心学思想与阳明心学有所不同，更注重道德修养和理性实践。

《圣学十图》中提出的"仁政"理念，突出了政治活动应具有的道德属性。李退溪认为，政治的核心目标是促进人性的道德提升，并借助道德化的政治手段来保障社会秩序与稳定。同时，他在《西铭图》中进一步强调了个体在这一政治道德体系中所应承担的道德责任和义务，将个人与社会紧密地联系在一起。这不仅是对"仁"与《西铭》所蕴含思想的深化与发展，更为我们解决当今社会中政治与伦理分离、法律与道德脱节所引发的诸多社会问题提供了有益的思路。政治应以道德为根基，通过道德化的政治实践来化解社会矛盾与冲突。同时，《圣学十图》还体现了儒家对"仁"的追求，强调"仁"是贯通天人的精魂。在现代社会中，人际关系日益复杂，要注重人与人之间的关爱和互助，进而构建起和谐社会的美好愿景。

《圣学十图》还着重强调了"天人合一"的理念，倡导人们通过道德修养来实现个人与自然、社会的和谐统一。这一思想在当下社会依然具有深远的现实意义。面对现代社会众多的环境问题和社会矛盾，李退溪的"天人合一"思想提醒着人们要重视生态文明建设，积极追求人与自然的和谐共生。

《太极图说》与《圣学十图》这种将图像与哲学思想相结合的图说方式，不仅丰富了韩、日的儒学研究内容，也为韩日传播学研究提供了新的研究视角和方法论。韩国和日本学者认为，图示方法在信息传播和教育中具有直观、易懂的特点，能够有效地提高信息的传播效率和受众的理解度。这对于现代传播学的发展具有重要的借鉴意义。同时，这种非艺术图像化的方式拓宽了图像学的研究范围，促进了图像学与其他学科的交叉融合，形成了一种跨学科的研究模式。这种图说化方式正是现代信息向外迅速传达的一种方式，加强信息可视化，也是现代信息传播发展的一个重要方向。

《圣学十图》中，以"敬"作为一个核心概念，凸显了道德修养的关键作用。李退溪视"敬"为心灵的主导力量，认为它是达成道德修养的基石。然而，在当今社会，人们往往容易忽略对内心世界的打磨以及对道德准则的践行。《圣学十图》恰如一盏明灯，照亮了前行的道路，告诫我们唯有注重个人深入内心的修炼，秉持道德的准则，方能促进个人的全面发展，进而营造一个和谐美好的社会环境。在现代社会中，借鉴《圣学十图》中关于修身齐家的理念，强调个人品德与社会责任的结合，被许多企业和组织运用在管理与领导力培训中。

《圣学十图》展示了儒家教育理论的基础，强调从小学和大学教育入手，培养道德修养和人格完善；继而通过"白鹿洞规图"，进一步强调了儒学教育在修身齐家治国平天下中的核心地位和实践意义。李退溪不仅继承了朱熹的教育思想，还提出了修身、处事、接物的基本要求，强调了"父子有亲、君臣有义、夫妇有别、长幼有序、朋友有信"等五伦的教育。李退溪指出，儒学教育的目的并不在于博学多识或追求名利，而在于通过穷理力行来实现心法的切要之处。这种教育观念体现了儒家重视道德修养和伦理实践的传统。这种观念对现代社会教育极其有用。现代社会中，教育往往过于注重知识的传授而忽视道德教育，影响正确的价值观、道德观，对社会的发展是极其不利的。教育应当注重德智体美劳全面发展，培养具有高尚道德情操的人才。《圣学十图》在韩国的教育体系中占据了重要位置。许多学校和大学将其作为儒学课程的重要教材，帮助学生理解儒家思想的核心理念，培养其道德观和价值观。除此之外，《圣学十图》中所体现的学规，以及退溪的书院办学模式，对当时书院教育及后世的教育制度化发展都起到了重要作用。

中国、韩国和日本三国虽然都位于东亚，并且同属儒家文化和汉字文化圈，但各自具有独特的民族性，其历史发展轨迹也各不相同。因此，当今三国所面临的社会问题也存在差异。在对待儒家核心价值体系或价值观的选择上，三国既会存在共性，也会有各自的特点，在继承发展与实践中应用的方法也会有所不同。围绕《圣学十图》的主题展开文化活动，如讲座、研讨会等，有利于促进中韩日三国文化交流与合作，加深对儒家文化的深入理解，共同构建和谐社会，从而推动社会的共同进步。

第十章　欧美《太极图说》《通书》的传播学研究

　　《太极图说》《通书》是周敦颐的哲学代表作。《太极图说》建构太极本体论、宇宙生成论、人生修养论的哲学体系。《通书》贯通天道和人道，阐发性命道德之精微，会通《易经》《中庸》，在自然哲学、社会和个人修养等多个层面"立人极"。

　　《太极图说》《通书》为宋明理学中影响深远的理论文献，国内理学家对二书论述颇丰。朱熹指出："盖先生之学，其妙具于《太极》一图，《通书》之言，皆发此图之蕴。"[1]明初理学家曹端指出周敦颐为"理学之一初"[2]，"《太极图》为道学之本源"[3]。元代许谦《答或人问》指出"《太极图》之原出于《易》，其义则有前圣所未发者。周子探大道之精微而笔成此书，其所以包括大化，原始要终"[4]。曾国藩指出："逮乎宋世，周子复生于斯，作《太极图说》

---

[1]　[宋]朱熹：《朱熹集》，四川教育出版社，1996年，第3942页。
[2]　[明]曹端：《曹端集》，中华书局，2003年，第2页。
[3]　同上书，第58页。
[4]　李修生主编：《全元文》卷七八三，江苏古籍出版社，1998年，第55页。

《通书》，为后世言义理者所祖。"①自朱熹、许谦、曹端至曾国藩，国内学者皆殚思竭精、极深研幾，视《太极图说》《通书》为宋明理学之渊源。

伴随着中国文化不断"走出去"，在深化文明交流互鉴，推动中华文化更好走向世界的背景下，我们应充分认识到周敦颐理学思想不仅仅"上承孔孟、下启程朱"，是宋代以后儒学的新形态，也应该考虑周敦颐理学思想在世界的影响。开展《太极图说》《通书》等文献史料的传播学研究，在跨文明语境下尊重文化差异，在跨学科的研究中保持理论和文化的自觉性，对于深化湘学研究、参与中西文明互鉴意义重大。

明代以来，《太极图说》《通书》东传至韩国、日本，影响东亚文明古国；在明末清初东学西渐浪潮中，又传至欧洲、美国等地区。考察欧美各国对《太极图说》《通书》的认识和接受，是中国思想文化对外传播的重要一环。本章侧重于从传播学的角度，将《太极图说》《通书》放在世界的场域内，考察其在欧洲、美国的传播历史、现状、接受情况及传播特点。选择的主要观察点包括：传播者、传播内容、传播媒介等。传播者指欧美各国的汉学家；传播内容指经典文献、研究著作及论文；传播媒介指书籍、报刊。通过定点考察，力求厘清《太极图说》《通书》在欧美的实际传播效概况及具体影响，有助于我们在中国文化"走出去"战略中，弘扬濂溪理学的宝贵思想遗产。

第一节　17—18 世纪《太极图说》《通书》在欧美的传播

《太极图说》《通书》在欧洲传播起源于欧洲天主教的宗教扩张。"明清之际天主教耶稣会在中国的活动，一般以利玛窦于明万历年间东来为始，至清康熙晚年

---

① ［清］曾国藩：《曾国藩全集》（文集上），河北人民出版社，2016 年，第 74 页。

禁教止，凡一百余年。在这期间，天主教耶稣会会士虽然目的是为了传教，但也起了中西文化沟通的作用，实际上是'西学东渐'的开始，当然中国的经籍也经过传教士传入了西方。"①虽然在17世纪欧洲没有专题性的周敦颐研究印刷品，但其哲学的基本概念早在17世纪就已经传播到欧洲，并发生了隐蔽的讨论。

传教士、汉学家是《太极图说》《通书》在欧洲的主要传播者。17—19世纪，欧洲传教士利玛窦、龙华民、柏应理、李明、马勒布朗士、杜赫德等传播者共同组成了《太极图说》《通书》欧洲传播的早期序列。

一、意大利利玛窦

首位介绍周敦颐理学思想重要概念的是意大利传教士利玛窦。"利氏以16世纪末来华，在广东肇庆等地住了二十年，潜心学习汉语，攻《四书》《五经》，服汉儒衣冠，世称'西儒'。他的用意在于这样较易接近中国的知识分子，以中国经典要旨与天主教义相比附，以示东西相通。后来他写的《天主实义》一书，多处征引中国古籍。"②明神宗万历皇帝执政期间，利玛窦来华开启文化传播之风气。他采用温和的传教策略，穿汉服、学汉语、读《四书》《五经》等儒家经典，结交明代中国官员，自利玛窦开始，《太极图说》《通书》的哲学思想被欧洲间接、隐蔽地接纳。

利玛窦是以耶稣会会士身份对中国传教的第一人。他"以中国经典要旨与天主教义相比附，以示东西相通"③。在利玛窦的作品《天主实义》中就有关于周敦颐理学思想的文字记载。利玛窦在《天主实义》（1595）至少有五次或直接或间接地引用了周敦颐理学思想。直接引用是指与《太极图说》原文文字可以

---

① 陈乐民：《欧洲与中国》，生活·读书·新知三联书店，2014年，第41页。

② ［意］利玛窦著，梅谦立注：《天主实义今注》，商务印书馆，2022年，第41—42页。

③ 陈乐民：《欧洲与中国》，生活·读书·新知三联书店，2014年，第42页。

对应，间接引用是利玛窦提到与周敦颐理学思想有明显关联的观点。但极为特殊的是，无论是直接引用还是间接触及，利玛窦都在竭力否定《太极图说》中的观点。

在《天主实义》第二篇"解释世人错认天主"中，利玛窦从天主一神论出发，批评了中国新儒家的太极宇宙论。他认为"太极之解，恐难谓合理也。吾视夫'无极而太极'之图，不过取奇、偶之象言，而其象何在？太极非生天地之实，可知已"①。利玛窦以基督中心主义的"他者"视野审视易学体系的基本理论——太极说，屡次驳斥宋儒自周敦颐以降的"无极而太极"论断，批判宋明理学以来的宇宙生成论，其原因是利玛窦将上帝而非"太极"视为宇宙的推动力。

《天主实义》"天主"说与宋明新儒家的"太极说"在"本源"问题认知中存在根本区别。利玛窦认为"天主"为天地万物的主宰，新儒家倡导的"太极之说，不能为万物本原也"③，"吾天主，乃古经书所称上帝"②。"天主"非儒家之理与太极，特别是孔孟等先儒"不以太极为上帝"。利玛窦肯定"先秦至上神具有人格和主宰蕴涵的特点"③，不遗余力驳斥宋明理学的"太极"本源说。利玛窦从中国天帝崇拜渊源出发"强调宋明理学中天道与天主教尊神的不同"④。他否定周子以来的宋明理学，并试图从宇宙生成论（创造论）角度说明，太极（理）不能作为宇宙本原。

《天主实义》在基督教立场上引征"无极而太极"观点。他认为"但闻古先君子敬恭于天地之上帝，未闻有尊奉太极者。如太极为上帝——万物之祖，古圣何隐其说乎？"⑤从"吾视夫'无极而太极'之图"的言论，可以看出利玛

① ［意］利玛窦著，梅谦立注：《天主实义今注》，商务印书馆，2022 年，第 94 页。
② 同上书，第 99 页。
③ 纪建勋：《明末儒耶天论发微——"译名之争难题"揭橥"两种哲学"与中西经典诠释传统》，《史林》2021 年第 5 期，第 69—81 页。
④ 同上。
⑤ ［意］利玛窦著，梅谦立注：《天主实义今注》，商务印书馆，2022 年，第 94 页。

窦对周敦颐的《太极图说》有相当程度的体认，但引用后儒观点时，仅仅为印证基督教义服务。在《天主实义》中，利玛窦对周敦颐理学思想持强烈批判态度，后儒所主张的"无神论"等则从根本上否定了"天主"的存在，故而，利玛窦认为后儒根本不知道天学的真谛何在。《天主实义》虚构一位西方医生与一位中国学者的对话，使读者能够非常容易地就在中国传统思想中找到与基督教义对应的部分认知以唤起读者的认同感。整本书的叙述策略很明显映射了利玛窦书写的目的和服务的对象是对中国人传教。利玛窦并不是要在周敦颐哲学论著中发掘精神标志，而是将其观点作为基督教思想的衬托和工具。

二、传教士龙华民、殷铎泽、柏应理等

对于《太极图说》《通书》在欧洲的早期传播史，还可以进一步探究。耶稣会传教士采用"扬西抑中"的策略，但客观上把"道""天理""太极""无极"等范畴输入欧洲思想界，这些范畴成为欧洲本体论哲学建构的重要因素。

龙华民在《关于上帝、天神和灵魂以及其他中文名称和术语的简短回答》直接引用了"无极"的概念。该文以明儒重要著作《性理大全》为基础，被视为"礼仪之争"后中国古代哲学著作在欧洲传播的最早和最重要的文献。据胡翠娥的译文可知，龙华民在"第五节关于先天学"中，两次提到"无极"一词，一次在第9条目，另一次在第11条目。第11条目中解释更为详细。他说："中国的文人继孔子之后在其评注中更加详细地阐述了宇宙的生成过程。宇宙始于第一起源，或称为'理'的无限物质，这是他们的哲学书《性理大全》第一卷的内容。'理'始于'无极'。"[①]《性理大全》第一卷的内容正是周敦颐的《太极图说》，"无极"概念也出自其中。

---

① 龙华民、闵明我、胡翠娥:《闵明我评注龙华民〈关于上帝、天神和灵魂以及其他中文名称和术语的简短回答〉》，《国际汉学译丛》第 1 辑，学苑出版社，2023 年，第 69—143 页。

《中国哲学家孔子》中也涉及周敦颐理学思想。这部著作于 1687 年在巴黎用拉丁文出版，是一部关于中国哲学的百科全书式的作品。柏应理将书稿带回欧洲出版，还为此书写了一篇长序，在最终版本中，置于殷铎泽前言之后作为此书的第二部分，对全书的内容作了介绍，并附了一份 8 页的儒家书目和一张孔子肖像。前言中，意大利传教士殷铎泽留下经典诠释者的评价，但并未摆脱"扬先儒抑后儒"的思维定式和价值立场，他称"性理"为"似是而非的名词"，称宋明理学儒者为"不诚实的士大夫"，称士大夫对当代思想、古代思想进行的诠释与评判是"表现出让人无法容忍的傲慢"①。殷铎泽谈道："第十九个朝代（宋代）的四位诠释者，即周敦颐、张载、程子、朱熹（在我们结束离题的本章之后，我们会回到他们），无论如何不是第一个以这种方式犯错的人，但肯定是错得最严重的人。他们用自己的评注来点缀经典。更确切地说，他们用自己的评注使许多事情变得隐晦，并将其卑鄙地玷污了。最后，后人将他们视为导师而跟随他们。仅仅由这四个诠释者的意见和权威建立起来的有害的新教义，一直流传到大明王朝的著作中。"②

比利时传教士柏应理也了解周敦颐的思想，在序言中，我们可以明显发现，柏应理对周敦颐、张载、二程（程颢、程颐）、朱熹等新儒家代表人物有着深刻的认知。柏应理称宋明理学为"自然哲学"。中文译者梅立谦在注释这一术语时说："'自然哲学'即宋明理学。本卷第一部分第四章和第二部分第一章专门攻击宋明理学。"③ 早期传教士对宋明理学的种种批驳屡见不鲜，柏应理不过是其中之一而已。殷铎泽、柏应理批驳宋明理学，其目的就是要为基督教扩张扫清思想障碍。欧洲读者通过柏应理再次有机会更为详细地了解周敦颐的

---

① 殷铎泽、柏应理：《中国哲学家孔夫子》，大象出版社，2021 年，第 45 页。

② 同上书，第 45—46 页。

③ 同上书，第 3 页。

"太极"思想，更重要的是，他展开了对"太极"这个核心概念的讨论。柏应
理"对宋明理学的批评集中在其太极学说上面"①。正如柏应理所言，孔子的传
统是敬天的，而在理学那里，中枢性的概念是"太极"和"理"。柏应理引用
了《易经》中的"易有太极，是生两仪，两仪生四象，四象生八卦"的话，说
明"太极"在孔子的时代并不是一个根本性的概念，并没有写入《四书》《五
经》的正文，没有多大的意义，新儒学的宇宙论基础也就不能看成是中国古代
的经典。"宋明理学将太极作为事物的根基，并且反对佛教的'空'和道教的
'无'。……对于宋明理学最大的指责是他们也把'太极'称为'理'，并且在
形式因上来理解'太极'或'理'，这样一来就把灵魂或精神层面的东西（理）
归到了物质原则（太极）上面，由此而趋向唯物主义和无神论。"②在新儒家那
里，太极成了一个根本性的范畴，是万物之根、原初之物。

　　明清之交，利玛窦、龙华民、殷铎泽、柏应理等传教士文本，虽然曾经提
到周敦颐的核心概念，但这些提法都不过点到而止，信息零碎，多为隐晦的、
有目的的提及。虽然对周敦颐理学思想有了进一步的认识与讨论，但这种认识
与讨论仍然难以摆脱"扬先儒抑后儒"，视宋明理学为衬托与工具的思想理路。

三、传教士马若瑟、刘应、钱德明、韩国英等

　　18世纪末期，周敦颐理学思想沦为批驳对象的现象似乎有了好转，传教士
们开始审慎地对待周、程、张、朱等后儒。1770年，德经发表了宋君荣神父翻
译的《书经》，译本中还收录了法国传教士马若瑟和刘应的文章。马若瑟分析了
"太极"一词，提到《易经·系辞》以及周敦颐哲学思想的重要观点"无极而太
极"，并尝试解答这句话的基本含义。《书经》译文中也包括刘应有关古今中国

---

① 殷铎泽、柏应理：《中国哲学家孔夫子》，大象出版社，2021年，第81页。
② 赵建敏主编：《天主教研究论辑》第8辑，宗教文化出版社，2011年，第245页。

哲学的思考，在他的知识体系中，周敦颐和朱熹是宋代哲学家中的代表人物。

钱德明在 18 世纪末和 19 世纪初于巴黎出版的《有关中国人历史、科学、艺术、风俗和习惯的论著》(简称《中国杂纂》)，使许多新资料传到欧洲。根据中国文献资料，钱德明绘制了一种奇异的图像："图为大圆，圆中有一个内切三角形，三角形又内切一个由三层组成的较小的圆，每一层又分为黑色和白色的片段。这就是周敦颐的阴阳图。在三角形之外，我们可以发现天、地、人三大因素。"① 钱德明认为："这种图像代表着古代中国人的世界体系。"②

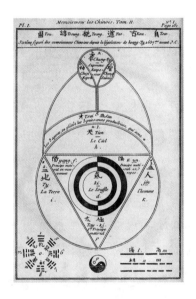

与殷铎泽、柏应理等传教士形成鲜明对照的地方，则是钱德明对周敦颐等哲学家的评价。"即使钱德明憎恶近代派们的思想，但他对于提出这些思想的哲学家并不反感。他采取一种比较宽厚的态度对待他们，与《中国哲学家孔夫子》的作家们之仇恨思想相去甚远。理学家们失去了古人最高教理的思想，但他们却希望对一切都作解释，他们的傲气促使自己创造了这些原则，同时又接受了唯物主

① 任继愈主编：《国际汉学》第 5 辑，大象出版社，2000 年，第 323 页。
② 同上书，第 324 页。

义和无神论的影响。"①钱德明也了解"无极",认为它是在太极本身之前,无法想象和无法称呼的,具有深远影响的公理。钱德明认为"近代的理学家们已丧失了《中国哲学家孔夫子》归于他们的那种危险和惹人恼火的面貌"②。从钱德明对"后儒"的评价来看,这是欧洲思想家对周敦颐善意接受的开始。

韩国英在《中国杂纂》第8卷中提到周敦颐。"韩国英把他比作自己熟悉的欧洲哲学家们"③,认为太极——无极思想体系优于自毕达哥拉斯以来的众多思想体系。

第二节　19世纪《太极图说》《通书》在欧美的传播

欧洲认识周敦颐的第二个阶段始于19世纪初。在这个阶段,汉学家对周敦颐的阐述是科学而客观的,不再像400年前的利玛窦那样视宋明理学思想及"太极""无极"等概念为工具。

一、俄罗斯汉学家比丘林

19世纪,中欧文化交流更为频繁,汉学家逐渐参与到传播周敦颐理学思想的序列。俄罗斯的比丘林、瓦西里耶夫,法国的鲍狄埃,德国的甲柏连孜是其中的佼佼者。

19世纪俄罗斯汉学界的代表性人物是雅金夫·比丘林(1777—1853)。1777年8月29日,比丘林出生于喀山省齐维利斯克县,1799年他毕业于喀山神学院。1807年,他被委派为俄国东正教驻北京第九届宗教使团团长,于

---

① 任继愈主编:《国际汉学》第5辑,大象出版社,2000年,第324页。
② 同上书,第325页。
③ 同上。

1808 年到达北京并留居 14 年，于 1821 年回国。在京期间，他学习汉、满、蒙、藏语，先后编辑多部双语辞典、多语辞典和汉语语法，并编译大量中国经籍与文献。1828 年，比丘林凭借在东方学领域积累的著作与译著，被选为俄国科学院通讯院士。我们可以发现，由于热衷于《性理精义》等满汉对照典籍，比丘林对周、程、张、朱等理学家也不陌生。"在宋代哲学家中，周敦颐是比丘林关注的对象。比丘林阐述了周敦颐的宇宙观及某些具体情节，对《太极图说》和《通书》作了翻译和编译。"①

二、俄罗斯汉学家瓦西里耶夫

1837 年，瓦西里耶夫毕业于喀山大学，1840 年以学员身份选派至俄国东正教驻北京第十二届传教士团，1850 年回国。在北京期间，他被指定进修蒙语，学习汉、藏、梵、满语文，研究中国蒙古等地的文学、历史、地理、统计、宗教、科学艺术和工商业。1864 年瓦西里耶夫获博士学位，曾任喀山大学教授、彼得堡大学东方系教授等职。1886 年，他当选为俄国科学院院士。他通晓汉、藏、蒙、满、梵、朝诸种语言文字，对中国文化的众多领域作了相对深刻而系统的研究，他在历史方面的代表作为《10—13 世纪中亚东部的历史和古迹》《元明两朝关于满族人的资料》；宗教方面的集大成之作是 1873 年出版的《东方宗教：儒、释、道》；他在文学方面也造诣颇深，1880 年出版的《中国文学史纲要》是世界上第一部中国文学通史性著作。

继丘比林之后，"瓦西里耶夫（Vasili Pavlovich Vasilyev）翻译了周敦颐《太极图说》的全文，摘译了《通书》的部分语句，即第一卷第七章'师'中'惟师道可以为天下善。……性者，刚、柔、善、恶、中而已。……刚善，为义、

---

① 任继愈主编：《国际汉学》第 5 辑，大象出版社，2000 年，第 330 页。

为直、为断、为严毅、为干固。……恶为猛、为隘、为强、为梁。柔善，为慈、为顺、为巽。……恶为懦弱、为无断、为邪佞。……故以和为中。……天下之达道也。'……以及第一卷第十一章'顺化'中的'天以阳气生万物。……天之生物之道便是仁。……天之成物之道便是义'三句。瓦西里耶夫总结道：'《易经》和《中庸》是新儒学的理论基础……周敦颐著述中所阐述的思想与《中庸》《易经》关系密切。'"①

三、法国汉学家鲍狄埃

1844 年，法国汉学家纪尧姆·鲍狄埃发表《中国哲学史》。从这本书中，欧洲读者可以获得对宋明理学较为深入的认识。鲍狄埃并不是出于应和基督教教理的角度讨论中国理学，而称宋代哲学家"为近代文人，被中国人称为'后儒'，我们可以称之为理学家"②。在鲍狄埃的《中国哲学史》中，我们还可以读到极为积极的评价，"人们已经把周敦颐作为中国近代哲学的创始人和大师了"③。鲍狄埃较为详细地介绍《太极图说》，包括"无极而太极"的问题，其中说道："只有圣人才可以达到细微精神的统一，他完全可以与太极的实质与方式相统一。"④鲍狄埃对周敦颐理学思想的介绍值得称道，虽然对欧洲读者来说，"无极""太极"等概念仍显晦涩。

四、德国汉学家甲伯连孜

甲伯连孜是德国著名汉学家，他生长于当时知名的贵族学术世家，自青年时期就在父亲教导下开始学习汉文。"父亲汉斯（Hans Conon von der Gabelentz,

① 赵春梅：《瓦西里耶夫与中国》，学苑出版社，2007 年，第 156—157 页。
② ［法］雅克·布罗斯：《发现中国》，耿昇译，山东画报出版社，2002 年，第 216 页。
③ 任继愈：《国际汉学》第 5 辑，大象出版社，2000 年，第 339 页。
④ ［法］雅克·布罗斯：《发现中国》，耿昇译，山东画报出版社，2002 年，第 216 页。

1807—1874）是知名语言学者，于 1845 年偕同学友创立了德国东方学协会
（Deutsche Morgenländische Gesellschaft），且为当时较早的满文研究者，能以
《金瓶梅》的满文版本为基础，首次将这本明代小说翻译成欧洲语文。甲柏连
孜承袭了父亲的语文天分，于中文外还精通满文、日文、马来文、藏文、梵文
和蒙文及他种语言。"①1869 年，甲柏连孜进入耶拿大学学习法律，后来进入莱
比锡大学攻读博士学位，用三语译注的形式研究中国宋代哲学家周敦颐的《太
极图说》。1876 年，36 岁的甲柏连孜以《太极图说》的德、满文译著取得博士
学位，以中、满、德三语对照本《太极图说》开启《太极图说》在德国的翻译
序幕。1878 年，甲柏连孜被任命为莱比锡大学东亚语言学的教授。之后，甲
氏著述不断。1881 年，他出版深具影响力的古汉语语法书《汉文经纬》，成为
具有国际影响力的东亚语言专家。《〈太极图说〉译注》是德国最早的一部译介
《太极图说》的著作。

在甲柏连孜的译著中，《太极图说》是中国历史上有着深远影响和不朽价
值的典籍，将"无极""太极"概念引入儒家解易系统。《太极图说》文辞简短
而意涵深奥，提纲挈领而承上启下，含有千年来积累起来的历史积淀。19 世
纪的德国汉学家往往通过表音的满语辅助中文典籍进行译介。甲柏连孜也不例
外，虽然他在语言上具有杰出的成就，但译介表意的汉字，尤其是古代哲学著
作，仍然有着巨大的难度，所以，甲柏连孜使用表音的满文文字辅助翻译，因
此，《太极图说》的德国首译文本呈现出满、汉、德三语对照的形式。

甲伯连孜在前言中简单地介绍了周敦颐，认为濂溪先生是继承孟子思想的
重要学者。甲伯连孜拒斥那种认为周敦颐可能从其他人处借鉴"太极图"理论
的说法，进行满、汉、德三语对照翻译之后，他在《周子〈太极图说〉》中得

① 柯若朴：《德国莱比锡大学汉学研究的历史、现况与未来》，《汉学研究通讯》2017 年第 36
卷，第 4 期，第 41 页。

出结论，周敦颐是一元论者，这一事实可以由"无极"和"太极"概念得到证实。无论如何，甲伯连孜的论文是认真研究的成果，是专为当时的汉学家和汉学学生们写的，以促使他们能阅读、思考、判断它并将它作为他们今后著作的出发点。甲伯连孜认为《太极图说》完全可以作为研究古典汉语的入门书，所以，他从中加入了大量纯属语法学的注释，这种翻译策略符合甲伯连孜过往的学术积累，在 19 世纪的汉学译著中则是很特殊的。

五、德国汉学家顾路柏

　　顾路柏继甲伯连孜翻译《太极图说》后，翻译了周敦颐的《通书》。顾路柏（1855—1908），德国著名汉学家，生于俄国圣彼得堡，是一名定居在俄罗斯的德国商贾的儿子。1874 年至 1878 年在圣彼得堡大学求学时，顾路柏师从俄国著名东方学家席夫纳学习东方历史和语言，甚至还学习过汉语、蒙古语、满语和藏语。1878 年毕业后，他定居在莱比锡，升入德国莱比锡大学，师从著名汉学家甲伯连孜。1879 年他著译了《中国人的自然哲学》。同年，顾路柏在圣彼得堡皇家科学院宣读了对《性理精义》（1715 年版，为《性理大全》之修订删节本）第 10 卷的汉文和满文文献的译注文。在甲伯连孜的指导下，顾路柏于 1880 年在莱比锡获得博士学位，论文题为《对中国哲学的了解与贡献：周子〈通书〉》。顾路柏在 1880 年翻译了《通书》第一章至第八章，作为博士论文的一部分，第二年，又翻译第九章到第二十章。1881 年毕业后，他曾在莱比锡大学讲授藏语语法，于 1883 年出任柏林民俗博物馆东亚部主任，是德国女真文字研究开创者。从 1897 年到 1899 年，他和夫人在中国厦门、北京考察民俗，并带回了丰富的收藏品，这些收藏品已经展出在柏林民族学博物馆。他还兼任柏林大学教授并主持"东亚语言"讲座。顾路柏学术兴趣较为广泛，主要贡献在研究中国文化与文学方面，对中国新儒学也有研究。自满、汉、德三语对照版本的《通书》（1882）译本开始，顾路柏陆续著译了《北京民俗》(莱比锡，1901)、《中国古代文学史》(莱比锡，1902)、《中国的宗教与崇拜》(莱比锡，1910)、《中国的古代宗教》(蒂宾根，1911)、《封神演义》(莱顿，1912)，因此奠定了他作为翻译家和汉学家的地位。

1880 年，顾路柏开始翻译周敦颐的《通书》。他起初只翻译了前九章，然后在第二年将翻译延续到第二十章。顾路柏的博士论文《对中国哲学的了解与贡献：周子〈通书〉》，实际上是对周敦颐的《通书》的汉文、满文和德文的译注文。它与《周子〈太极图说〉》的体例及其印刷特征极为相似，深受甲伯连孜的影响。顾路柏在序言中讨论了"道"、"理"和"太极"之间的关系。他认为"太极"与斯宾诺莎的"自因"相同。"理"和"道"等都是"太极"的特征。顾路柏还介绍了朱熹的学生陈淳和黄榦。

第三节 20 世纪《太极图说》《通书》在欧美的传播

欧洲认识周敦颐的第三个阶段始于 20 世纪初。在这个阶段，欧洲人不仅简单地对濂溪文本进行翻译和介绍，而是展开了更具有学术性的研究工作。汉学家对《太极图说》《通书》西传起了极其关键的中介和先锋作用，占据了周敦颐理学思想东学西渐的核心地位。艾士宏《中国文明史》、佛尔克三卷巨著《中国哲学史》、哈尔列兹《中国的新哲学流派或自然体系》、岑凯尔《中国哲学史》、哈克曼《中国哲学》、福克《中国哲学史》等著作中都有较多篇幅论及周敦颐思想。在欧美《太极图说》《通书》的传播与研究中，德语世界、法语世界、英语世界是研究重镇。

一、《太极图说》《通书》在德语世界的传播

德语世界关于周敦颐的研究大概可以分为三个阶段。第一阶段是 17—18 世纪，这个阶段只有零星的介绍。第二阶段是 19 世纪，这个阶段一些中国哲学

史、中国思想史著作中有较大篇幅介绍周敦颐及其理学思想，也出现《太极图说》《通书》译本；自 19 世纪，德语世界的《太极图说》《通书》研究就出现了有深度、有分量的研究，这里面极具代表性的当数德国汉学家甲伯连孜。德语世界的濂溪理学的研究没有停留在简单的译介阶段，而是在很短的时间取得相当有分量的研究成就，其原因是德国文化具有反思和形而上学传统，与濂溪理学有亲缘性。第三个阶段是 20 世纪至今，这一阶段研究周敦颐理学思想的著作更多了，译本也在逐步完善。关于前两个阶段的研究在前文已经介绍，不再赘述。

（一）德国汉学家福克

阿尔弗雷德·福克（1867—1944）是德国著名汉学家。他在日内瓦大学和柏林大学学习法律，并于 1890 年在罗斯托克获得博士学位。在柏林东方语言学院学习中文后，他于 1890 年前往中国，担任公使馆和领事馆的翻译。1903年，他回国，成为柏林语言学院汉语教授。福克主要致力于中国哲学，批判性翻译了王充的《论衡》(1907)，还留下《中国人的世界观》(1925) 和《中国文化圈的思想世界》(1927) 等著译，这些作品可以看作是他关于中国哲学著作的初步研究。在福克众多著作中，三卷本的《中国哲学史》(1927—1938) 极具价值，到目前为止仍然代表了德语世界最全面的中国哲学史。1938 年，德国哲学家福克（Alfred Forke）的 *Geschichte der neueren chinesischen Philosophie* (《中国现代哲学史》) 第一版在德国出版，这是福克在《中国古代哲学史》《中国中世纪哲学史》之后完成的第三卷。福克在《中国现代哲学史》中对周敦颐的评价与布鲁斯的评价相对，代表了西方哲学界对周敦颐理学思想的不同见解。福克用 11 页的篇幅从两个方面介绍周敦颐，分别是周敦颐的生平，周敦颐的哲学代表作《太极图说》和《通书》。在《中国现代哲学史》中，我们可以看到福克翻译的《太极图说》，包括太极图和说两个部分，福克对太极图做了详细

的注释，使得欧洲读者可以更接近来自东方哲学世界的宇宙论思想。福克对
《太极图说》的评价较为平淡，他说："乔治译著中的太极图并非大多数中国人
眼中的卓越成就，我无法像布鲁斯那样将他视为世界上创造性思想家之一。"[①]
对于《通书》的看法也是如此，"《通书》的主要部分是对伦理问题的研究。各
段之间关联较少。新思想很少，大部分是显而易见的道理，欧洲人不会明说的
道理，却被广泛阐述。周子始终努力与《易经》取得联系，他对图表进行了许
多解释。他也喜欢引用其他经典如《论语》"[②]。福克认为："周敦颐成为一个
新时代的开启者，可能并不是他哲学的内容，而是他科学的形式，清晰而准确
的风格以及他的内容的系统化结构，这些在他之前几乎是罕见的。"[③]福克错误
地认为周敦颐缺少创造性思想，其哲学思想在宋代没有意义，甚至仅仅因为
"形式""风格""结构"成为时代的开启者。福克保守的评价意味着他对周敦颐
在中国宋明理学中的开山地位缺少了解。

（二）德国汉学家艾士宏

艾士宏（1899—1991），蒂宾根大学汉学系创始人，出于对中国文化的兴
趣，于1927年到莱比锡大学东亚系研究汉学，师事于艾克斯，翻译周敦颐的
《通书》21—40章，发表在1833年的《亚洲学刊》（*Aisa Major*）第8期。1933
年，艾士宏到中国留学，师事于张君劢、冯友兰、胡适等。1935年回国后，他
在波恩大学任教。艾士宏主要研究领域包括中国哲学与宗教、中国文学研究、
中国社会史研究、中国通史研究，著有《中国文化史》（斯图加特，1964）、《佛
教和道教在宋代的价值及法律地位》（莱顿，1968）、《中国古代宗教和国家社祀

---

① Alfred Forke, Geschichte der neueren chinesischen Philosophie, Cram, de Gruyter & Co·Hamburg, 1964, p. 51.
② Ibid., p. 55.
③ Ibid., p. 56.

典》（莱顿，1976），还写过《〈庄子〉第二章的道教思辨》（1942）、《孙恩叛乱和早期道教反乱概述》（1954）、《张角起义和张鲁国考察》（1955）、《太平与太平教》（1957）等论文。

艾士宏在宋代哲学和宗教研究方面成果突出，特别是周敦颐理学思想的研究方面。1932年，艾士宏翻译了《通书》的21—40章，继1880年顾路柏翻译《通书》1—20章后，《通书》的全译本最终完成。德语世界第一部周敦颐传记应该是艾士宏的《周敦颐：一位11世纪的中国学者生平》。这本书于1936年，由莱比锡的F.A.布洛克豪斯出版社出版，全书共66页。艾士宏在完成顾路柏开始的《通书》的翻译后，又为这项工作做进一步的补充，提供一部关于其作者周敦颐（1017—1073）的批判性传记。虽然周敦颐进入欧洲思想家视野已经近300年，但是欧洲对中国哲学家的个人情况了解得太少。正如艾士宏所说"要完全理解宋代思想，必须了解和确定那个时代的社会结构，了解各个思想潮流主要出现在哪个群体中，从哪里开始恢复旧秩序，以及这一运动的动机、地位和人物的特点"①。整体而言，艾士宏的工作为周敦颐理学思想传播和研究提供了有价值的补充。

二、《太极图说》《通书》在法语世界的传播

在欧美的周敦颐理学思想研究中，法语世界的濂溪学研究也是不可缺少的一部分。20世纪，法语世界的《太极图说》《通书》传播有了突破性发展。个别学者对濂溪学的研究甚至对汉语世界的濂溪学研究都有重要意义，其中首屈一指的当然是法国的哲学家、汉学家周毅卿。

法国华裔学者周毅卿，曾留学德国莱比锡大学，深受莱比锡东方学研

---

① J.J.L.D, J.J.L.D., T'oung Pao, Second Series, Vol.33, Livr.1(1937), pp. 100—102.

究的熏陶。在法兰西学院院士、法国学院汉学家教授保罗·德米维尔（Paul Demiéville）的支持下，周毅卿翻译了《太极图说》《通书》。1953 年，在法兰西学院院士、巴黎索邦大学教授鲁内·勒桑（René Le Senne）的关注下，周毅卿的哲学著作《周敦颐的新儒家道德哲学》由法国大学出版社出版，并收入"当代哲学图书馆"系列。

法国汉学家保罗·德米维尔教授在序中说："我对他的基本思想、道德的陈词滥调持有偏见，他的著作似乎很肤浅。周毅卿的书改变了我的看法。这本书中有一篇深刻的周敦颐传记，以及他思想的历史背景描述。"[①]周毅卿在《周敦颐的新儒家道德哲学》中对周敦颐的作品进行详细分析，完整翻译了《太极图说》《通书》，对周敦颐哲学体系的基本概念进行解释，总结评价了其哲学系统，并将其置于中国哲学传统的整体框架中。周毅卿在专著中还附《太极图说》《通书》中文文本，以便有能力阅读原文的读者翻阅。

周毅卿认为哲学家周敦颐（1017—1073）是新儒家思想的先驱之一。周敦颐是宋明理学的开创者，有"上溯洙泗，下开伊洛"之功。周敦颐的哲学著作很简短，现存者只有一幅代表《易经》精华的《太极图》、二百多字的《太极图说》和不满三千字的《通书》。《太极图》虽然简短，但实际上，周敦颐的形而上学思想完全体现在这个图表中，这个图表以一种简洁明了的形式，适合中国思想的视觉表达方式，将《易经》的宇宙论压缩成一个图表，被新儒家思想重新审视和更新。

"无极"概念本身看起来相当简单，却"是一个真正的超越形而上学的绝对原则，无法被任何确定性所约束"[②]。在中国引发了无数争论，因为人们发现

---

① Chow Yih-Ching, La philosophie morale dans le néo-confucianisme(Tcheou Touen-yi), Presses Universitaires de France, 1953, p. 14.

② Ibid., p. 12.

"无极"中蕴含着与儒家正统思想不相容的道教或佛教来源。术语"太极"源自《易经》，是儒家哲学的经典之源；术语"无极"则来源于老子和庄子，是道家哲学的先驱。周敦颐的经典名言"无极而太极"试图建立儒家绝对与道家或佛家绝对之间的合成；连词"而"本身就是这种合成的表达。周毅卿认为，周敦颐真正的创新不是简单地将一个形而上学概念"无极"叠加到一个宇宙观念"太极"上，而是在儒、佛、道合流的形势下，对"无极""太极"思想进行熔铸改造。"'无极'是一个无法被归类的形而上学原则，逃脱了任何限定，是一个神创论的原则。"[①]

三、《太极图说》《通书》在英语世界的传播

《太极图说》《通书》在英语世界的翻译和传播稍显滞后。目前，英语世界权威的周敦颐著述翻译主要有以下 6 种。

（一）英国汉学家布鲁斯

布鲁斯（J. Percy Bruce）是英国著名汉学家，1923 年获得伦敦大学文学博士学位，博士论文为《朱熹及宋代中国哲学学派》（*Chu Hsi and his masters: an introduction to Chu Hsi and the Sung School of Chinese Philosophy*），后来又作为普罗布斯坦东方系列的第 11 卷出版。与福克《中国现代哲学史》中的评价相反，布鲁斯对周敦颐进行了一些详细描述和令人惊叹的赞美。布鲁斯在书中用近 13 页篇幅介绍了周敦颐的哲学，这一分章的标题为"Chou Tun I"。布鲁斯在《朱熹及宋代中国哲学学派》中谈到周敦颐的吸引力不仅在于师者的道德个性，教学的内容，也在于他在生活中所展现出的性格特征。周敦颐是一个简

[①] Chow Yih-Ching, La philosophie morale dans le néo-confucianisme(Tcheou Touen-yi), Presses Universitaires de France, 1953, p. 12.

单、直率、热心的人，受到赞扬时谦虚，面对责备时坚定。尽管个人生活节俭，几乎达到禁欲的程度，但他对穷人慷慨，对需要帮助的朋友慷慨大方。令人感兴趣的是，尽管他的传记材料很少，但它们揭示了他对大自然的热爱，这可能在很大程度上有助于他对宇宙之谜的解读。

布鲁斯谈及周敦颐的哲学思想时，对"无极"的理解极为深入，认为这一哲学概念"不仅仅是指缺乏任何限制的负面意义，而是带有伦理存在的正面内涵，是绝对真理，作为宇宙中万物的源泉，同时超越时间、空间和所有物质存在"，并称"宋学的伟大成就在于通过将伦理经典教义与对宇宙的理性理论紧密联系起来，这拯救了经典教义免于被遗忘，与佛教或道教相比，可以至少称之为一种理智的哲学；而这一成就在很大程度上归功于周子在这篇专论中阐述的无极理论"①。布鲁斯认为周敦颐对程颢、程颐的教诲对当时的思想产生了足够大的影响，这足以说明周敦颐是世界上具有创造性思维的人之一。他的"太极"思想来源于《易经》但又不同于《易经》，以至于开辟儒学新的篇章。值得铭记的是，自孟子以来道脉不传，而与周敦颐同时代人，被传统的拘谨所束缚。而周敦颐成功地将哲学，甚至可以说思想的河流，恢复到更健康的渠道上。为了更好地说明周敦颐的哲学思想，布鲁斯还在第六章中翻译了周敦颐的哲学代表作《太极图说》，第六章的标题是：第一因素和宇宙的演变，《周子》的经典—朱熹的太极图解（The Diagram and Chou Tzu's—Classic—Chu Hsi's Doctrine of the Supreme Ultimate—The Two Modes—The Five Agents—The Dual Powers Ch'ien and K'un—The Cosmic Cycle）。布鲁斯认为《太极图说》是具有开创性意义的经典著作，"这部专论是一篇极为简练而深奥的著作，被认为是

---

① J. Percy Bruce, *Chu Hsi and his masters: an introduction to Chu Hsi and the Sung School of Chinese Philosophy*, PROBSTHAIN & CO., 41 Great Russell Street, London, W.C. 1923, p. 27.

有史以来最具概括性和意义深远的文献之一"①。

（二）陈荣捷《太极图说》《通书》译介

陈荣捷（1901—1994），广东人，美籍华人学者，哲学史家。1929 年，陈荣捷获哈佛大学博士学位，1942 年起任新罕布什尔州达特默尔学院中国哲学和文化教授，后任荣誉教授。1951 年起，他任夏威夷大学《东西方哲学》编辑，《中国哲学研究》顾问，还曾任教于匹兹堡彻含慕学院、哥伦比亚大学。他在华裔学者译介和推广周敦颐著述方面首开先河。1963 年，陈捷荣的《中国哲学文献选编》（*A Source Book in Chinese Philosophy*）由普林斯顿大学出版社出版。陈荣捷翻译了中国经典哲学，其中包括《太极图说》《通书》英译。

《中国哲学文献选编》（*A Source Book in Chinese Philosophy*）一书是英语世界亚洲研究领域最具影响力的资料来源之一。陈荣捷不仅写作了大量关于中国哲学和宗教的中英文著作，同时也是 20 世纪中国哲学文本英译的领军人物。

（三）徐梵澄《通书》英译

中国学者也在译介和推广周敦颐著述方面做出了巨大努力。湖湘学者徐梵澄在 1999 年发表了《通书》的全文英译（354—391）。他作为哲学家和翻译家，以极强的专业性，用英文编译了《周子通书》，向西方系统介绍周敦颐理学代表性成果。译著主要聚焦于周敦颐的哲学思想，以学术的视野切入周敦颐理学经典的学术翻译和思想研究。

---

① J. Percy Bruce, *Chu Hsi and his masters: an introduction to Chu Hsi and the Sung School of Chinese Philosophy*, PROBSTHAIN & CO., 41 Great Russell Street, London, W.C. 1923, p. 128.

（四）加利亚·帕特·沙米尔《儒家思想的"不解之谜"：以〈通书〉为例》

20世纪末，英语世界极为重要的《通书》研究专著是《儒家思想的"不解之谜"：以〈通书〉为例》（*The Riddle of Confucianism: the Case of Tongshu*）。这是加利亚·帕特·沙米尔（Galia Patt Shamir）于1997年提交的哈佛大学博士论文。他以维特根斯坦理论贡献为基础，强调《通书》哲理在儒家思想框架之内所代表的新成就，同时揭示《通书》所提供的道德实践与形而上境界的动态关联。论文在两个方向上进行了发展：历史宗教和哲学方法论。这篇论文的贡献有两个方面：从儒家的角度看，论文包含了《通书》的新翻译和朱熹注解在英语世界的首次翻译；从哲学的角度看，论文将维特根斯坦的观念应用于这一领域。

（五）美国的约瑟夫·A. 阿德勒

美国凯尼恩学院的阿德勒（Joseph A. Adler）教授，主攻中国新儒家思想，他的代表作《重建儒家道统：朱熹对周敦颐的化用》（*Reconstructing the Confucian Dao: Zhu Xi's Appropriation of Zhou Dunyi*）收录了他对周敦颐《通书》和《太极图说》的全文翻译（151—298）。这本书是纽约州立大学中国哲学与文化丛书之一，由罗杰·T. 艾姆斯主导编辑，2014年纽约州立大学出版社出版。

《重建儒家道统：朱熹对周敦颐的化用》一书共分为两个部分。第一部分分为四章，分别从朱熹、周敦颐与儒家道统，周敦颐在道统中的地位，动与静的相互渗透，太极的"至高极性"四个角度探讨周敦颐理学思想的特质与内涵。第二部分也是四章，涉及周敦颐主要著作及朱熹评注的翻译，分别从《太极图说》翻译、《太极图说》诸儒议论、《通书》翻译、朱熹的后记和注解等方面译介周敦颐理学思想。

阿德勒的《太极图说》《通书》英译活动持续了二十多年。1990 年，阿德勒在台北求学期间，开始尝试译介周敦颐的《通书》及朱熹注解，并将这项工作置于哲学研究中的首要位置。在太平洋文化基金会、中文语言研究联合项目和美国科学与学术合作学术委员会、蒋经国基金会学者基金的支持下，《太极图说》《通书》的英文译本于 2014 年定稿出版。阿德勒根据对新儒学概念的独到研究和深刻理解，在翻译中一方面紧扣原文文化语境以大量音译和汉字保留中国哲学词汇甚至句式的原初形态，另一方面将翻译视为其理学研究的有机组成部分和阐释成果，在翻译中融入了自己对"太极""无极""阴阳"等哲学原理的重新认知。作者的译本通过词汇的选择和语义的重组，提出了关于周敦颐"宇宙学"的新观点，找到了一个"令人满意的、富有哲理的正当方法"[1] 来实践人类的道德修养。

阿德勒认为周敦颐开启中国儒学复兴的端倪，是宋明理学的开山之人。"经历了八百年佛教和道教主导的局面，自 12 世纪以来，周敦颐奠定新儒家思想的基本范式。他对这一传统做出了三项重要贡献：太极图、太极图说、《通书》。"[2]

（六）金邦恩《周敦颐思想的研究》

20 世纪末，英语世界极为重要的周敦颐研究专著是金邦恩的《周敦颐思想的研究》(*A Study of ChouTun-i's Thought*)。在北宋五子中，程颢、程颐、张载和邵雍的哲学思想已经被西方学者详细研究。尽管周敦颐哲学在新儒家传统的历史发展中具有重要意义，英语世界中对他思想的深入研究较为缺乏。这与周敦颐在新儒家思想发展中的重要地位和作用难以相符，对英语读者来说也是一种遗憾。

---

[1] Adler Joseph Alan, Reconstructing the Confucian Dao: Zhu Xi's appropriation of Zhou Dunyi, State University of New York Press, 2014, p. 138.

[2] Ibid., p. 3.

　　《周敦颐思想的研究》是金邦恩于 1996 年提交给亚利桑那大学的博士论文。金邦恩对周敦颐思想作整体性研究，围绕周敦颐的《太极图说》《通书》开展较多研究，考证精细，深刻反映了周敦颐在美国的影响。我们从该书章节和主要内容方面介绍该著作的特点，从中一窥金邦恩眼中的周敦颐。

　　《周敦颐思想的研究》（*A Study of ChouTun-i's Thought*）一书一共六章，加上附录《通书》的翻译，主体内容一共七个部分，是关于周敦颐生平和哲学的研究。第一章讨论了宋代新儒家思想的历史背景。第二章讨论周敦颐的生平和著作。尽管传统上将周敦颐的生活描述为一个严肃的儒家学者，但通过讨论他的朋友写的诗歌和著作，作者提供了一个更广泛的视角来澄清周敦颐思想的知识背景。第三章通过讨论关于太极图起源的传统主张，指出了这些主张存在严重缺陷。第四章是关于《太极图说》的讨论。周敦颐的宇宙观受到了道家和佛教思想的极大影响。作者主要关注于无极和太极以及它们之间的关系。这种关系是周敦颐作品中最重要的哲学问题之一。第五章讨论了周敦颐的《通书》这部作品所表达的道德哲学。尽管《通书》在周敦颐的思想中的重要性不可否认，但在新儒家思想研究者眼中几乎被完全忽视。在西方以及中国、日本和韩国，只有少数研究者对这部作品进行了研究。金邦恩重点讨论周敦颐道德哲学的主要观念：诚、幾、无欲和性的解释。通过对这些观念的讨论，人们将看到周敦颐如何忠实地遵循儒家的道德教义。第六章讨论《通书》与《太极图说》之间的联系。通过比较《太极图说》《通书》两部作品中相似的哲学观念，说明两部作品是周敦颐所著。

　　金邦恩认为，周敦颐的太极学说是宋代儒家试图通过吸收其他两种哲学传统来为自己的道德学说提供形而上学基础的一个典范。周敦颐吸收了道家和佛家的哲学元素，从而为儒家思想赋予了新质。由于这一贡献，学者们普遍认为周敦颐的思想为后来的新儒家思想的发展奠定了基础。

四、《太极图说》《通书》在俄语世界中的传播

进入 21 世纪之后，俄国学界对《太极图说》《通书》的研究已经由译介走向理论的深层。在已有的翻译、评注和研究的基础上，越来越多专门研究中国哲学的俄国学者加入，周敦颐理学研究已经走向综合性发展的道路。比较知名的学者有 M. 季塔连科、卢基扬诺夫等。其中最具代表性的是卢基扬诺夫。饶有趣味的是，湘潭大学出版社 2008 年出版中俄同译《周敦颐的著作及其研究》，由吴兴勇、A. 卢基亚诺夫分别代表中国的俄语翻译家和俄国的汉学家，同译《太极图说》《通书》。

吴兴勇将《太极图说》和《通书》译成俄语并加以最详尽的注解。湖南社科院朱有志院长写了题为《让湖湘文化走向世界》的序言，王晓天副院长写了学术论文《关于周敦颐的思想理念》（都译成了俄文）。俄方卢基扬诺夫教授是俄罗斯科学院院士、远东问题研究所的哲学家（编委会副主任），他对《太极图说》和《通书》作了译注，而且还写了两篇学术论文：《周敦颐的哲学的宇宙观》和《"易通"——新儒学文明概念》。此外，卢基扬诺夫教授、黄立良博士和诗人 B. 阿布拉缅科还将周敦颐写的三篇著名的散文《养心亭说》、《爱莲说》和《拙赋》译成了俄文。卷首还有俄罗斯科学院院士、远东研究所所长、俄中友好协会主席 M. 季塔连科（М. Титаренко, M. TiTarenko）教授写的序言：《周敦颐——儒家哲学的奠基人》。《周敦颐的著作及其研究》还收入了俄罗斯远东问题研究所学者乌索夫教授和黄立良博士合写的长文《纪念伟大的俄罗斯汉学家比丘林 230 周年诞辰》，以致敬将周敦颐著作翻译为俄语的第一人——俄国著名汉学家比丘林。

总之，我们认为按照对濂溪理学的认知发展来划分《太极图说》《通书》在欧美的传播更为合理，并将这一时间阶段设在 17—18 世纪到今天。自利玛窦《天主实义》首提周敦颐及其名言"无极而太极"至 20 世纪末美国学者译介

《通书》，周敦颐哲学代表作《太极图说》《通书》在欧美的传播经历了近三百年。濂溪理学在欧美传播的主要国家有美国、英国、法国、德国、意大利、俄罗斯。欧美各国的濂溪理学传播与研究处于多语种的学术环境下，其传播和研究涉及英语、德语、法语、俄语等在内的多个语种，传播者包括欧洲、美洲本土文化身份的西方学者和传教士、华裔学者。

17—18 世纪，以在华传教士的被动传播为主，他们零星地谈到周敦颐。西方传教士站在基督教文化立场来认识周敦颐理学思想，对其持消极拒绝的态度，视濂溪理学为工具，传播其思想正是为了消解其思想，从而凸显基督教话语体系。

19 世纪后，随着中西文明交流的日益频繁，欧美对周敦颐的接纳和研究逐渐转向为对《太极图说》《通书》的文本译介。越来越多的欧美学者深入了解濂溪学，为欧美濂溪学的发展提供了厚实的土壤。从研究内容上看，早期阶段的成果大多为周敦颐著作的资料翻译，既有比较完善的译本，也有摘译、转译和意译。从研究目的来看，欧美早期的濂溪学研究着重于了解、介绍、分析周敦颐理学思想的影响，欧美的汉学家可以客观描述周敦颐的《太极图说》《通书》，试图理解中国哲学中的思想观念，虽然仍然存在文化误读和理解上的浅薄。

自 20 世纪以来，欧美对周敦颐的研究进入了更为学术性的层面，对于《太极图说》《通书》的义理分析、人生哲学等纯理论的旨趣占据主导地位，整体研究更为客观、科学。欧美濂溪学研究由大量介绍性的论著和少量研究型的论著，逐渐过渡到义理研究。当然，受制于中外语言和文化差异及哲学思想在形而上学层面上的传达困境，西方学者对周敦颐及其理学思想的译介和解读仍存在不少疏漏。

第十一章 韩日《近思录》研究

《近思录》不仅在南宋理学家中受到普遍的关注，而且在以汉字为文化载体的东亚文化圈内也产生了重要的影响。无论是海东朝鲜还是日本，都出现了大量注释、仿编类的著作，一直是学界关注的焦点。在早期的研究成果中，陈荣捷《朱子之〈近思录〉》附录四"《近思录》注释、讲说与翻译"，概述我国以及韩国、日本所藏文本。近年来，程水龙《〈近思录〉东亚版本考述》梳理了《近思录》流传东亚的版本情况。这些理学在东亚传播的发展线索，是理解《近思录》的重要材料。本章将以《近思录》在东亚传播为中心，梳理其中对《太极图说》问题的讨论，一是在东亚儒学思潮之下，《近思录》文本会给日本、古朝鲜分别带来什么影响；二是在东亚思想文化语境中，如何形塑理学的思想理念；三是在资料、方法和观念上，东亚儒家学者如何重新诠释周敦颐思想，并影响到东亚儒学的发展。从思想学术的角度说，这三个问题既是对性理学的回溯，也是《太极图说》学术发展脉络延伸的集中呈现。

第一节 朝鲜时代围绕《近思录》中《太极图说》的展开

程朱理学至少在 13 世纪就开始在古朝鲜传播，作为这一趋势的标志性事件是"海东孔子"的安珦（1243—1306），于高丽忠烈王十五年（1289）随忠宣王赴大都，自由访问元朝学者，回国时将代表"孔门正脉"的"朱子书"引入韩国，以兴学为己任，并向国子监学生宣讲："吾曾于中国，得见朱晦庵著述。发明圣人之道，攘斥禅佛之学，功足以配仲尼。欲学仲尼之道，莫如先学晦庵。"当时不仅研读程朱理学的经典书目，而且将朱子学作为政治意识形态，而且刊刻朱子文集，"朝鲜半岛高丽朝恭愍王十九年（1370）星山李氏刊出《近思录》，宋朱熹、吕祖谦共撰，宋叶采集解"①。高丽末期"愍王十九年本"是《近思录》最早的刻印本，也是尔后《近思录》广泛传播的起点。

李滉是将《近思录》引入海东朝鲜最为重要的学者。在《退溪集》中存有应黄仲举、禹景善等"问目"，"明道先生曰：'茂叔窗前草不除去。'注云：'子厚观驴鸣，亦谓如此，亦为生意充满声大且远，有会于心否？与庭草一般，有何意思？'（退溪答）非谓语庭草一般，亦只谓语自家意思一般。彼物自然函生，自然能鸣以通意，便是与自家一般处。"从与学生的"问目"来看，退溪对周敦颐特别崇仰，不仅讨论了"茂叔窗前草不除去"的语义，而且从"自家意思一般"的精神中涵养心性义理。特别值得一提，退溪又以《近思录》作为"学圣之阶梯"并从中吸取资源，仿朱子《近思录》例而作《圣学十图》，关注于《太极图说》与国家治理理念的互动，并将《太极图说》作为"首图"进献给宣祖皇帝，"朱子谓此事道理大头脑处，又以为百世道术渊源。今兹首揭此图，亦犹《近思录》以此说为首之意。盖学圣人者求端自此，而用力于小、大

---

① 程水龙：《〈近思录〉集校集注集评》，上海古籍出版社，2012 年，第 1149 页。

学之类。及其收功之日，而逆极一源，则所谓穷理尽性而至于命，所谓穷神知化，德之盛者也。"①《太极图说》不仅维系着国家政治制度的建设，而且是穷究天道性命之学的枢纽，还是作为一种"图语性"的符号支持着对文本的理解，形成了海东朝鲜"图示"与"文字"互通的文化现象。从思想脉络来说，用图像作为思想观念的问题，在不同的文化背景下传达了《太极图说》图像的形而上建构。这种取径的出现，应该说与周敦颐《太极图说》及影响有关系。

相提并论的是栗谷李珥（1536—1584），他根据对朱子理学的积累撰有《近思录口诀》。尽管此书早已佚失，但研习《近思录》由此扩散开来。以栗谷师门为核心的许多儒学学者都研读过《近思录》，比较重要的著作是栗谷弟子金长生的《近思录释疑》和郑晔《近思录释疑》。他们的释疑不是在典籍的译介或谚解上，而在于对《近思录》文本的理解。金长生（1548—1631）作《近思录释疑》，以"太极"的论述为例，"《语类》：无极之真，便是太极，方混沦未判阴阳之气"。"无极之真，是包动静而言。未发至中，只以静言。太极只是极至，至高至妙，至精至神，更没去处。""动不是太极，但动者太极之用；静不是太极，但静者太极之体。太极是各藏头底，动时属阳，未动时又属阴。""太极者，如物之有极，天之有极。"在阐释时，他搜集到很多"太极"相关的论述，一方面肯定无极与太极的相关性，另一方面以"无极之真""动不是太极"等具体范畴提示未发、已发的讨论，这种讨论与反思包括"理气""体用""未发已发"等名题的讨论，给理学留下了生长的缝隙。又如，对"太极动而生阳"的理解，"栗谷曰：动静之机，非有以使之也，理气又非有先后也。第气之动静也，须是理为根柢，故曰太极动而生阳，静而生阴"。《语类》：才说太极，便带着阴阳；才说性，便带着气。"从讨论太极与性、阴阳与气的相

---

① ［韩］李滉：《圣学十图》，贾顺先主编：《退溪全书今注今译》第 2 册，四川大学出版社，1993 年，第 163 页。

互关系，过渡到栗谷动静之说潜移默化地渗透到《近思录》的阐释之中。从理论上说，沙溪等的阐释与周敦颐《太极图说》有所不同，朝鲜儒者不谈阴阳五行变化原本带有的自然生成话题，而是逐渐确立起"太极心性""未发已发"的一整套观念，将过去宇宙化生的终极依据转向"心性"建立内在超越的思想取向，以此作为性理知识谱系的来源。

与金长生同时在栗谷李珥处学习的郑晔也作有《近思录释疑》，以"释疑"的形式汇总了各种理解。例如，对"无极而太极"的阐释，以分句注解的形式积累成大量文献的言论："朱子曰：此五字添减一字不得。""问：无极而太极，固是一物，有积渐否？曰：无积渐。无极者无形，太极者有理。""孔子赞《易》，自太极以下，未尝言无极也，而周子言之。""《老子》之言有无，以有无为二；周子之言有无，以有无为一。""问因一而字生陆氏议论。曰：而字自分明。下云：动而生阳，静而生阴。说一生字，便见其太极来。今曰而，则只是一理。"从这些"释疑"中可见，两种"释疑"为理解《近思录》提供了文献基础，也推动了理学的传播。在这一过程中，围绕理气、体用等的讨论是非常突出的现象，而这些引起海东儒家学者高度关注的问题，恰恰是《近思录》开篇的《太极图说》作为探究性理话语的衍变。随后的学者都习惯于引用《近思录释疑》，也将其作为研读的重要资源。

在《近思录》中存有大量《太极图说》问学、劄记类文字，例如朴长远（1612—1671）《近思录劄录》："'无极而太极。'朴氏云：'盖亦言其无体之易而有至极之理''或以为周子妄加者，谬也。'"本来体用关系用来说太极阴阳动静，经过李珥、金长生等人的阐释，体用关系中又包含了"无体之易""至极之理"等命题，"理""性"等很自然地成为了海东儒学讨论的焦点。另一方面，师门问答式传递理学思想观点方式也是《太极图说》广泛传播的基础。朴世采（1631—1695）《近思录问答》，将《太极图说》作为书院讲学的思想资源。

"（蔡伯瑞问）太极者，理具于象数之先，而是理也，至极而无极之意也。无极者，恐人以太极谓有形象之可见，故又著无字，以明无形之中有至极之理欤？而字，抑亦字之意欤？抑连上接下之意欤？（南溪答）两极之说，来谕大概得之。但其意之简明，不如勉斋所谓无形而至形，无方而至方云者，似当更加体认也。'而'字，北溪曰：此只轻接过，不可就中间作两截看。"由"无极"展开讨论"明无形之中有至极之理"，讨论的焦点虽然在《太极图说》中的理气、体用等问题，但既援引黄榦"无方而至方云者"，又参考陈淳"不可就中间作两截看"的说法，实际上是对《太极图说》做了一定的补充。随后，李世龟（1646—1700）《近思录问目》、金榦（1646—1832）《近思录答问》、尹凤九（1683—1767）《近思录讲说》、柳重教（1832—1893）《近思录讲义发问》等讲说、著述各有特点，为思想的转向提供了新的经典文本。一方面确认《近思录》终极本原的"道体"与人的内在心性的关联是一种自然的关系，另一方面又要回归终极本性的道心，于是在思想的诠释中隐含着巨大的张力，在体用一源、未发与已发之间造成一种新的话语体系的讨论，导致后来彼此的相互影响。尤其值得关注的是金相进（1736—1811）《近思录经义》，从图绘的角度讨论了《太极图》的绘图问题："濂溪《太极图》与康节《先天图》太极图直不同，何也？盖太极无形，不可描也。或不得已描之以一圈，岂太极可圆而不可方之物耶？或不得已描之以一画，岂太极可直而不可曲之物耶？特以是拟议而已，不可以形求也。"提出《太极图》之所以描之一圈，很大程度上是"不可形求也"，这与朱子所述《太极图说》恐无接受者有着相似之处。又如朝鲜末期李震相（1818—1886）《近思录劄义》："自恣无惮者之心，其法以持敬存诚为大禁，矜己傲物为高致，用心积虑，要欲得一席无理之地而自安，太极无动静之说，出而理为死物；理气非二物之论，作而气为大本。"以太极动静、理气先后作为价值根源，也从一个侧面反映出《近思录》的阶段性特色。

如果说退溪、栗谷是海东朝鲜性理学发展的标志，那么随着性理学的普及推广《太极图说》等在思路上追寻"性与天道"的根源，在思想发展中并不是单一的受容关系，在思想资源的融合中获得了新的资源。《太极图说》中的理气问题、未发已发问题成为研讨的主要对象，导致尤庵以来学派内部的义理之争。特别是韩元震（1682—1751）这位卓著的学者，著《近思录著说劄疑》展开讨论："《太极图注》推之于前，不见始合；引之于后，不见终离。沙溪先生释疑前后作阴阳未生前，已生后，恐未为然。前，往前也；后，来后也。谓推之于往前无限时节，不见其始合；引之于来后无限时节，亦未见其终离也。若以前后为阴阳未生前，已生后，则阴阳未有未生之时矣，虽欲推之于前，不可得矣。若曰推之于未生之前，求见其始合，而实无未生之时，故不见其始合云，则虽于道理上可通，前字乃作假设之语，而与合云则不相伦矣，非注说本意也。"韩元震由"已生""未生"等命题达到"体用先后""人性物性"等更高范畴的讨论，这是义理化的延续与展开。而《太极图说》在海东的传播，由此经历了一个渐进的提升过程。

从朝鲜时代的思想状况看，不少学者从《近思录》的理解进入到"道体"的轨道。杨应秀《近思录道体篇讲义》，不仅将"道体"作为《近思录》的代表，"'分阴分阳，两仪立焉'者，言阴阳之成质者，分天分地而相对成两也。故以分阴分阳，两仪立焉者，谓之二气对待之体，一定而不易者则可也"，提出"阴阳只有对待不易者，而无复流行变易者"，而且以罗钦顺发挥的理学作区分，作《题五子近思录道体篇后》，指出清代施璜《五子近思录发明》中"罗、高二子之言，则多有违背朱子之训者，而施氏不察"，"则窃恐朱子所以发明经传之旨"，指出"罗氏乃以寂然不动之体不可见者谓之微，然则《通书》所谓发之微妙之微，与幾微故幽之微，皆当看作寂然不动之体乎！"在思想义理的阐释中层层推导，"体用一源""未发已发"等学说构成了理儒学义理

的 "内在转向"。换而言之，从退溪、栗谷开始都在努力传播《近思录》思想，背后其实都有自己的关注重心与学派意识。如果说，《近思录》等典籍文本提供的文字记载主要是关于朱子学的历史记忆，那么，西方器物技术则通过直接使用和接触，而对儒学的思想观念产生影响。随着西洋文化的进入，星湖李瀷（1681—1763）以《近思录疾书》，将中西多元的文化融会贯通，取精用宏，形成了自己的研究特色："先有'太极'字，而后方有'无极'语。若非太极之极，则所谓无者何物，其语若曰：虽名太极而亦无其极也。故曰'太极本无极'也。"从器物的角度解说"无极而太极"，读书求道赓继理学的表现，可以说是一个新的思路。

事实上，《近思录》在海东朝鲜并非线性发展逻辑下的发展，对朱熹再传弟子叶采所作《近思录集解》，海东诸儒质疑颇多，主要体现在三个方面。一是文字校勘。最早校勘《近思录》的是中宗时期的权橃，作《近思录考疑》，其中第三条"得深则可以见诱之小。叶注'造物深则嗜欲微'"，从"叶注"可知是对叶采本的考校。其后，金长生、宋时烈等人均对《近思录》进行过重新校勘。二是分段问题。姜奎焕（1697—1731）《近思录集解劄疑》："叶采《集解》既分此一节，以太极本无极以上一节作一段，以五行之生作一段，而朱子注则皆系上段之下。注释之说不分，注释之意不明，穿凿传会之讥，其亦不可免也。"三是注释问题。柳长源（1724—1796）《近思录释疑辨》："一卷《太极图说》'太极动而生阳'。注：'用起天地先，体立天地后。'《释疑》曰：'用与体皆指阴阳而言。'""窃意邵子本意当如《释疑》，叶氏引之固指太极而言，然终觉有未安。朱子本解以命之流行不已、分之一定不易对待立论，就动静阴阳上以太极为主而言。"从《太极图说》中"太极动而生阳"，到叶采以"用起天地先，体立天地后"进行注解。在柳长源看来，存在一个逐层演化的错误，叶采"是理为用而气为体"，与朱子所述"以太极为体、阴阳为用"不同。从思想传承上说，受叶采的《集解》影响，沙溪金长生以"用与体皆指阴阳而言"，因此"其言有病"。类似的阐释，在李载亨（1665—1741）《近思录及释疑疑目》中说："太极说'五行一阴阳'云云。""五殊二实无余欠者，释五行一阴阳也。精粗本末无彼此者，释阴阳一太极也。上句既以五行对阴阳而言，则下句独不言太极，而只言阴阳耶，且只言阴阳之精粗本末，可以发明阴阳一太极乎？"从对"精粗本末"与"阴阳太极"的阐释，到"《释疑》非之，可疑"，呈现出以"道体"为中心的文化反思意识。柳鼎文（1782—1839）《近思录集解或问》在开篇即指出："或问：首章无极而太极《注》，蔡节斋之说，叶氏谓最为明备，则此必有见矣。子何病于是而删之乎？曰：无极而太极，此五字为一篇劈头，在图则为第一圈子，而朱子所谓指其本体，不杂乎阴阳而为言者也。于此便以主太极、主阴阳两下为说，未免掠下一位，而恐非依文解义之法。"他指出叶采"恐非依文解义"，因此又作《近思录集解增删》，删除叶解注文，增入"先儒已成之书"。

18 世纪以后，《近思录》的发展有一个最值得注意的趋势：王室中的英祖、正祖等御赐刊刻《近思录》。据御赐《序》文记载，中宗时期"尝宣赐《近思录》一本，又于宰执宴退之席，命还袖珍小册之遗于御苑"。英宗很感慨中宗的做法，"特旨面赐《近思录》一部于故判尹权橃六代孙正郎万，传至于故家""皆安'奎章之宝'"①。虽然是以叶采本为底本，但是《近思录》由此成为代代相承的文本。正祖（1776—1800）尤其留心儒家典籍，《弘斋全书》中存有《近思录讲义》，卷首提出"《近思录》即学问要旨，而《太极图说》为开卷第一义，先讲赐章好矣"。从思想史的角度看，对《太极图说》的推崇成为一种必然的趋势。《太极图说》作为国家安邦济世的思想资源，"苟能主静，则动

---

① 御制忠定公权橃袖珍《近思录》序，载于叶采：《近思录集解》，纯祖二十六年刊本。

无不顺，如贞之复元，而正与义之体有以立，中与仁之用有以行，此圣人修道之谓教处也"。"其所以立极之道，惟在于'中正'二字。"以"主静"作为圣人修道之教的核心，将《太极图说》的精髓运用于国家治理之中，"于此益加体验，是所望也"，显示了追踪思想学术中的敏锐眼光。而借助程朱之学来强化治国理政的文化认同，儒学典籍的诵读从儒家文士转到了上层君王，使《近思录》等典籍获得了强劲的发展动力。

《近思录》的序次规模及所体现的理论体系深为后学所效仿，承"近思"之名，韩梦麟（1648—1762）编《续近思录》，"退溪先生所为《节要》，文庄丘氏所次《学的》，极其要切，便于省览"。开篇指出："《太极》者，何也？即两仪、四象、八卦之理，具于三者之先，而蕴于三者之内者也。正以其究竟至极，无名可名，故特谓之太极，犹曰举天下之至极，无以加此云尔。"选择蔡模《近思续录》、丘濬《朱子学的》以及李滉《朱子书节要》等，接续"寒泉之成规"，不断实现从四子到海东朝鲜的学术范式转型。无独有偶，李汉膺（1778—1864）认为"我东诸贤绍修洛闽《近思》之学，实退陶倡之也"，朱熹、张栻、吕祖谦之语辑成《续近思录》，仍将"太极"作为逻辑起点，"晦庵先生曰：太极只是一个理字"，并切入以退溪为核心的本土话语体系。此外，姜必孝（1764—1848）辑静庵、退溪、牛溪、栗谷四子说为《近思后录》，呼应着朱子以来的纲目结构。宋稟璿（1836—1905）在《近思续录》中直接"变夷为夏"，指出"逮至本朝道学彬彬，浸淫乎大宋之世，盖静、退作于前，抽关启键若濂溪周子，栗谷之通透洒落如伯程子，沙溪之礼学又似乎张子，而尤庵晚出，发挥运用，殆同于紫阳夫子，猗欤盛哉！"他将静退栗沙尤与周程张朱互相比附，构建海东《近思录》，标榜以朱子学为中心的儒学正统。与此相似的还有朴泰辅（1654—1689）《海东七子近思录》、李度中辑《栗谷近思录》等。《近思录》在东亚文化圈不断被阐释和效仿，产生了别样的意义，使之呈现出各自不同的地域开放性与超越性。换言之，如果说从《近思录》文本中探索义理思想，凸显出对《近思录》的连续与差异，这是对四子理学思想的发挥，那么，朝鲜末期性理学家又通过本土语境的利用，从流传著录的角度接续道统，例如田愚（1841—1922）作《五贤粹言》，以东邻的《近思录》作为巨大的参照系，以海东五子的言行语录为背景构建海东的"续"《近思录》，尽管遵循着《近思录》的纲目结构，但源自海东朝鲜文化生态演化逻辑的不同路径。他们从理论根源上反思"理气""心性"问题，审慎地考虑其适用性，成为挽救民族危亡的最强音。

根据上述，《太极图说》在东亚有一个衍变的过程，从李滉、李珥等大儒的推阐，到金长生、李瀷等人的阐释，其后至《海东七子近思录》《近思续录》等仿编本的出现，内涵也愈益增广。独尊朱子理学，以《太极图说》为发端成为朝鲜时代性理学说的主流却是一个不争的事实。

第二节 日本《近思录》注解中《太极图说》的衍变

从朱熹编辑成书之后引起了较大反响，后学多有仿编、集注之作，显示了《近思录》作为经典的持续影响力。《近思录》在日本的不同阐释，则昭示出其在东亚文化圈的多元影响。

《近思录》开始传播日本，始于16世纪，存有大量讲说注释本。佐藤一斋评价说"我邦首倡濂洛之学者藤公，而早已朱陆并取"。藤原惺窝（1561—1619）在日本开启早期程朱理学，随后，林罗山（1583—1657）在《太极》中指出，"《近思录》者，考亭、东莱二先生所精撰也。开卷而首载《太极图说》，读未已，或有疑之者有言，此周子所自悟而作欤？抑又有所受，而后授之于二程欤？"这开始了对《近思录》进行讨论。出于对宋学精神的各种兴趣，林罗山等人成为《太极图说》的最早支持者，延续着朱子学为中心的思想理念。宇都宫遁庵（1634—1710）根据叶采《近思录集解》标注《鳌头近思录》，汇集朱熹、张栻、黄庭坚等人关于周敦颐生平、评价等的不同记载，"《太极图》者，濂溪先生之所作也，先生姓周氏，名惇实"，指向对周敦颐与《太极图说》最基本知识的理解，因此，陈荣捷评价说"本文兼叶注均解释甚丰，为他注所不及"。①

贝原笃信（1630—1714）《近思录备考》是日本最早的注解，"搜索有资于训诂者"，既承载了朱熹的阐释，同时又辑录了陈淳、《性理大全》中的言论，并在叶采《集解》的基础上进行了再次注释，例如"四子"注疏为"四书也"，"濂洛关陕"注解为"濂，周子之居；洛，二程之居；关陕，张子之居。陕，音闪"。或许是地域阻隔、义理隐晦等原因，贝原笃信的再释，寻根问源，具有重要的启蒙价值。从贝原笃信的注释看，一方面以诸儒连续的讨论作为接续，对朱子理学有较高评价，诸如"五行一阴阳也"，"愚谓五行一阴阳也至五行之生也、各一其性，朱子解为一段，尤正当，盖此一节总括上文，合而言之"。另一方面，以《近思录》缺少朱熹《太极图说解》而重新补入，在《太极图说》后复述朱子《集解》，"笃信看叶氏《近思录》，《太极图说注解》不载于朱文公注解之全文，只任意载略去取之耳。故证千后者，不应于前"。在贝原笃信看来，理清朱子解义的确切含义，是理解《近思录》的关键所在。与之相提并论的是中村惕斋（1620—1702）《近思录钞说》，其以"钞说"为名辑录朱熹、饶鲁等人的语录进行解说，并以"钦按"增补自己的注解。从注解看，中村惕斋对《太极图说》尊崇朱子的阐释，对《太极图说》有较高评价："周子又为之《图》以象之，其所以发明表著，可谓无余蕴矣。""按：无极之

---

① 陈荣捷：《朱学论集》，华东师范大学出版社，2007 年，第 109 页。

真，真指太极，谓太极之理真实无妄也。二五之精，谓阴阳五行之气，精纯不二也。"这既是对程朱理气心性之学的认同，也在义理阐释上发展了《太极图说》。不过，他对于叶采《近思录集解》却是颇有质疑："按：叶氏《集解》中曰本注者，非有《近思录本注》。此是朱子仍本书存其注者也。""后之说此书者，推叶氏《集解》为最，然犹恨其多不满人意者，舍解从之，则又初学之士不能得致思之端而了其旨归也。"从"非有《近思录本注》""舍解从之"来看，江户时期学者对叶采集注有着极大的不满。

室鸠巢（1658—1734）《近思录讲义》。根据陈荣捷的考察，"《近思录道体讲义》，中文写本（穷），无年月，鸠巢为京师朱子派领袖，发挥哲学思想甚佳。又《近思录讲义》，有中文写本（京大，东北大学），无月日。其《近思录图说》，中文（庆大），则只讲《太极图说》"①。《近思录道体讲义》以"直清按""直清谓"等形式直接注解，"直清谓：道无远近，只从学者身上言之"。直清为室鸠巢的名，其解说谨尊朱子的说法。在单行本《太极图述》中，又以朱子《太极图说解》为底本，以"述"补充了朱子的说法，以"无极而太极"为例，"述：此最上之圈，所谓'无极而太极'之象也。太极不过为所以动而阳静阴之理，而今复添本体二字者"，"此居最上实为'无极而太极'之象，则又太极之所以为太极者，是挑出太极之本体在上也"。虽然其采纳了朱子"无极而太极"的阐释，但从"按""谓""述"等材料来看，以"太极"为本体，"其所以动而阳、静而阴者，理也。即阴阳而推原其所以动静之理，则其本体有不杂乎阴阳者存焉，犹曰舜有天下不与焉云尔。所谓无极而太极者，亦指其不杂乎阴阳者以为言尔"。其对阴阳与动静之理有着内在贯通的说法，也标示着《近思录》在跨越地域的思想更生。卷末署"享保五年（1720）庚子秋九

---

① 陈荣捷：《朱学论集》，华东师范大学出版社，2007年，第109页。

月”的泽田希《近思录说略》，据其自述，“博搜旁考，质以师友之言，间亦附
以管见”，以“无极而太极”为例，援引大量程朱理学的注疏，“愚闻之师曰：
此一节不可说论天地未辟之先，此是就阴阳五行万物悉具之后，等而上之，推
到于其本原，以说其理耳。故下文散为二气五行，继又约之归诸一无极。盖自
本硕而趋末，自末推而到本，都语理气之合一，而《明义》亦因明此是章之大
旨也”。将《近思录》作为时代的经典和精神源泉，这种传播并不是简单地照
搬移植，有选择地吸收暗合于本土思维范式的成分，在不同的地域传统中会产
生各自的价值与意义，构成为多元层次的话语形态。佐藤一斋（1772—1859）
《近思录栏外书》并没有直接抄录原文，在解说的原文之下附有条目，诸如
“道体”中分为“濂溪条”“诚无条”“伊川条”等，“‘无极而太极’，言无极之
极也，‘而’字轻如‘之’字看，语例犹言无声之乐，无体之礼，或释为无之
极”。这里从训解字义等多角度诠释，聚焦程朱理学发展的新问题。

　　伊藤维桢（1627—1705）《读近思录钞》，对《近思录》中以“太极阴阳”
之说为开篇表示整体批判：“谨按：圣门之教，以德行为学，虽有言语、政事、
文学等科，本德行中一事耳。未闻以太极阴阳、鬼神性命之说，为所入之学而
求端之方也。”基于天道性命之学与《语》《孟》字义中“圣门德行”的区分，
伊藤维桢对《太极图说》作为《近思录》的开端秉持否定的态度，指出太极为
“求端之方”，“其论虽高而实空疏矣”。这一观念差异造成的是日本《近思录》
不仅注重在义理注释中阐发新意，而且在话语语境中也形成了彼此角力。安裴
（1778—1845）《近思录训蒙辑疏》，仅集注卷一“道体”与卷二“为学”，共二
卷。他在宇都宫遁庵《鳌头近思录》、泽田希《近思录说略》等人的集注基础
上，增加了清代儒家学者的注释，例如对首条“无极而太极”的阐释，“张仪
封曰：上五节言天道之本然，欲人观太极于造化。朱子曰：‘无极而太极’，只
是一句”。他适时补充了张伯行等儒家学者的理解。在安裴看来，“以是益轩贝

原氏有《备考》，遁庵宇都宫氏有《鳌头》，惕斋中村氏有《钞说》，习斋泽田氏有《说略》，其言人人殊而无所统一。吾公惧学中子弟多岐亡羊，命儒臣安襞改注此书"。日本学者所著《备考》《鳌头》《说略》等众说纷纭，颇为复杂，另一方面叶采《近思录集解》与朱子有较大偏差，因此藩主松平容敬授命儒臣安襞改注新本。《近思录训蒙辑疏》的刊刻，反映了《近思录》发展的一个端倪："惟怪叶氏私塾于北溪陈氏，其说宜得朱子之意，而其注往往不满于人意。故我先儒闇斋山崎氏尽除之，单白文行于世。要之，博洽精通如闇斋可矣，他人则不可也。"它既删除了叶采的《集注》，又补录了古贺精里的阐释，以"无极而太极"为例，"两仪是阴阳，《语类》谓是天地未定之说，不可从。又按惕斋从《语类》，误"。它不仅指出《朱子语类》中对"两仪"的表述存在错误，也对中村惕斋遵从《朱子语类》存在不满。具体而言，《太极图说》的末句"大哉易也，斯其至矣！""精里先生曰：斯字指此图，其字指易。今按张仪封谓：斯字指太极稍差。"其中"斯其至矣"主要是指《太极图》，与清代张伯行的解释也存在着偏差。

（一）日文训点本

"世远人亡道统空，维天新命濂溪翁。一心常泰颜渊乐，大志正任伊尹功。"这是山崎嘉（1619—1682）所作的《读近思录诗》。山崎嘉是江户前期朱子学的代表人物，训点的《近思录》就有数十种之多，至今仍是《近思录》传播最广的文本。山崎嘉对《太极图说》有极高的评价，在《序》中指出"宋濂溪周子继往圣而开来学，其所谓'无极而太极'，则启大《易》之秘而发《中庸》之妙也。诚能有得于斯，则四子、六经可不治而明矣"。他通过训点将《近思录》译介到日本，兴起了一股前所未有的理学热。日本还有大量的劄记文本，以山崎嘉为例，作有《近思录笔记》，门人浅见絅斋（1652—1711）《近思录师说》、佐藤直方（1650—1719）《近思录笔记》、三宅重固（1662—1741）《读近思录笔记》等，以山崎为"我邦儒学正脉之首倡也"，谨遵朱子学问而发挥义理思想。此外，中村惕斋（1620—1702）《近思录示蒙句解》，以日文对每条语录作有训解。簗田胜信（1671—1743）《近思录集解便蒙详说》，以叶采《近思录集解》为底本，分上下两节版，上节汉文集解注释，下节大字为近思录原文，小字为日文俗语讲解便蒙，卷前有附录文字，从朱熹《伊洛渊源录》中介绍濂溪先生，卷首绘《太极图》及朱子解义。类似的还有溪百年（1754—1831）《经典余师近思录》，将中文、日文融为一体，通过知点引申、对知识的音译等，增添了许多细小的知识点，呈现更为完善的新儒学知识体系。从表面上看，日本儒家学者开始将《近思录》本土化，出现大量平假名、平假名的文本，受到程朱理学影响的儒学文士越来越多，但实际上《近思录》在日文训点中也由此走向了在地化的道路。

（二）仿编续补本

古贺朴（1750—1817）参订，石冢崔高（1766—1817）、牧原直亮、安藤知敬、饭冢蕴、松川光健、牧山兼三等同辑《近思录集说》，按照《近思录》的十四卷体例重分为五卷，辑录朱熹、黄榦等人的语录，正如《凡例》所述："但有古人误解恐致读者疑惑者，必择其定说正解以载本节条下。"《近思录集说》以《太极图说》为例，"周子作图，就气中抽出理来，不杂乎气，专以理言，始为明备，然后种种谬说，不待辨而破矣。而世或尚踵其谬说者，今据《语类》，有气必有理，有理必有气，其所以一动一静，乃理也，即太极也。理不先乎气，气不后乎理，即此亦可见。所谓非有离乎阴阳也，就阴阳而指其本体，不杂乎阴阳而为言，斯语尽矣"。它对理气"不离不杂"进行了辩论，从而否定"气为太极"的说法。饶有意味的是，石冢崔高还就"大哉易也，斯其至矣"有所讨论："或谓其'至矣'指《图》言，若然周子自作自赞也，恐非。或谓'斯其'以下单言《易》，亦无以见结住作《图》之意，亦非。"其中"斯其至矣"并非是周敦颐"自作自赞"，也并非"单言《易》"，从语义上说明《太极图说》末句与《太极图》的关联。事实上，以"按"语解说内容的还有樱田仲文甫（1774—1839)《近思录摘说》，先以"质按"概说主旨："周子此篇，专明太极之义，所以阐发大《易》之秘旨也。"再摘录朱熹、黄榦等的文字，有选择性地摘录，这是本土意识自我强化的过程。

回顾18世纪中后期的文化交流就会发现一个重要的历史事实：出于对异己观念的警惕，对《近思录》从"受容"转向了"排斥"，并导致了严厉的"拒斥"。诸如不少日文写本文献，在阐释文本时借《近思录》来表达自家见解，例如小野道熙《近思录讲义》、稻叶正信《迂斋先生近思录讲义》，以及署名为"宽政二年（1790）庚戌六月日同三年辛亥五月二十六日终业，默斋先生所讲"的《默翁近思录笔记》，"氏为佐藤直方门人，讲义论及王阳明颇多"，重新审视思想发展，将各自学派的见解投射到《太极图说》等经典，形成了不同的理解认识。内藤耻叟（1826—1903)《近思别录讲义》，并不只局限在朱子《近思录》本身，其外延还扩展到蔡模《近思别录》。内藤耻叟以山崎嘉对《近思别录》对张栻、吕祖谦语录的肯定展开讲学活动，建立独立的文化认同，体现出强烈的个性化特征。尽管大批文人都在批判程朱理学以及《太极图说》，但《近思录》这些文本经典的纯粹性与生命力却在与日俱增。

第三节 《近思录》在东亚文化圈的环流互鉴

理学传播到东亚，形成各自不同的诠释道路。虽然韩日对《近思录》的阐释重点各异，但将《太极图说》作为"道体"的关键，确是殊途同归的。这些不同的观察视角决定了不同的研究取向，又以本土思想相拼合，将儒学推向以义理之学为中心。

《近思录》并非单线的文化传播，经典的发展变化也一直影响到同时代的文人。其一，中韩日互存《近思录》文本及续编本。《近思录》传入日本、古朝鲜后，得到广泛刊刻，仅就叶采《近思录集解》来说，至今中国台北"国家"图书馆存有"正统元年（1436）六月日"金汶等刻印本、题署"文川郡新刊"的古朝鲜版本，以及日本万治二年（1659）权兵卫刊本，等等。在接受与互动的过程中，《近思录》文本的文化立场发生了变迁，例如"文川郡新刊"本，在第一册与第二册的卷端与卷末附有"鸢飞鱼跃""学求圣贤"的大字，并署名"朱子书鸢飞鱼跃"，这是典型的程朱理学进路。而在这种双向的文化交流中，《太极图说》等义理思想自然也是关注的焦点。特别值得关注的，朱学门人蔡模续编《近思续录》《近思别录》，以日本宽文八年刊刻流传最广，因《别录》既未署名刊刻时间，亦缺少"蔡模编纂"等字样，不足以明证其刊刻信息。日本学者山崎嘉最早在《序》中指出"蔡觉轩以先生之书编为《续录》，采张氏、吕氏之书为之《别录》"。经过馆藏搜录，北京大学图书馆藏钤印"德化李氏凡将阁珍藏""李盛铎读书记"的日本延宝年间出云寺松柏堂翻刻合订的《续录》《别录》版本，韩国高丽大学校藏有题有"蔡模集编"的《近思别录》抄本，在彼此"交流循环"中相互发现，足以证成文本研究的若干细节，形成新的内在指针。从《近思录》东传海东朝鲜，又回到本土的阐释，互相对照《近思别录》的认识，可以说是理学史的重要"环流"。

其二，日本存古朝鲜姜沆写本。《近思录》作为宋代儒学的义理汇辑，在韩日的传播中早已失去了原初的环境，但这并不意味着失去的思想文献的价值。经程水龙等人的研究，"日本国立公文书馆藏本（298-0154号），1册，四眼线装。钤朱文印'大学藏书''日本政府图书'。此写本与《近思续录》《近思别录》的写本合为一函储藏，在《别录》卷十四末有跋文，文末载：'己亥冬至月二十三日，朝鲜宣务郎前守刑部员外郎菁川姜沆字武卿谨跋'"①。其中"己亥冬至月"即万历二十七年（1599）。从时间上看，姜沆滞居日本的时间，正是古朝鲜性理学高涨的时期，此时，李滉"彼物自然函生，自然能鸣以通意，便是与自家一般处"，注重自身的体认与反省。姜沆跋文《近思别录》中说："他日，日东诸达官之见是本者，因其文而悟其道，以及于为上为下、为国为家、为比邻，一以圣训从事，则扶桑一域未必不为东周，而赤松公之利泽推及于海隅者，岂浅浅哉？"他效法惺斋敛夫、赤松公的做法，希望在日本推行以"近思"为中心的性理学，显然有着反躬自省的文化关怀。从地域上说，受惺斋敛夫、赤松公"及于濂洛性理诸书，秃颖穷玄，积成卷轴"的影响，姜沆抄录《近思录》，藏于日本公文书馆，促成了彼此互相认同的视角差异。

其三，古朝鲜学者在广州重刊文本。特别是在清朝入关以后，古朝鲜儒家学者借《近思录》作为文化交流的中介，首尔大学奎章阁藏有"崇祯三癸酉重阳日"洪启禧在广州府刻有《近思录》，"以朱先生旧本入梓"，卷末有跋文：《近思录》则用《朱子遗书》中所载者，此盖不袭坊本割裂舛错，而一依原本订正，最为可信故也。"其中的"三癸酉"即崇祯以后第三个甲子的癸酉年，即乾隆十八年（1753），尽管明朝已经覆亡，作为燕行使的洪启禧依据《朱子遗书》刻有《近思录》，由此该书成为考察海东儒学正统的一个来源，希望刺激并提起对《近思录》等经典的重视。洪启禧所依据《朱子遗书》版本似乎为吕留良本，可以肯定的是，"吕留良所刊刻的《近思录》有吕氏家塾读本与《朱子遗书》本（即御儿吕氏宝诰堂重刻白鹿洞原本）两种"②。据韩国国立

① 程水龙：《〈近思录〉东亚版本考述》，凤凰出版社，2022年，第591页。
② 张天杰：《从张履祥到祝洤——清初朱子学在浙西的传承及其特点》，《浙江社会科学》2019年第3期。

中央图书馆藏"御儿吕氏宝诰堂重刻白鹿洞原本"《朱子遗书》的记载,《目录》下有一行小字:"坊本多从周公恕分类,割裂舛错失其旧,今依原本订正。"其中洪启禧的辑录与"御儿吕氏宝诰堂重刻白鹿洞原本"并无差异。在文本的流传过程中,从朱熹编纂到传播海东朝鲜,再到洪启禧广州重刻,地理空间从中国到域外,又从古朝鲜在广州重新刊刻,这是理学学术范式在发生转移。

东亚儒家学者对《近思录》的阐释,经历过文本解读、辩论质疑、文本互鉴以及模拟纲目结构等几个发展阶段,不同发展阶段的《近思录》连同其各自的特点及其优劣短长,可以说,给东亚儒学交流增添了一个重要的典籍。在各种区域文明交错中,一方面,程朱理学文本流传到域外被接受、反馈的文化认同,再反馈到理学的交流循环中,这一历程也使《太极图说》在交流中得到具体而微的呈现。另一方面,古朝鲜与日本建立各自的文化与认同,《近思录》的重新刊刻、在地化的具体实践、对朱子理学的接受与批判等转向彼此的分离,促成了以《太极图说》为中心的思想在东亚国家的不同印记。

第五部分 周敦颐理学思想的理论价值和现代转换研究

第十二章　周敦颐理学思想的理论价值

　　如果需要有"文化自信"，那么"文化自信"绝不是一句空话，而必须填充以充实的内容。"半亩方塘一鉴开，天光云影共徘徊。问渠哪得清如许，为有源头活水来。"（《晦庵先生朱文公文集》卷二）寻孔颜之乐，看鸢飞鱼跃，活泼泼，常惺惺，宋明理学是中国思想史上最讲究活水活力、活学活用的流派，也是最强调社会担当、社会责任，最具有文化自觉和文化自信的流派。中国人民大学哲学院陈先达教授指出："我们对传统文化自信，与我们对历史上文化经典和文化名人的崇敬是不可分的。文化需要创造，创造文化并作出卓越贡献的人，是我们最为景仰的文化名人；而文化的载体是作品，尤其是传诵不衰的不朽名篇。"他又说："在文化自信中，我们既要重视传统文化，又要重视红色文化和社会主义先进文化。在继承两个传统的基础上，建设文化大国、文化强国。"① 因此，我们需要深入挖掘中华优秀传统文化价值内涵，激发中华优秀传统文化的生机与活力。文化自信作为更基本、更深层、更持久的力量，其核心

---

①　陈先达：《文化自信中的传统与当代》，《光明日报》2016 年 11 月 23 日。

是哲学自信、义理自信。

第一节　周敦颐理学思想的历史回顾

宋朝结束了五代十国的动乱，进入了政治上再次统一的历史阶段。因此，新的统一王朝需要统一的思想体系和统一的社会政治秩序。这种时代的要求催生了学术的发展。从表面上看，宋儒似乎热衷于深沉的哲思睿智，但哲学家的沉思从来不是空洞的玄想，而是对现实深层的反思，是对时代精神需求的回应。宋儒深入理气心性等哲学问题，其实现的目的乃是合理地建构社会秩序的基础和原则。正如余英时所说，"理学（或道学）的起源和发展首先必须置于宋代特有的政治文化的大纲维之中，然后才能得到比较全面的认识"[①]。

从思想领域上看，周敦颐所处的宋代延续了唐代儒、释、道三教并行的政策。虽然儒学仍然是官方正统，但北宋政府崇奉汉唐以来的儒学传统，恪守章句训诂，拘束于名物制度，存在着"穷理不深，讲道不切"的弊端。相反，佛学思想虽然从未真正取代儒学对社会规范的主导和支配，但是佛学思想所包含的思辨力量、完整细致的哲学体系仍然在理论上对儒学构成了严峻的挑战。在佛教学者看来，中国传统哲学基础过于肤浅，在理论上与佛学存在巨大差距。唐代华严宗大师宗密说："佛教中小乘浅浅之教，已超外典深深之说。"[②]此话的意思是中国传统哲学将"太极元气"看作宇宙本原是肤浅的，因为太极元气只是假有，所以将太极看作本原是迷思执念。从人性论的角度看，钱穆认为佛学的优势在于"分析心性，直透单微"[③]，而传统的儒学"罕言性命与天道"。

---

① 余英时：《宋明理学与政治文化》，广西师范大学出版社，2014 年，第 3 页。
② 复旦大学哲学系中国哲学教研室编：《中国古代哲学史》，上海古籍出版社，2011 年，第 468 页。
③ 钱穆：《钱宾四先生全集》第九卷，联经出版事业股份有限公司，1998 年，第 33 页。

在佛教思想的冲击下，宋代甚至出现了"儒门淡薄，收拾不住，皆归释氏"的情况。儒学在思想上收拾不住，必然导致人们的行为偏离儒家的行为规范。而中国的政治社会秩序长期以来有赖于儒家思想的规制，思想上的脱离必然导致社会秩序的失范。唐代韩愈反对佛教的理由就在于佛教废弃伦常，有害于中国的社会和政治秩序。

所以要应对佛学的挑战，就必须阐发儒学自身的心性理论。而当时儒学反对佛教的理由"多是从社会效用、现实利害立论，进行外在的批判"①。韩愈反对佛教的动机固然是正确的，但也仅仅将佛教看作"夷狄之法"，有害于中华。也就是说，南朝到唐朝的批判都是以佛教有可能颠覆中国传统社会秩序结构的角度来进行的，却没有能深入到其理论内部。从理论资源上说，儒学尚缺乏与佛教思想对抗的理论。传统儒学重实践、轻玄思，因而在佛教的理论面前显得力不从心。钱穆评价韩愈、李翱，要么是陈义尚粗，要么是阳儒阴释②，都未能与佛学形成真正的对抗。劳思光评价韩愈反对佛老，立场固然极明白，却未见理论力量何在。③而到了宋明理学的时代，本土学者在批判佛学的同时，也吸收和回应了佛学思想，"以释道的宇宙论、认识论的理论成果为领域和材料，再建孔孟传统"④。周敦颐正是这一理论构成过程中的第一人，面对佛学的挑战，周敦颐开辟了儒家心性学说的新境界，超越了前人，从此儒学有了对抗佛教的哲学资源。到了二程时代，"周茂叔谓一部《法华经》只消一个《艮卦》可了"（《河南程氏外书》卷十），可见宋儒依据周敦颐的思想已经可以对佛学在理论上进行反击了。当然，反击佛教思想只是第一步，更为重要的是周敦颐以及宋明新儒学为中国传统社会的纲常提供了理论支持。也就是说周敦颐和新儒

---

① 李泽厚：《中国古代思想史论》，生活·读书·新知三联书店，2017年，第209页。
② 钱穆：《钱宾四先生全集》第九卷，联经出版事业股份有限公司，1998年，第33页。
③ 劳思光：《新编中国哲学史》第三卷，广西师范大学出版社，2005年，第19页。
④ 李泽厚：《中国古代思想史论》，生活·读书·新知三联书店，2017年，第209页。

学为中国传统社会的秩序、价值提供了理论上正当性和合理性的证成，在这个基础上来克服唐末五代以来的社会失序，重建儒家的社会规范。

从儒学内部上看，周敦颐为宋明新儒学理论体系的出现提供了重大契机和基本原则。虽然在生前，其思想没有得到充分重视，但是通过朱熹的努力，周敦颐形而上学成为宋明理学，甚至成为后来儒学形而上学方面的正统。这正是因为"在北宋道学家中，是周敦颐首先尝试从新的维度思考宇宙的本原问题，因此可认为他对中国本土哲学做出了一个重大推进"①。这一重大推进之所以是新的维度，就在于周敦颐以《易》《中庸》等儒学经典文本为基础，吸收道家和佛家的思想，构造了新的思想体系。这一思想体系突破了汉儒的藩篱，不再以人格性的"天"作为宇宙论的基础，而是以"太极""阴阳""诚"等概念作为其形而上学的基础。这就极大提升了儒学在形而上学层面的理性水平和抽象水平，足以与佛学等其他思想体系抗衡。新儒家的理论体系由此奠定了基础。也正因为如此，朱熹将周敦颐看作是宋明儒学的开宗者，其学说成为此后儒学的重要组成部分。劳思光说："就儒学史标源而言，濂溪代表以《易传》、《中庸》为依据之儒学理论中最早之系统；此一方向乃宋明儒学中极具势力者。……周说实开启此一思想路向，当之无愧也。"②

周敦颐的思想不仅在狭义的形而上学上具有重要历史意义，其在伦理哲学上也相当重要。儒学传统的落脚点是人文，是道德哲学和道德实践。周敦颐作为儒学大家同样如此，其形而上学思想最终也落脚在人文上。正因为其在形而上学上的创新，也就为道德哲学奠定了新的形而上学基础，通过这一基础必然会建立起新的伦理哲学。从周敦颐学说内部看，他实现了形而上学与伦理思想

---

① 复旦大学哲学系中国哲学教研室编：《中国古代哲学史》，上海古籍出版社，2011 年，第 469 页。

② 劳思光：《新编中国哲学史》第三卷，广西师范大学出版社，2005 年，第 114 页。

的统一。钱穆说："敦颐的大贡献，正在他开始阐发了心性义理之精微。就中国思想史而言，古代孔孟儒家一切理论根据，端在心性精微处。严格言之，这方面真可谓两汉以来无传人。"①牟宗三引《宋元学案》的说法，认为周敦颐把握住了儒学"千载不传之秘"。这一把握，牟宗三称为"天道性命相贯通"，"道德主体顿时须普而为绝对之大主，非只主宰吾人之生命，实亦主宰宇宙之生命……即由道德的主体而透至其形而上学的与宇宙论的意义"②。牟宗三认为周濂溪通过"寂感真幾、诚体之神"来把握太极和天道，是其"真有得处"③。这一思路为中国传统社会的纲常伦理提供了形而上学基础。中国传统的社会秩序的根源在于天道本身，并且与天道统一，因此儒家的社会秩序观念具有了不可动摇的合理性和合法性。这一点开不仅超越了传统，更重要的是引出了后世儒学工夫说以及心性理论，虽"有待于后来之发展，然此步默契已开一最佳之善端"。④

　　从时代风气上，周敦颐同样引领了新的思潮。自汉唐五代以来，儒学秉承汉学的传统，偏重考据训诂，乃至于重艺而轻实，甚至到了"以'破注'为非法"的地步，严重阻碍了思想的发展，也严重阻碍了儒学自身对时代的适应。知识分子们崇尚辞章、沉溺于考据的危害不是辞章本身，而是遮蔽了儒学真正的精神追求和人格理想。周敦颐说："文辞，艺也；道德，实也。……不知务道德而第以文辞为能者，艺焉而已。噫！弊也久矣。"（《通书·文辞第二十八》）周敦颐明确迎合了当时思想界发展的趋势，以艺与实的关系说清文辞与道德的关系，有力地批判了汉唐以来的学术风气。在这一基础上，周敦颐进一步主张把握"孔颜乐处"，追求颜渊之学、伊尹之志，挺立了儒家的价值追求和道德

---

① 钱穆：《钱宾四先生全集》第九卷，联经出版事业股份有限公司，1998年，第33页。
② 牟宗三：《心体与性体》，上海古籍出版社，1999年，第275页。
③ 同上书，第305页。
④ 同上。

人格。这不仅为宋代以来的学术创新提供了重要的来源，也为塑造宋代以来知识分子的独立人格和崇高追求提供了思想基础。追比圣贤，乃至成为圣贤，成为中国儒者的人生目标。稍后的张载"四为"之说就可以看作是对周敦颐思想的呼应。这种积极入世的人格理想，有力地回应了当时盛行的佛、道出世、避世的思想倾向，恢复了先秦儒家修齐治平的理想。

总之，周敦颐开创了一条儒学自我革命的新路径，为中国本土思想的发展开创了广阔的空间。自周敦颐开始，中国的思想界走上了一条观念创新和思想转型的道路。通过创新，周敦颐激活了儒家思想，使其重新获得了进一步发展的生命力。

第二节　周敦颐理学思想的理论贡献

从哲学史的角度看，自朱熹定周敦颐为道学宗师以来，宋明理学普遍认为他作为理学的开山鼻祖[①]，对中国哲学史和中国思想史的源流具有重要的意义。这一意义一般被归结为他对中国哲学本体论的再建构，以及宇宙论和伦理学的贯通，由此确立了此后道学的基本概念和框架。这一基本框架成为后世中国哲学争论和发展的一个根源，为后世的儒学提供了基本的范式。杨立华称赞周敦颐"宋明道学里所有重要的因素竟然都包括在其中了"[②]。虽然他的著作大多言简意赅，许多细节尚未展开，但是"他的哲学论纲式的表述为后来思想家利

[①] 朱熹将周敦颐看作道学的开山鼻祖，在理论上是可以自洽的。但这一评价就周敦颐和理学本身而言，事实上是否合理，是一个争议问题。在宋明时代，就有人反对朱熹的说法。在今天，很多学者，如陈来、杨柱才等也都认为理学真正的开创者应该是二程和朱熹。一方面，朱熹将周敦颐的太极理解为"理"，而周敦颐本人从未这样说过。另一方面，二程明确表示"天理"是自家体悟出来的，并没有归功于周敦颐。这一点得到了广泛认可。但不可否认的是周敦颐依然可以说是宋明理学最重要的先驱，其思想对理学的形成具有基础性意义。

[②] 杨立华：《宋明理学十五讲》，北京大学出版社，2015年，第58页。

用或引申留下了十分广阔的余地"①。那么我们如何理解周敦颐的这种开创性意
义。主要可以从三个方面来看：第一，周敦颐开创了新儒学的基本理论框架；
第二，他革新了原有的哲学概念；第三，他开创了新的问题领域。

一、周敦颐理学思想的基本理论框架

不仅是宋元明清时代的中国哲学家们持续讨论周敦颐，现代中国哲学家也
同样热衷于讨论和研究周敦颐。这也充分表明了周敦颐思想具有重大的原创性
理论贡献。张君劢高度赞扬周敦颐，说"濂溪周公先生，奋乎百世之下，乃
始深探圣贤之奥，疏观造化之原，而独心得之"。"无疑地，周敦颐乃宋代新哲
学思想之创始者，正如笛卡尔、斯宾诺莎、莱布尼茨乃近代欧洲哲学之创始
者。"②他认为周敦颐贡献在于提出"宇宙的统一和谐源于建造世界的理"，"生
命的各个方面都溯源于太极"，"重视仁义两个观念"，"诚为百行之源"，"静为
达到圣人境界的途径"，等等。这些命题，在以后儒家传统中得到了彻底的遵
循。③可见，张君劢认为，周敦颐的理论意义在于他从本体论和存在论角度构
建了绝对，形成了后世儒家思想主流的形而上学框架，为传统儒学的伦理确定
了规范性的哲学基础，为工夫论提出了原初的哲学路径。

张岱年认为周濂溪完成了自先秦以来的两个传统。一是太极学说，"初见
于《易传》，到北宋，周濂溪承之，建立一个以太极阴阳为主要观念的本根
论"④。张岱年所谓的本根论大致等同于宇宙论，不过较西方的宇宙论，中国的
本根论更加宽泛，除宇宙论之外，也是本体论。二是诚的学说。"诚"的学说

①　陈来：《宋明理学》，读书·生活·新知三联书店，2011年，第63页。
②　张君劢：《新儒家思想史》，中国人民大学出版社，2006年，第35、105页。
③　同上书，第96页。
④　张岱年：《中国哲学大纲》，江苏教育出版社，2005年，第50页。

成立于《中庸》，引申于《大学》，推衍于李习之、周濂溪，至濂溪而完成。①
周濂溪以诚作为人之本性，实现了"性"与"诚"的统一，这实际上是潜在于
《中庸》之中而濂溪在理论上将其发扬出来，因此说濂溪是《中庸》"诚"理论
的发展和完成。

唐君毅认为周濂溪的太极学说具有划时代意义。②首先，周敦颐超越了传
统太极学说，构造了太极这一哲学概念，并将其提升到了最高的哲学高度。唐
君毅认为周敦颐的太极学说"最低限度包含对万物的根源，欲兼以无与非无之
有，加以规定，而又欲通此二为一之新态度。此即已具一划时代意义矣"③。这
就是说周濂溪的太极学说，兼有无于一体，既分判无极和太极，又复合为一。
这种既分判又汇通的做法，实现了太极学说对此前形而上学的超越，成为一
个本根性的概念。其次，唐君毅认为周濂溪"以诚之义，规定太极之义，便
可确立太极为一涵具真实存在之形质及至善之形质者"④。这就是说唐君毅认为
周濂溪用《中庸》中"诚"的观念去规定太极，使得太极不仅具有宇宙论意
义还具有伦理意义。所以唐君毅认为"吾人复可以说濂溪在儒学史上之特殊
地位，即在其综合《易》与《中庸》之思想为一，或以中庸释易"⑤。以中庸释
易，统一中庸和思的思想，其意义就在于统一了"真"与"善"，实现了认识
和伦理的统一，由此既继承了传统儒学的特点又推进了儒学发展。

李泽厚援引王夫之的话说，"宋自周子出而始发明圣道之所由，一出于太
极阴阳人道生化之终始"，并认为这句话很好地点明了由宇宙观到伦理学的哲
学结构是周敦颐被尊为理学开山祖的道理所在。⑥李泽厚认可王夫之的说法，

---

① 张岱年：《中国哲学大纲》，江苏教育出版社，2005 年，第 262—263 页。
② 唐君毅：《中国哲学原论·导论篇》，中国社会科学出版社，2005 年，第 263 页。
③ 同上书，第 264 页。
④ 同上书，第 267 页。
⑤ 同上书，第 265 页。
⑥ 李泽厚：《中国古代思想史论》，生活·读书·新知三联书店，2017 年，第 210 页。

表明周敦颐的重要之处在于贯通了宇宙观和伦理学。周敦颐继承和发扬了儒家
入世的传统，对宇宙人生的理解最终必然落实到人类社会及其秩序中来。因
此，周敦颐的形而上学思想从根本上区别于道教和佛教的出世的传统，尽管在
形而上学方面，周敦颐吸收了二氏的资源，但本质上仍然是儒家的底色。

概括地说，周敦颐的思想架构实现了哲学上的存在论和道德论的统一，继
承和发扬了中国哲学中天人合一的传统。但他并非只是将两者连接在一起，而
是通过重构两者本身实现了两者的统一。综有无于一体，既分判又同一，构建
新的形而上学基础。周敦颐以《中庸》释《易》，以诚为核心统一天道与性命，
构建了从宇宙存在和生成到人类社会的存在和发展相统一的整全性学说。在这
一体系中，周敦颐弥补了儒学形而上学方面的薄弱之处，对宇宙本源问题提出
了具有儒学特色的解释。这也为中国传统的道德和社会秩序提供了人性论和宇
宙论的根据，使得更为具体的道德要求与理论根据统一成一个整全的体系，成
为后世儒学研究的经典范式。对此，朱熹在《隆兴学府濂溪先生祠记》中概括
得很好："盖尝谓先生之言，其高极乎无极太极之妙，而其实不离乎日用之间。
其幽探乎阴阳五行之赜，而其实不离乎仁义礼智刚柔善恶之际。……而其实则
不外乎《六经》《论语》《中庸》《大学》《七篇》之所传也。"这不仅可以看作朱
熹对周敦颐思想的概括，也可以看作朱熹对理学思想范式的概括。极高妙的形
而上学思想与日用而不知的人性和社会运行原则保持一致，将宇宙生成与儒家
道德规范统一起来，而其原则又在儒家传统经典之中。这一理论范式为后世许
多儒学流派所宗。

二、周敦颐理学思想的概念革新

哲学概念首先是一个词，按语言学家索绪尔所说，是能指。词的意义并不
是能指所确定的。一个词的指称和意思在历史发展过程中并不总是确定的。如

果根据原先既定的意思来理解现在的意思，无异于刻舟求剑。现代语言哲学基本上认可弗雷格、维特根斯坦等人的观点，语词的意义只有在语境中才能呈现出来，其意义通过对其的使用得到确定。周敦颐所使用的概念，就其能指而言，并不是新的语词，但其意义有了新的内容。周敦颐是穿旧鞋走新路，其对概念含义的创新，使得原有的哲学概念获得了新的生机。也正是这样的概念创新，既继承了传统又突破了传统，成为后来儒学的核心概念。其中最为重要的就是"无极而太极"和"诚"的概念。周敦颐就是依靠了"太极"和"诚"两个概念将宇宙、人性和社会统一起来形成了贯穿始终的庞大体系。

（一）"无极而太极"的概念革新

"无极"和"太极"的概念，以及《太极图》都不是周敦颐的原创。"无极"一词，不见于儒家经典，却在道教和佛教中经常出现。《老子》有"复归于无极"，《庄子》有"以游于无极之野"。这里的"无极"都是广大无限的意思。《道藏·宝玄经》有"一号自然，二号无极"，《道藏·灵宝自然经诀》有"太上无极大道，无上至真"等。与先秦相比，《道藏》的说法将"无极"与大道、自然相联系，虽然仍然有广大无边的意思，但其抽象程度有所提高。《肇论·通古十七篇》曰"物我元会，归于无极"，杜顺《华严经·法界观》曰"无极之真"。佛教经论所说的"无极"也包含有广大无限、极致的意思，不过更为重要的是佛教说无极更多地指向"涅槃寂静"的彼岸世界。很显然，他们与周敦颐所使用的无极概念不同。但更为重要的是周敦颐将"无极"提升到了最高哲学概念。即使在理学的诸位先驱中，周敦颐对无极的解释也大有不同。柳宗元、邵康节也都使用过"无极"一词。陈淳比较三者的不同，说："柳子、康节是以气言。周子则专以理言之耳。"（《北溪字义》"太极"条）陈淳的说法虽然未必是对的，但至少可以说明周敦颐之前的"无极"并不含有天理的意思，而周敦颐之后，无极就包含了天理的意思，虽然在周敦颐那里，无极不一定就等同于天理。也正因为如此，张岱年认为："无极一词作为范畴意义用，实始于周敦颐。"①

太极观念，最早可以追溯至先秦时期。《易·系辞上传》有"易有太极，是生两仪"，《庄子·大宗师》有"在太极之先而不为高"。秦汉时代，"太极"一词也频繁出现。《淮南子》说"引类于太极之上，而水火可立致者，阴阳同气相动也"，《汉书·律历志》说"太极元气，函三为一"，认为太极即是元气。郑玄对于太极的解释是"极中之道，淳和未分之气也"，以太极为原始的未分化的气。太极的观念，至少在汉代已经有了本体论意义。虽然《易传》有关于"太极"的论述，但是相对比较简单朴素。《庄子》论太极只是六极之一，魏晋玄学将太极解释为"有必生于无，故太极生两仪"，汉代纬书将太极解释为元气，孔颖达等人将太极解释为天、元气、正义等。要之，在周濂溪之前，对太极的看法比较朴素，都认为是"本原"，或"无称之称"，或"形质皆具，谓之太极"，尚未将太极超越为无有一体的哲学最高概念。而周敦颐更加深入具体地构造了太极的概念，区别于此前的太极学说。也正因为周敦颐的构造，使得太极获得了新的内涵，成为此后中国哲学的超越性哲学观念。

（二）"诚"的概念革新

先秦经典《大学》、《中庸》和《易》都涉及了"诚"的概念，孟子、荀子也都论述了"诚"。其中《大学》和《易》都只是略有涉及。《大学》讲"诚意"，《易》讲"存诚""立诚"，都是从道德教化的意义上说"诚"。《孟子·离娄上》说"诚者，天之道也；思诚，人之道也"，表明孟子超拔了"诚"的概

① 陈忠、罗龙炎主编：《周敦颐研究》，《九江师专学报增刊》1993 年，第 2 页。

念，使之具有了"道"的意义。不过，孟子学说的重点不是"诚"，故没有展开"诚"的学说。《荀子·不苟》也有对诚的论述，但荀子更多地还是从道德行动的角度，也就是后世所谓"工夫"的角度来论述。《中庸》则详细讨论了"诚"的概念。综合《中庸》的多处论述可以看出其意思的丰富。"诚"的本意是真实无妄。"诚"与善相关，与身相关，具有道德意义。"诚"表明诚是人自身的道德修养工夫。"诚身有道，不明于善，不诚于身矣。"（二十五章）诚包含对至善的明了，也包括了孜孜以求地修道。更为重要的是《中庸》曰"自诚明谓之性。自明诚谓之教。诚则明矣，明则诚矣。唯天下至诚，为能尽其性；能尽其性，则能尽人之性；能尽人之性，则能尽物之性；能尽物之性，则可以赞天地之化育；可以赞天地之化育，则可以与天地参矣"。"诚者，天之道也；诚之者，人之道也。夫诚、弗勉而中，不思而得，从容中道，圣人之所以定体也。诚之者，择善而固执之者也。""诚者，自成也；而道，自道也。诚者，物之终始，不诚无物。是故君子诚之为贵。诚者，非自成己而已也，所以成物也。"这些说法表明《中庸》将"诚"的概念与道联系在一起。可见，"诚"在《中庸》已经超越了"真实无妄"的本意，而具有形而上学意义和伦理意义，但《中庸》所说大多仍然是道德教诲，缺乏更进一步的概念构造，尤其是没有解释天之道与人之道如何统一的问题。汉学对此有所推进，但今文经学和谶纬之学将"诚"与神秘化的天人感应学说联系在一起。六朝以来，玄学和佛学在心性问题上表现强势，"诚"的理论并未得到很大发展。周敦颐则继承了先秦儒家对"诚"的理解，以"诚"为中心构建了儒家自己的心性学说，使"诚"这一概念既具有形而上学意义，又具有伦理基础的意义，还具有工夫论的意义。所以，在周敦颐的"诚"学说中，体用不二，天人合一，道德规范与道德动力兼备。新的"诚"理论以理性化的思考破除了汉儒以来的神秘主义，消除了玄学的或宿命论的解释。同时，以"诚"为核心的儒家心性学说建立了具有自身特色的人生观和人性观，成为对抗佛道思想的有力学说。

故而台湾学者陈荣捷说："《中庸》以后论诚之重要者当以《通书》为首。"① 周敦颐在《中庸》的基础上将《易》与《中庸》相结合，充实了"诚"的概念，更加具体地说明了诚者和诚之者的逻辑结构，完善了儒家"天人合一"的思想。就天道而言，周敦颐以"乾元"为诚之本源，"诚"也就有了天道的意义；以"乾道变化，各正性命"为"诚之立"，才有此说明"诚"是"性"的根源；以"元亨利贞"说明诚的过程，也就是"诚之"之道。就人道言，诚是圣人之本，百行之源。人之善在于执诚复性。这极大地突破了传统儒家哲学的范围，使"诚"的概念成为最高的道德概念，也是道德的根本所在。特别是周敦颐说"诚，五常之本"就超越了先秦儒学。因为五常之首是"仁"，"仁"本来是儒家道德哲学的核心概念。而在周敦颐，"仁"位于"诚"之下，"诚"才是"仁"之本。结合周敦颐将"诚"与乾卦结合起来的思路，"诚"的概念也就成为一切伦理道德的终极根据。这为整个儒家伦理体系提供了一个统一而稳固的形而上学支点。除此之外，周敦颐还将"诚"的概念与"无为"，"寂静"联系起来，从正面说明了诚的性质，创造性地充实了诚作为真实无妄的本意，使诚的概念具有了本体意义。也正因为如此，牟宗三认为周敦颐的诚不仅是对天道的阐释，更是等同于本体，故他称周敦颐的诚是实体，是诚体。周敦颐将诚从道德修养的词汇转化为第一哲学的概念。这极大地启发了后世儒学思想。二程和朱子顺着周敦颐的思想进一步解释和发展"诚"的理论。朱子更是直接点明，诚即太极，即实理自然。之后的学者，如胡宏、王阳明、刘宗周等，皆言"诚"，虽有所不同，但可以看出，他们都源于周敦颐"诚"的基础。

_____

① 陈荣捷：《宋明理学之概念与历史》，中研院文哲所，1996年，第69页。

三、周敦颐理学思想开创了新儒学的问题领域

《宋四子抄释》说："惟周子著书最少，而诸儒辩论，惟周子之书最多。"[①]周敦颐的思想后世争论多，一方面表明他的理论框架相对比较粗糙，未竟之处颇多，另一方面也表明他的思想开创了很大的生长空间。后世的争论因此也可以看作是周敦颐思想的展开和完成。从这个意义上，也说明周敦颐开创了后世儒学的问题领域，成为中国本土思想生生不息的一个重要源泉。

周敦颐之后争论最多的问题，恐怕非"无极而太极"莫属。从朱陆的数次来往，到今天的学者，都对此问题争论不休。这一争论的具体内容，学术史上已经讨论很多，在此不再赘述。不过，为什么后世对该问题如此执着，其本身到底具有什么样的思想意义？其实，就朱陆的争论看，表面上似乎是对概念含义的不同解释，实际上是对形而上学的理论形态存在不同理解。因此，这一争论的重要意义就在于如何理解中国本土形而上学的形态。太极的概念由来已久，周敦颐之前，太极学说的主要形态其实是宇宙论，而周敦颐的太极学说则是宇宙论和存在论的统一。从哲学本身的角度看，宇宙论是一种更加朴素的学说，主要解释和说明宇宙万物的生成。在周敦颐之前的太极学说往往将太极理解为"元气"，太极生两仪，两仪生五行，是宇宙生成过程的描述。但周敦颐对太极的理解超越这一形态，太极具有超验的意义，所以朱熹直接将太极定义为"理"。这显然表明周敦颐的太极学说具有存在论意义。存在论则更加注重事物存在的结构和逻辑，以及揭示事物的超验本体。今天有学者认为周敦颐的思想虽然超越了宇宙论，但仍然带有明显的生成论色彩，这是一个不纯粹的表现。或者，有学者认为周敦颐的太极学说包含有"二元论"的危险。其实，正是这种内在的张力使得周敦颐的思想充满了争议也充满了活力。

---

① 张立文：《宋明理学研究》，中国人民大学出版社，1985 年，第 172 页。

　　周敦颐关于"诚"的学说包含了对传统中国哲学中"性"的问题的发展。诚既是天之道又是人之道，诚也就是人之本性。由此开启了宋明新儒学的"人性论"。张载以气论性，程朱以理论性，胡宏以道论性，都是沿着周敦颐所开创的问题领域所展开的。其关键就在于周敦颐将人性与天道通过"诚"这个概念联系起来，将儒家的人性观找到了天道的基础。根据对天道的理解来规定人性的思路，成为此后儒学的主要研究领域之一。

　　周敦颐虽然没有直接提出"工夫论"，但其"主静立人极"、"无欲主一"的思想成为后世工夫论的发展的增长点。周敦颐提出"圣人定之以中正仁义，而主静立人极"，给出了修养工夫的标准和基本路径，又以"无欲主一"给出了修养工夫的具体实践路径。由此，周敦颐初步给出了工夫论的基本框架。在这一框架下，二程、朱熹进一步发展完善了工夫论。二程以"敬"取代周敦颐的"静"，固然有其理论上的合理之处，但一方面周敦颐"静"的意义更为宏阔，并非敬可以涵盖；另一方面"敬"与"静"之间的家族关系同样是明显。更为明显的是，二程主敬是建立在周敦颐"诚"的观念之上的。二程以诚为本体，以定性、复性为要，完全继承周敦颐的思想。吕思勉评论大程子《定性书》时认为"周子所谓静，大程所谓定，无二致也"①。虽然大程子的"定"和周敦颐的"静"并不一定完全一致，只要正确认识"静"的非经验意义，那么两者的共同性毋庸置疑。子程子虽然对周敦颐颇多批评，但是其主敬的工夫带有明显的周敦颐色彩。子程子以"闲邪"和"主一无适"来解释"敬"，可以清晰地在《通书》"慎动"、"圣学"诸篇中找到对应的明确论述。可见，程朱理学的修养工夫虽然最终以"主敬"取代了周子的"主静"，但周敦颐的开创性贡献仍然不可忽视。

---

① 吕思勉:《理学纲要》，东方出版社，2012 年，第 78 页。

除此之外，周敦颐的很多话语都被新儒学所继承和发扬，成为新的学术问题和探讨空间。台湾学者陈荣捷从概念史的角度提出周敦颐的意义在于开创了宋明理学的基本议题。性理关系、一本万殊、孔颜乐处、诚等等概念和议题的确立，为宋明理学甚至后世的儒学都开创了广大的理论空间。其中最明显的就是周敦颐对"理"、"性"等问题的探讨。《通书·理性命第二十二》曰："二气五行，化生万物。五殊二实，二本则一。是万为一，一实万分。万一各正，小大有定。"陈荣捷说周敦颐的"一多关系"论述"乃以后理学一本万殊之哲学根据"。[1]更为重要的是这一章标题是"理性命"。"理性命"的说法源自《中庸》"天命之谓性"、《易》"穷理尽性以致于命"等说法。而周敦颐直接将理性命合为一体，继承了儒学的传统又开创了新的理论生长点。后来所谓新儒学往往以"理性命"合言，成为新儒学的基本议题，故而新儒学也被称为"理学"、"性理之学"。

周敦颐不仅在理论上开创了新的议题，也从儒家人格塑造方面提出新的思路。陈荣捷指出"其以诚为圣人之本，为幾善恶，为动而变化；其以志伊尹之所志，学颜子之所学为希贤希圣；以文所以载道；皆以后思想之典范"。[2]程颢回忆早年周敦颐对他的教诲时说："昔受学于周茂叔，每令寻颜子仲尼乐处，所乐何事。"（《河南程氏遗书》卷二上）陈来指出周敦颐之后，"寻孔颜乐处成了宋明理学的重大课题。这表明，周敦颐提出的探求、了解颜回何以在贫困中保持快乐的问题对于二程及整个宋明理学确实产生了重大的影响"[3]。

四、周敦颐理学思想与形而上学理论

传统中国本土思想探讨形而上学问题时，一般采取宇宙生成论的角度。张

---

[1] 陈荣捷：《宋明理学之概念与历史》，中研院文哲所，1996 年，第 231 页。
[2] 同上。
[3] 陈来：《宋明理学》，读书·生活·新知三联书店，2011 年，第 49 页。

君劢认为，中国人的宇宙论有其独到之处。第一，宇宙创造基于变化观念。第二，构成宇宙的不是物，而是阴阳两种力量。第三，构成动植物和人类的要素，既是物质的，又是非物质的。第四，形而上和形而下二者乃同一宇宙的两面，不应分开。①

从某种意义上说，周敦颐的思想完美地体现了这些特征。但周敦颐之所以在形而上学方面做出了创造性发展，并不仅仅在于他继承和完善了传统宇宙生成论，更在于他突破了宇宙生成论。宇宙生成论偏重宇宙客观的生成过程，缺少的是本体论或存在论的视角。这也是中国本土思想在面临佛教挑战时所暴露出来的不足。因为本体论的不足导致人类意义世界的建构缺少合理的形而上学支持。中国本土思想素来重视道德教诲和社会秩序的构建，却在面对佛教时收拾不住人心，就在于对人性的探讨缺少形而上学深度。周敦颐在克服这一不足时，并不是抛弃传统的生成论另建本体论，而是凭借《易》的传统，从生成论中开出本体论意义。这就是说周敦颐开出了具有中国特色的本体论，一种"宇宙本体论"。这种"宇宙本体论"将生成论和本体论统一在一个框架之中。一方面，这导致了两者关系不清楚，另一方面却表现出中国哲学的独到之处，即大一统的思维模式。周敦颐从客观世界的生成流变中阐发这种生成的价值和意义，从而构建了一个完整的世界图景。这一图景上承生成论的传统，下开新儒学的生面。此后中国本土哲学以此图景为哲学思考的基本范式。

周敦颐的形而上学框架综有无于一体，构建新的形而上学基础。这突出地表现在周敦颐的《太极图》和《太极图说》之中。陈荣捷说《太极图说》是宋、元、明、清八百年理学之基石②，就是因为太极图说开创了理学的宇宙论和世界观。《太极图说》开篇便是："无极而太极。太极动而生阳，动极而

---

① 张君劢：《新儒家思想史》，中国人民大学出版社，2006 年，第 101 页。
② 陈荣捷：《宋明理学之概念与历史》，中研院文哲所，1996 年，第 154 页。

静，静而生阴，静极复动。一动一静，互为其根。分阴分阳，两仪立焉。阳变阴合而生水、火、木、金、土。"无极而太极，以及动静生阴阳的思想，其重大意义是"在本原问题上突破了以往的思维"①。"无极而太极"后世争论颇多，正表明了这一表述具有十分重要的理论意义和丰富的理论潜力。

"无极而太极"，朱熹以"无声无臭"解，固然是对的，但尚未究竟。《太极图说》后文又说"无极之真"，杨立华认为与"无极而太极"形成对应。② 那么，"无极而太极"绝非讲太极之空，恰恰相反，"无极而太极"说的是本真和本有。"无极而太极"表明了世界的本原"实有而非物，本无而不空"③。作为本根和本有，太极不是经验意义上的有，而是本体意义上的有。太极作为宇宙本源，不能等同于具体经验意义上的物。经验意义上的物是一种有限的存在者，因其有限性不可能成为世界的本源而生成万物。因此，从物的角度，或者有限的规定性的角度，太极本无，也就是说自在的太极没有规定性。但没有规定性的太极不能因为无物而被认为是空。相反，无物的太极的是本有和本真，是一切规定性的源头，是一切存有的真实源头。朱子说周敦颐的"无极而太极"是"不属有无，不落方体"，可谓真知灼见。无极非无，太极非有。我们不能以有无论太极，太极先于有无，综有无于一体。这一观念在本体论上确立了太极一元论。朱熹注解说得好："盖合而言之，万物统体，一太极也；分而言之，一物各具一太极也。"太极本身即是大全，是绝对。但这种太极一元论不是整体一元论，即太极不能简单地看作是一切存有的总和。太极自在地就是一切，至大无外，至小无内，二五、万物皆是一。从这个意义上，或可对比莱布尼茨的单子论，宇宙一单子，一叶亦是一单子。因为这种一元论的思维方

---

① 复旦大学哲学系中国哲学教研室编：《中国古代哲学史》，上海古籍出版社，2011 年，第 467 页。
② 杨立华：《宋明理学十五讲》，北京大学出版社，2015 年，第 46 页。
③ 复旦大学哲学系中国哲学教研室编：《中国古代哲学史》，上海古籍出版社，2011 年，第 467 页。

式，所以形而上与形而下在太极中并没有区分。并不是说太极是形而上者，而万物是形而下者。从根本上说万物在太极中，太极在万物中。

后世的争议在于将太极看作是理、是气、是心等，当然是因为周敦颐本人没有对太极做出明确定义。但是从周敦颐的太极一元论而言，太极即是理即是气。牟宗三说："在濂溪的体悟中，天道诚体亦是心，亦是神，亦是理。"[1] 张岱年也指出："在周子，实尚无理气之对立。"[2] 如果太极只是形而上学的理，那么我们就无法理解张君劢所说"宇宙创造基于变化的理解"这一特征。因为在中国哲学的话语中，动静是就气上说，而理是必然确定的。所谓变化，在哲学上也就是运动的意思。不理解周敦颐对运动变化的认识，我们就不可能真正理解他对于宇宙创生的理解，也无法真正抓住周敦颐思想的精髓。周敦颐特别重视"动静"问题，在其著作中多次阐述动静的概念。这里首先要区分周敦颐对于动静的不同描述。《太极图说》说"动极而静，静极而动"，《通书·诚下》第二说"静无而动有"，《动静》第十六又说"静而无静，动而无动"。一动一静，分阴分阳。这个动静是太极变易之道。太极阴阳说的是阴阳互根，对立统一。若太极纯粹同质，则无生生不已之道，也就是没有变易而生成万物的可能，更无圆融统一的可能。故周濂溪说"乾道变化，各正性命"，不是乾道，而是乾道变化方有各自性命。周濂溪之后，明道强调其"圆融"之义，朱子将其分解而言之，都是对的。合而不分，则万物不生不成，分而不合则失其根本。周濂溪的精要便在于抓住了动静的生成论意义，主张了一种类似"对立统一"的辩证关系。"静无而动有"，这里的静无可以对应"诚无为"，太极本体冲漠无朕之义也，即对应《太极图说》"无极而太极"之义。动有对应《太极图说》"太极动而生阳"之义。这里需要注意的就是"静无而动有"中之"动静"

---

[1] 牟宗三：《心体与性体》，上海古籍出版社，1999年，第304页。
[2] 张岱年：《中国哲学大纲》，江苏教育出版社，2005年，第52页注2。

不同于"动而无动，静而无静"中"动静"的意思。太极本体是静而无静、动而无动，静无动有是太极的显现。故太极本身从显现上看似乎只是静没有动，但实际上不过是无动之动、无静之静，其本身已经蕴含动静之神妙。太极无动并非不动，而是不动之动，没有动之显现而已。故太极本身的动静不是就气而言，乃是神。所以牟宗三才会说太极即理即神。太极即神方能妙万物。

如此既避免了形而上学中"有生于无"的理论困境，又避免了"离物谈真"的麻烦。"无中生有"的思想路径始终会面临无何以能生有的问题。而周敦颐的太极学说主张了世界本有，如果世界本有，那么就没有无中生有的问题。但是"有生于有"的麻烦在于，有必有所是，也就是有规定性，故本身不能生变。张君劢引黑格尔的存在论来关照周敦颐的宇宙论，认为"无极和太极之间没有真正的区别"[①]，只是在生成的过程中可以被看作是两个阶段。张君劢认为黑格尔在"有""无"之间加入一个"变"作为桥梁，由此来说明无极和太极之间的"而"。其实黑格尔是将有无变三者看作三位一体的，同样周敦颐也将有无看做一体。实有即本无，非物亦不空，故非物而能生物、能成物，此即太极之实体。套用黑格尔的说法，纯粹存在就是纯粹不存在，故而是变。无极而太极就是纯粹存在和纯粹不存在，故而能有变。可见，周敦颐太极学说既非"无中生有"，也非"有中生有"，而是"本有生有"。作为本有的太极蕴含着变的可能，这既意味着阴阳五行能够从太极中发生，也意味着规定性来源于太极的动静流变。

太极之变，即生成阴阳五行。阴阳五行而万物生生，才有可能谈真，即可以有判断。惟有所限定才有所判断，有所判断才有真假。所以周敦颐在"无极之真"后面立即跟上了"二五之精"。没有"二五之精"就没有"无极之真"，

---

① 张君劢：《新儒家思想史》，中国人民大学出版社，2006年，第100页。

太极不能生，则无判断。但是，只有分并不等于有了判断，而只是有了判断的可能性。在"无极之真"后面紧接着判断主体——人的出现。判断主体——人也是万物之一但得其秀而最灵，"五性感动而善恶分，万事出矣"。从万物到万事，是一个飞跃。"善恶分"是评价判断，而这一评价判断的根据仍然是源于太极变易之道。所以，周敦颐通过太极学说，肯定了世界本源的实有，也肯定了真的本源实有。这就表明了周敦颐作为本土哲学家对最高哲学问题——"存在与真理"的一般看法。

　　周敦颐的形而上学思想不但有一般哲学思考，也具有自身特色。从宇宙论的角度看，宇宙的创生是基于变化的观念。太极动而生阳，静而生阴，一阴一阳谓之道，阴与阳谓之器。绝对自身的变化而成就阴阳的区分，阴阳交互而生五行，二五之精而生万事万物。太极的"动"与"静"生"阳"与"阴"，两仪立而有分，故一动一静是道，动静所生的阴阳为器。这是中国哲学的特色，也是其独有的理论意义。在周敦颐的思想中，动静本身不是动力因，而是动力的表现，所以说一阴一阳谓之道，并非阴与阳是道。"动而无静，静而无动，物也。动而无动，静而无静，神也。……物则不通，神妙万物。"（《通书·动静第十六》）神非无亦非物，物则不通，也就是太极"实有而非物"的表现，神先于时空存在，同时也使得时间流转起来，生成在时间之中。故，神先于生成而使生成为可能。在这个意义上，神就是"无极而太极"之道。这也就确立了周敦颐生成论的基本框架。先有太极，太极本无极却是万有之根本，无极而神，乃有阴阳之道，阴阳之道乃有时空，时空之中乃有万物之生成和存有。当时，这一思想的重要意义在于它"试图为发源于先秦的儒家学说建立一个新的，足以与佛教思想相抗衡的宇宙论框架"[①]。因为佛教哲学主张宇宙本身即是

---

① 复旦大学哲学系中国哲学教研室编著:《中国古代哲学史》，上海古籍出版社，2011年，第469页。

不真的，是"假有"。而中国哲学传统一直主张世界本身的实在。周敦颐正是在这一理论挑战中，创造性地发展了《易》学思想，建立了一个更加坚实的儒学本体论基础，为克服佛教，甚至本土道教的"本无"哲学提供了新的理论路径。在今天，佛学的挑战已经不是主要的了，取而代之的是西方哲学的挑战。但西方哲学长久以来，特别是在黑格尔之前，很少有人从运动的角度来理解创生。周敦颐则是从太极的动静来理解宇宙的生成，动静为存有确立根据和起点，这极具形而上学意义。动静才有时间，而动静生阴阳，实际上就表明太极的动静是存有的母体和根据，是时空的本源。万有也就根据这一原则，也就是根据道而生成，而有起来。这种生成过程，不同于西方哲学的路径。它不是流溢，也不是分有，也不是实现，而是生成。"天以阳生万物，以阴成万物"（《通书·顺化第十一》）。这就表明，万物的生成不是一次性的，而是一个过程，也就是说万物的存有是动静阴阳的过程。"生"与"成"不是同一个阶段的两个东西，而是构成了一个过程。

五、周敦颐理学思想与伦理学理论

周敦颐虽然吸收了很多非儒家的思想资源，但并未失去其儒者的底色。作为一个儒家学者，其思想的最终目的仍然在于现实的社会和政治秩序。周敦颐的形而上学最终也是为其伦理学目标。周敦颐对社会秩序和政治秩序的探讨，类似于亚里士多德的"伦理学"，以道德伦理为基础建构社会和政治秩序。《太极图说》后半部分从太极过渡到人极，《通书》更是从一开始就进入了伦理的基础问题。通过周敦颐的思想，我们可以看到太极理论实际上为其伦理思想奠定了形而上学基础。从生成论的角度看，太极即诚，为道德行动提供了根源和动力；从本体论的角度看，太极为道德原则提供了标准和规范；从实践论的角度看，太极为道德行为提供了基本的过程模式。简言之，周敦颐伦理思想都可以在其形而上学中找到根据。

虽然历史上有人怀疑《太极图说》和《通书》的关系，但现代学者多数还是认为两者可以互证。《太极图说》言辞简约，唯参《通书》之言方能得其线索。这也表明了一种理论路径，《太极图说》和《通书》的互证，也表明两者在理论上是统一的，实际上也就预设了周濂溪的形而上学和伦理学是统一的。《通书》开篇就确定基调：

> 诚者，圣人之本。"大哉乾元，万物资始。"诚之源也。"乾道变化，各正性命。"诚斯立焉。纯粹至善者也。故曰：一阴一阳谓之道。继之者善，成之者性也。元亨，诚之通。利贞，诚之复。

在这里，我们可以看到，周濂溪所谓的"诚"不仅仅是道德伦理概念，而是具有本体论意义的理念。张君劢认为这里表明乾与诚性质相同，周濂溪既将诚这一概念运用到宇宙论上，又将之用到"圣"这个概念上。[1] 劳思光认为，"诚"有"本体义"及"工夫义"，故为具双重身份之词语。[2] 牟宗三更是主张太极即诚体。唐君毅说："图说之言太极动而生阳，静而生阴，亦即通书之由元亨而利贞。"[3] 陈来认为："诚不仅是人的本性，同时是最高的道德原则。"[4] 杨柱才认为太极和诚是同质、同体、同用的[5]，并套用海德格尔的手法发明了"诚 - 太极"这样的表达式。

"诚"这一概念自先秦儒学就已经存在，特别是在《中庸》一书中，"诚"体现了中国哲学"天人合一"的思想。但是《中庸》并没有说清楚为什么诚既具有天道的性质又具有伦理秩序的性质，两者为什么是统一的。"周敦颐通过

---

① 张君劢：《新儒家思想史》，中国人民大学出版社，2006 年，第 102 页。
② 劳思光：《新编中国哲学史》第三卷，广西师范大学出版社，2005 年，第 79 页。
③ 唐君毅：《中国哲学原论·导论篇》，中国社会科学出版社，2005 年，第 266 页。
④ 陈来：《宋明理学》，读书·生活·新知三联书店，2011 年，第 60 页。
⑤ 杨柱才：《道学宗主：周敦颐哲学思想研究》，人民出版社，2004 年，第 245 页。

他的一番论证，把人和宇宙重新贯通起来，从而使儒家核心思想与天道的一致性得到了确定。"①周敦颐突出了诚的本原意义，这是对诚这一概念的巨大推进。诚之源是"乾元"，乾元即太极，故"诚"本身也就获得了宇宙本体论的意义。因此张君劢认为"诚"作为一个具有本体论意义的伦理概念可以对比于柏拉图所谓的"善"的理念②，也就是"纯粹至善"。纯粹至善不是具体的善行、善观念，而是善的理念，是善的标准和极限。从这一意义上说，"诚"作为纯粹至善只能是太极本体。纯粹至善的意义与太极完全统一，即极限与标准的意思。而太极一元论又主张太极是大全绝对，除此之外不可能有其他绝对极限，所以诚与太极是统一的。所以，牟宗三说"实体之天道，即以诚代之亦无不可"③。通过"诚"这个概念，天道与人的伦理就统一起来了。《太极图说》曰："立天之道，曰阴与阳；立地之道，曰柔与刚；立人之道，曰仁与义。"《通书》则曰："天以阳生万物，以阴成万物。生，仁也，成，义也。"这就直接将太极生成的过程和立人极的过程对应起来。《图说》和《通书》中，太极与诚的统一充分体现了儒家"天人合一"的思想，也是周敦颐哲学的根本主题和重大贡献。

诚与太极的统一，实际上表明了世界的客观生成过程与意义价值的生成过程是统一的。人的道德规范、社会秩序源于天道，源于世界的本源——太极。对此，杨立华称之为"绝大的发明"④。这一思想挺立了儒家人文主义的世界观和价值观，正式确立了儒家"天人合一"的理论范式。"天人合一"思想最初是道家的思想，道家讲"天人合一"主张了人应该顺应自然。道家主张的

---

① 复旦大学哲学系中国哲学教研室编：《中国古代哲学史》，上海古籍出版社，2011年，第471—472页。
② 张君劢：《新儒家思想史》，中国人民大学出版社，2006年，第103页。
③ 牟宗三：《心体与性体》，上海古籍出版社，1999年，第277页。
④ 杨立华：《宋明理学十五讲》，北京大学出版社，2015年，第54页。

顺应自然与人类社会秩序的构架是相反的，也就是说道家主张抛弃人为的社会秩序，回归自然秩序。这实际上将人类秩序和自然秩序对立起来了。而周敦颐的"天人合一"思想则主张人类秩序的根源就是自然秩序，甚至暗示了人类秩序才是自然秩序的最高实现。由此，周敦颐在继承道家"天人合一"思想的同时，克服了道家反社会的倾向，为儒家积极入世的人生观奠定了基础。这一方面继承了天人合一思想，另一方面又超越了原有的天人合一思想，使得天人合一思想有了儒家自身的特色。

诚与太极的统一，也体现在道德价值和人生意义的生成过程中。"元亨利贞"是《易》中描述乾道的说法，在这里"元亨"即"诚之通"，对应"继之者善"；"利贞"即"诚之复"，对应"诚之者性"。这样一来，本身作为宇宙生成的乾之四德同时也就有了伦理意义。乾之四德是一个过程，人的伦理实践也是一个过程。太极生成的过程是"元亨利贞"，人的生成也是一样。但成人的过程有自身的特殊性，人不是直接地体现诚，而是感而通，复而成。乾即是元，始也，源也。根据《易·乾卦》，乾者，其义为健。周敦颐以乾元为诚之源，就取其"健"的意思。天道以健为自我创生，乾元本身就蕴含着生生的意义。宇宙是乾元自我运动生成的结果，而"天行健，君子以自强不息"，人之道也是自我生成的。虽然人是天生的，但是人的道德自我却是我们生成的。因此必然经历元亨利贞的过程，虽然元是天生的，但是从对天道的感悟而亨通，"通而有定向者利，利而终有成者贞"①。通过乾之四德，描述了道德人格自我创生的过程。乾元为诚之源，表明了道德人格自我成就过程的起点和动力来源，而"利贞，诚之复"又表明了这一道德人格自我产生过程的目的。这就构成一个道德人格生成的完美闭环。由乾元出发，最终又回到自身的本性。但是

---

① 牟宗三：《心体与性体》，上海古籍出版社，1999年，第279页。

这一回复的过程，并不是简单的循环，而是一个生成和完成的过程。如果只是停留在元亨，没有利贞，那就是有始无终，终将无所成。

但终不是结束，而是回复。《太极图说》曰："原始反终，故知生死之说。"元亨利贞即天道的回复。人道和天道是一致的，这种回复也就是人生的回复。原始反终的宇宙观，表明周敦颐对于世界的理解，也表明了他对道德人生的理解。原始反终不是循环，而是往复。所以终不是远离原初，而是回到本源。道德的意义是复性，也是人生的意义。太极是世界的本源，本源的意义就在于世界源于太极，又归复于太极。只有如此，太极才是本源。一方面，无极而太极，太极分阴阳，阴阳生五行；另一方面，五行一太极，阴阳一太极，太极本无极。如此就构成了周敦颐往复的宇宙观。就人而言，一方面，形神具备，五性感动而善恶分，万事出。另一方面，圣人主静立人极，"诚之复而性之真"。善恶万事都是从太极而来，但圣人定之以中正仁义，回复到太极的纯粹至善，也就是回复到人的本性。如此则构成了周敦颐往复的伦理观念。

这种往复的哲学观念也体现出周敦颐的人生观。死亡不是去到彼岸，也不是终结，而是回到原初。袁传志考察了历史上对"原始反终"的解释，认为"原始反终，故知生死之说"在历史上的基本内涵是生死观。"说从道的角度看，万事万物生成于太极复归于太极，始于道终于道，不存在绝对的死亡问题，都是生生之易。由此，生死的问题便可以看淡和超越。"① 这是一种不同于佛教的人生观。周敦颐并不追求对世界本身的超越，并不追求彼岸意义的超越。超越的意义在于回复。这一思想极具价值。周敦颐首先确立了世界的本源——太极，但并不认为太极是超越于世界之上的创造者。阴阳、五行和万物仍然是"一一太极"。所以太极不在万物之外，太极就是万物本身，只是万物

---

① 袁传志：《"原始反终"与周敦颐〈太极图〉建构的"复归逻辑"》，《延安大学学报（社会科学版）》2023 年第 5 期，第 31 页。

本身不等于万物。太极作为本源，万物终归于太极，人亦如是。人之死，就是重归于太极，也没有超越此岸世界。由此，周敦颐实际上确立了以太极为核心的此岸世界的唯一性。同时，周敦颐也确立了人所具有的内在超越性，只是这种超越性不同于佛教对六道轮回的超越，不是向着彼岸世界的超越，而是此岸意义上的超越。生死终究只是经验世界的事情，而回复与重生是具有超越性意义的。周敦颐实际上肯定了经验世界是可以被超越的，当人觉悟到世界的本源与整体时，人就已经超越了经验世界，向着超验的世界迈进。

这种超越性源于周敦颐的宇宙观，最终也落实到人的世界观。因为人可以超越经验世界而领悟世界的本源和整体，也就是"神发知"。故而，圣人可以主静立人极。主静立人极就是圣人对世界本源——太极的回复，正是对太极的回复，圣人能定中正仁义。中正仁义就是复性的标准，人们按这个标准行动就是回归本源。所以伦理道德从本质上就具有超越性意义。遵循人道，就是遵循天道，遵循天道就是对经验世界的超越，故而行正道必能明生死，并在价值世界的层面超越生死。进一步说，人为什么要遵守道德规范，过有道德价值的生活，归根到底是对生死，也就是人自身的有限性的超越，也就是对世界的经验层面的超越。周敦颐说"孔颜乐处"，颜子何以能安贫乐道？体悟其大而不执着于小罢了。因此，有道德意义的生活本身就是一种超越，一种有着绝对价值的生活。

诚与太极的统一，不仅仅对中国本土思想的发展有着重大贡献，对于今天仍然很有意义。与中国传统道家思想相反，近代以来西方思想的一个鲜明特征，就是将事实与意义两分，将意义世界的生产纯粹看作是人的主观或主体间性的产物。道家主张自然主义，人要顺应自然，而近代西方主张一种主体主义，将自然降低为人类的对象、工具。从培根主张充分利用自然为人类服务，到康德拷问自然的说法，颠倒了人和自然的关系，高扬了人的主体性。人类社会的规范和秩序因此并不来自自然，相反是人类自己的发明，是人类自己为自己立法。休谟认为事实推不出规范，也就表明了规范价值不来自客观世界。而周敦颐认为意义与价值并不是纯粹来自人自身的主体性，而是来自对天道的体悟。人之为人的要旨就在于通过对天道运行、万物生成的过程的感悟，去理解"万物生生而变化无穷"的道理，根据这个道理确立人生的意义与价值。人之所以有善恶是因为"五性感动"，也就是说善恶的区分并不完全是人的任意，而是人对客观世界的反映。同样，人之所以能去恶向善，也是因为对客观世界生成过程的能动反映。这就在一定程度上，就可以回应休谟问题。在周敦颐的思想中，道德不是人为自己所立的法，而是天道已经为人类立法，人不过是根据天道将道德法则显现出来，并践行天道。道德的终极意义就在于"与天地合德"。

六、周敦颐理学思想与政治哲学思想

内圣外王是儒家的追求。宋代的政治气氛又相对宽松，儒者们提倡与皇帝"共治天下"。周敦颐同样在这样的传统和气氛中，道德修养并不仅仅是自我修养，也是以自身修养化成天下。所以，对于周敦颐的实践哲学研究不能停留在其道德哲学中，而是要从道德哲学推及政治哲学。余英时就认为内圣必归宿于外王，是周敦颐的基本取向。[1] 周敦颐本人也的确探讨了大量政治哲学问题，涉及政治哲学诸多方面，否则朱熹就不会在《周子通书后记》中称赞周敦颐"经世之具……不为空言"。朱子以及当时的儒者对周敦颐的政治思想是敏感的，倒是今天对周敦颐政治哲学的研究比较少。但这并不代表周敦颐的政治思想不重要。

---

[1] 余英时：《宋明理学与政治文化》，广西师范大学出版社，2014 年，第 7 页。

周敦颐的政治哲学思想同其形而上学和伦理学思想是保持一致的，即主张天人合一，以天道为人道立法。所以，侯外庐主编的《宋明理学史》认为"周敦颐政治哲学的思想是'顺化'"①。《通书·顺化第十一》说："天以阳生万物，以阴成万物。生，仁也；成，义也。故圣人在上，以仁育万物，以义正万民。天道行而万物顺，圣德修而万民化。"人道顺应天道就是顺化。顺天道而化万民。政治秩序的建立在于以仁义为根本，仁义之人道即阴阳之天道。但是天道无言，现实的政治秩序并不是自然，而是人为的。人虽然最灵，但"五性感动而善恶分，万事出矣"，人有可能偏离天道的规范。所以天道的实现是需要中介的，这个中介就是"圣人"。《太极图说》中强调"圣人定之以中正仁义，主静而立人极"。仁义虽然源于天道，但并非直接由天道所成，是圣人之所定。所以《通书》说"天下之众，本在一人"，周敦颐所说的一人，并不是某一个人，就是"圣人"。天下之治为什么在圣人一人，牟宗三说这是就圣果而言。也就是说圣人之所以是圣人，不是因为他是谁，而在于他奉天道以化万民。凡识天道而力行之，则谓圣人。故圣人可以学，也可以成圣。圣人是先觉者，先觉觉后觉，就是师道，"师道立，则善人多。善人多，则朝廷正，而天下治矣"。圣人政教合一，圣人能修己身，能诚心复性，故能化万民，治天下。可见，周敦颐的政治哲学与其伦理哲学是保持一致的，以人的自我修养为基础去规制社会秩序。这里可以与亚里士多德形成有趣的对比，亚里士多德说政治秩序"不是出于自然，但也不反乎自然"。中西古人都意识到政治秩序不完全是自然而然的，必有人力在其中。但人力的作用不可以反乎自然。周敦颐对此更为严格，不仅不能反乎自然，而且必须顺乎自然。唯顺乎自然才能确立社会规范，实现天下之治。

---

① 侯外庐等主编：《宋明理学史》上册，人民出版社，1997年，第76页。

但这并不是说圣人完全是被动消极地接受天道。如果圣人只是接收器，那何以言圣？从天道经圣人的总结而成就人道，圣人是能动地反映了天道。圣人主静，以"诚"的态度体悟天道，然后"定之以中正仁义"。中正仁义的根据是天道，但中正仁义仍然是圣人"定"之。所以，"顺化"并非只是顺，也有化。圣人必然是顺势而动，有其自身的能动性。

但人道的根据和标准是天道，这就意味着圣人定中正仁义不是任意的，人极的根源不在于人本身，而在于天道。因此，天道是圣人的标准，也就构成圣人的基本限定。周敦颐的这一思想就一反汉学的"天人感应"学说，不再从灾异、上天警示等来约束统治者的行为，而是从义理、道德规范、价值观念来约束统治者的行为。从这个意义上说，周敦颐实际上发展了董仲舒"屈君而伸天"的思想，从粗糙朴素的自然约束转化为道德规范的约束。周敦颐所谓圣人主静、慎动、无欲，完全可以看作是对统治者说的。作为圣人务必恪守"诚"，"诚无为"，无为者，无伪也。何谓无伪？王安石说：知人而不知天则伪。圣人之本在诚，也就是主张圣人务必完全恪守天道不杂。圣人务必克己复礼，在政治上"慎动"不妄为，在个人修为上必须克制私欲。

所以，周敦颐对待"圣人"的态度务必从两个方面来看待。一方面，圣人体悟天道成为规范的确立者，所以圣人在此具有政治权威的意义。另一方面，圣人权威的合法性来源不是圣人本身，而是天道。因此，周敦颐的"圣人"从根本上不是"克里斯玛"式的。圣人之所以为圣人，不是因为他本人所具有的人格魅力，而是在于顺从天道。

周敦颐在政治哲学方面的贡献，不仅仅停留在政治理想上，对现实政治的关注同样也非常深刻。周敦颐一生中有很长时间从事基层政治工作，他绝非一个政治上的理想主义者。周敦颐意识到"天下"的情况是复杂的，有其"势"。《通书·势第二十七》说："天下，势而已矣。势，轻重也。极重不可反。识其

重而亟反之，可也。反之，力也。识不早，力不易也。力而不竞，天也；不识
不力，人也。天乎？人也，何尤！"天道自然，"日月合其明，四时合其序"，
但人之行动有可能不合时，不合序。由此，天下成其势。当人的行为不合天道
时，可以力反之。反即返，复也。人力之政治伦理功能就在返复天道。但因为
势重，也有可能不竞。不竞，那也没办法，人力总归有限。但人之要在"识"
在"力"，能够尽早地正确体悟天道和天下之势，就能返复天道，获得社会规
范和良好的社会秩序。反之则不然。故君子不怨天尤人，人也，何尤！可见在
政治哲学上，周敦颐一方面强调了天道的至高意义，但另一方面也表明了势的
作用。面对天下之势，可以人力反之。这也说明政治规范和政治秩序并不是自
然的产物，其中有人的主体性和力量。但天下之势过重，则人力不足以反之，
也说明人力面对势并不是无限的。所以，对于治理天下而言，不仅仅要主静体
悟天道，也要注意察觉现实情况。

　　面对天下之势，周敦颐一方面继承儒家治理观念，强调礼乐教化的重要
性，但另一方面并不忽略"刑"的重要性。《通书·刑第三十六》谓"圣人之
法天，以政养万民，肃之以刑。民之盛也，欲动情胜，利害相攻，不止则贼灭
无伦焉，故得刑以治"。这是直接论述邢政的，除此之外，《通书·顺化》其实
也涉及邢政。根据侯外庐等人的研究，"顺化"的思想来自《易·豫卦》。《豫
卦》曰："圣人以顺动，则刑罚清而民服。"《通书·刑第三十六》开头也是以春
秋生止之意为"政养万民，肃之以刑"奠定形而上学根据，也就是"顺化"思
想的体现。可见，周敦颐的"顺化"、"主静"并不只是理论上的讨论，也有现
实的考虑。在《通书》最后几章，周敦颐引用了《易经》中《讼卦》、《噬嗑》、
《大象》等，阐发了自己的邢政思想。首先，周敦颐认为刑罚是极其必要的，
在政治生活中不可或缺。天有春秋之道，秋为成，"不止则过"。周敦颐还引用
孔子作《春秋》的典故，意图说明中国传统"春秋决狱"的思想。这都说明周

敦颐非常重视刑狱，或许也与他本人长期从事该项工作有关。其次，周敦颐也说明了刑狱必要性的根据。根据其"性情"关系，人的本性来自"诚"，纯粹至善者，但人还有欲和情，"欲动情胜，利害相攻"。如果没有刑狱去制止，那么其结果就是"贼灭无伦"。再次，《通书》最后一章引《艮卦》，将"静"与"止"联系起来。周敦颐"主静"的思想一般被理解为体悟天道，持守本性。而在这里，其意义被解释为"止"。而"止"就是刑狱，所以周敦颐"静"的思想可能比以往所理解的更为宏阔。主静所谓的"立人极"不仅是提供道德标准，教化万民，也意味着以雷霆手段止乱，与前文论"势"相关。势重，则必以果决的姿态实行刑罚，一旦犹豫不决，则势大不可为。

第十三章　周敦颐理学思想的现代转换

传统优秀文化的现代性转化是一个宏大的议题。不过，在实现传统文化的现代转化之前，我们事实上默认了传统文化的普遍意义。这是一个理论预设。因其有普遍意义，所以可以在新的历史情境中获得意义，也可以在人类社会的其他地方获得自身的意义。新儒学思想的产生是一种地方性知识、时代性知识。简言之，周敦颐的思想是一种传统知识，从某种意义上与现代知识是不同的，但不能以此否定其普遍意义。首先，新儒学以及周敦颐的思想固然是一种地方性知识，但是将一切地方性知识仅仅看作是地方性的，这是粗陋的。严格来说，所有的知识就其产生而言，都具有地方性。但因此将一切知识看作是特殊的，不可普遍化的，那就会陷入相对主义的泥潭。其次，新儒学和周敦颐的思想固然是一种传统社会中诞生的知识，但因此将一切知识仅仅看作是历史性的，那同样是粗陋的。严格来说，所有的知识就其产生而言，都具有历史局限性。但知识产生的历史条件并不能说明这一知识没有超越本身历史局限的可能。那样就会陷入历史主义的泥潭。更为重要的是，这种历史主义事实上将传统知识与现代知识对立起来，将传统知识和现代知识都看作是一种特殊的知识。然而，在今天，很多学者已经意识到传统知识和现代知识之间的继承关系，反对割裂两者。实际上现代知识往往都是在传统知识的基础上发展而来的，并不是简单地抛弃传统才能拥抱现代。事情往往恰恰相反，正是通过深入自身过去的传统才能更好地面向未来，走向现代文明。再次，近代以来，西方中心论风靡一时。不少观点认为现代西方文明才是具有普遍意义的文明，其他文明在现代西方文明面前只有地方性和历史性价值。这实际上是将中西之别转化为古今之别，也必然阻碍中国传统优秀文化的现代转化，阻碍中国文化走向现代世界。相反，随着现代中国的崛起，认为中国传统文化是一种唯有中国人才能理解和领悟的高贵文化，不是其他民族所能理解和接受的，是一种狭隘的民族主义，无异于井底之蛙之见，既不利于中国文化的世界性传播，也不利于中国文化吸收世界优秀文化成果，更不利于中国传统文化的现代转化。

因此，我们必须首先正确认识中国传统文化现代性转化的预设前提。承认传统文化的地方性和历史性，但同时也确信地方性和历史性的文化并不一定与普遍性和现代化相对立，甚至不仅不是对立的，反而是统一的、延续的。众所周知，文艺复兴作为西方现代化的开篇，恰恰是通过返回到古希腊罗马的思想和艺术开创了西方现代化的新路径。所以反本和开新，从来不是对立的，而是统一的。当代的现代化理论早已超越了过去，从强调现代与传统的割裂走向强调现代与传统的延续。传统知识可以被普遍化，可以成为现代化的有利条件。通过现代化的过程，使得传统知识获得新的生命力；通过挖掘和转化传统知识，使得现代文明获得更加深厚的历史根基和更加广阔的未来空间。西方的现代化进程是反本开新，中国式现代化的进程同样是反本开新。习近平总书记指出中国特色社会主义的中国特色从哪里来，来自中华民族优秀传统文化。中华民族优秀传统文化是我们的"根脉"。儒学是中华民族历史上的思想主流，是优秀传统文化的代表，是我们民族精神的重要根基所在。因此，如果我们不能继承和发展这一优秀文化，就如同自断根基，没有这一根脉的延续中华民族伟大复兴的事业就无从谈起。

当然，我们也要认识到传统儒学是在农业社会的基础上建立起来的，对应着传统中国社会的制度、结构和思想。在今天，我们正在经历中国式现代化的进程，当代中国也正在进入工业化甚至是后工业化社会，社会制度、结构和思想背景与传统儒学有着很大不同。所以儒学的复兴必须实现创造性转化和创新性发展，否则就不能适应当下的世界。所以儒学的复兴并非只是整理国故，而是要"反本开新"①。周敦颐的思想不仅为我们提供了反本开新的本土资源，同时周敦颐本人的思想也是反本开新的典范。周敦颐本人广泛吸收佛、道思想，创造性地继承和发展的儒学，成为宋明时代新儒学的经典人物。

第一节　周敦颐在方法论上的现代化意义

习近平总书记指出："第二个结合"，是我们党对马克思主义中国化时代化历史经验的深刻总结，是对中华文明发展规律的深刻把握。②通过"两个结合"，一方面激活中华传统文明，另一方面充实马克思主义；通过两个结合，要造就一个有机统一的新的文化生命体。这就要求我们在推进中国式现代文化创新的道路上，一方面，将马克思主义同中华传统优秀文化进行有机融合，不是简单的嫁接和拼贴，而是通过"结合"创生出新的、现代的中华文化；另一方面，我们必须继承传统优秀文化和马克思主义，保证中华文化的传承和一致，不能因为现代化和所谓"创新"的要求割裂文化传统。所以如何推动"第二个结合"的路径就非常重要，既要保证我们传统文化的根脉不断绝，也要保

---

① 汤一介、李中华主编：《中国儒学史》（宋元卷），北京大学出版社，2011年，第1页。
② 习近平：《在文化传承发展座谈会上的讲话》，新华网，2023年6月2日。

证马克思主义的魂脉不消散。而周敦颐在开创理学思想时所使用的方法论就值得我们借鉴。正如张君劢评价新儒学时所说，"新儒学是佛教从印度传入中国以后所带来的许多产物之一。新儒学不是佛教和中国传统思想的混合，相反地，却是中国长时期在佛教的影响之下，宣布从佛教中独立出来"①。周濂溪作为新儒学的开创者，也是这一结合的典范之一。他一方面继承了正统儒家学说，从未丧失儒学本身的独立性，反而是强化了自身的独立性，另一方面他充分吸收了儒家以外的思想资源，以此来强化儒学本身。所以濂溪的学说体现了中国文化自身的独立性和包容性，并且通过这种融合，实现了儒学自身在历史上的刷新，并成为此后儒学的正统。

首先，周敦颐所开创的哲学思维框架，一方面继承了传统儒学的要旨，另一方面也利用了当时其他思想资源充实了儒学思想。在结合的背景下，周敦颐面临的情境与我们今天颇有相似之处，一方面我们援马克思主义入中国传统优秀文化，激活中国传统文化的生命；另一方面我们通过传统优秀文化充实马克思主义。而周敦颐包容宽厚的方法论，远远超越了清末以来"西学中源"、"西学东渐"和"中体西用"的路径，为两个结合和根魂结合提供了本土资源和文化深度。因为"第二个结合"和"根脉"、"魂脉"的叙事结构表明传统优秀文化和马克思主义之间的关系不是体用关系，而是要实现两者的有机融合，创生出新时代的中国特色社会主义文化。周敦颐同样不是从体用关系来理解儒学的伦理要求和形而上学基础的，而是将儒学原典中停留在人道，即伦理道德层面的心性论，用形而上学思想加以关照。这样一来，周敦颐就把握了所谓儒学的"千年不传之秘"：也就是通过引入儒学本身所不彰的形而上学思想，把儒学提升到了形而上学境界，从而构造了儒学的整全性理论体系，也就激活了传统儒

---

① 张君劢：《新儒家思想史》，中国人民大学出版社，2006年，第23页。

学的生命力。同时，周敦颐并没有违背传统儒学的基本伦理原则，反而使传统得到了新生和完整性。这种引入和融合既继承了传统儒学又发展了传统儒学，所以周敦颐的哲学框架成为此后儒学的基本架构，为后世所遵循。

其次，周敦颐所进行的融合和创新不是点对点的融合，而是整体框架的融合和重构。在其创新融合的过程中，我们往往容易从某些相互契合或类似的观点、论断中寻找相似之处，从而获得某些可以融通的原则。这当然是必要的，也是可行的。但是这种寻找相似之处的方法并不是真正的有机融合，因为某些观念、论断的相似并不能表明根本原则的一致，也不能表明其思想结构的一致。而周敦颐的理论方法则是借鉴各种思想资源深入挖掘传统儒学中隐而不显的根本建构原则，从而内在地实现了传统儒学的发展。周敦颐的方法所实现的是体系性的融合，是传统儒学体系的发展与创生。这一点，在今天，我们推进"第二个结合"时，显得格外重要。"第二个结合"的最终目标是创生新时代中国特色社会主义新文化，而不能仅仅停留在点对点的启发，而是需要整体性构造。

再次，周敦颐创新方法也值得我们学习。周敦颐的融合创新一反汉唐儒学局限于文辞训诂，主张复兴儒学的精神实质，重塑儒学的价值和意义。这种以复兴精神实质为主，不局限于具体论断；以时代需要为主，不以考据为业的方式，对我们今天实现中华民族优秀传统文化的创造性转化、创新性发展以及"两个结合"都具有非常宝贵的借鉴意义。中华民族传统优秀文化产生于农业社会，其很多说法与此有关。所以，为了适应当代工业社会乃至后工业社会的现实需要，必须经过创造性转化。在这个创造性继承的过程中，扬弃某些不合时宜的因素和说法是不可避免的。但更为重要的是从传统优秀文化的精神实质出发，从其所具有的普遍意义出发，从时代发展的趋势出发，从现实的需要出发，以马克思主义的魂脉重新激活传统优秀文化的内在价值和生命力，从而开创出新的文化空间。

周敦颐在其理论创新过程中所采取的方法论意义在今天仍然具有极大的借鉴意义，它可以为"第二个结合"提供方法论意义上的本土资源和文化深度。马克思主义作为一种普遍真理和人类现代化的一种指导思想，提供给中国传统文化以新的形而上学基础和整全性框架。基于马克思主义的整全性理论之上的中国传统文化，可以获得现代化思想这一新的魂脉，从而使得中国文化具有新的生命力，实现"根脉"和"魂脉"的有机融合，产生新体新用的新文化。

第二节 "天人合一"思想与中国式现代化

西方社会进入现代化以来，天人两分的趋势日益明显，主体主义思想成为近代西方思潮的主流。在主体主义思潮的影响下，西方的现代化进程出现了人文主义和科学主义的倾向，克服了中世纪以信仰为中心的意识形态。但与此同时，由于上帝之死，西方现代化面临着道德根据的丧失。道德的相对主义和虚无主义喧嚣尘上，西方现代化进程不可避免地陷入了物质主义和道德滑坡的泥潭。由于西方现代化高扬理性精神，天人之间的张力进一步扩大，将人和自然之间的关系看作是主体和客体的关系。实际上，这就将天看作物质自然意义上的天，因此将天看作是人的对象，乃至资源、材料和工具。自弗朗西斯·培根以来，西方人就强调人充分发挥自身的理智力量去开发自然、利用自然以满足人自身的欲求，最终形成了人与自然关系恶化的局面。

相较于西方的思想传统，中国传统优秀文化一直都有"天人合一"的传统。这一传统在周敦颐思想中同样非常突出。周敦颐的《太极图说》和《通书》两部著作，都体现了他对《易经》的高度重视。《易经》本身恰恰是一本天道与人道合一的经典。在周敦颐的思想中，天与人并不是对立的，而是统一的关系。朱熹说："天即人，人即天。人之始生，得于天也；既生此人，则天又在人矣。"①周敦颐虽然没有直接这么说，但是其思想是朱熹的先驱。周敦颐非常强调人道和天道的统一，同时也强调天道是由人道得到最充分和彻底的彰显。人道就不是自成一道，而是天道的实现。面对天道，周敦颐的思想并非典型的农业文明式的对自然的畏惧，而是主张"思"与"学"。这就表明周敦颐对于天道是抱一种可知论的态度，而不是盲目地崇拜，不是人类早期对自然力量的无知带来的恐惧，而是对天道的感悟和膺服。人能知天，也应该知天，在知天的条件下又充满了对天道的敬畏。这种敬畏产生"继之"的行动，人继承天道，践行天道。这既有认识论意义又有伦理意义。这种天人之间的辩证关系，既是周敦颐思想的基本品格，也成为宋明新儒学的基本思路。这一思路不仅为中国式现代化的生态文明思想提供了本土资源，也为中国式现代化的精神文明建设提供了思想资源。

自中国特色社会主义进入新时代以来，党和国家都非常重视生态文明建设。生态文明是建立在工业文明基础上又超越于工业文明的人类文明新形态。中国式现代化所强调的中国特色无不充分体现了生态文明的思想。而中国式现代化的中国特色有着深刻的历史渊源和文化根基，是中华民族优秀文化的创造性再生，充分展现了中国本土思想中"天人合一"的概念。生态文明本身是一个非常宽泛的概念，并不局限于人与自然环境的和谐共生，也体现在人与自身的和谐关系。周敦颐的思想就非常注重对"天人合一"的继承和发展，构造了较前人更为深刻和系统的天人关系理论。这一本土思想资源对中国式现代化建设，建构生态文明具有很深刻的启发意义。

在当今面临环境问题和生态危机的背景下，中国传统文化中"天人合一"

---

① ［宋］黎靖德辑：《朱子语类》，中华书局，1986年，第387页。

的思想强调人们应该重视环境保护，寻求可持续发展。周敦颐强调天人合一，主张人要顺应天道，去实现天道。天道本身"厥彰厥微"，自然本身并不会说话，孔子说"天何言哉"。生态文明中自然规律的显现需要人的理解才能显现出来，"弗灵弗莹"。一方面，人则是"最灵"者，能够感悟天道，能够理解自然。但另一方面，人的灵本来就是天命，是自然赋予了人最灵的部分。这种天命对人而言不仅是权利，也是责任。人按照天道自然行动，于人而言，是复性。复性不仅是对天道的彰显，也是人本身的自我实现。所以，根据周敦颐的"天人合一"思想，破坏自然、有违天道的行为也就是偏离了人之为人的本性，因而在道德上是有所亏欠的。可见，根据周敦颐的思想，建设生态文明不仅仅是出于功利主义的考虑，保护自然对人本身有利才保护自然。保护自然对于人而言，具有道德意义，保护自然本身就构成人的道德责任。因此，保护自然不仅仅是维护天道，也是维护人道。保护自然，与自然和谐共生，本质上是人类的义务，也是人追求自身完满的必要条件。

第三节　周敦颐伦理思想的现代意义

周敦颐哲学思想最重要的因素，也是儒家思想中的关键所在，就是天道与性命相贯通。周敦颐的最大贡献也在于将儒家的道德哲学建基于形而上学，由此构建了一个从形而上学到实践哲学的完整理论框架。而西方思想史，随着尼采宣告上帝之死，传统形而上学也随之瓦解。传统的形而上学宏大叙事转变为小写的形而上学。道德的基础不再是形而上学预设，或诉诸效用、或诉诸认可、或诉诸直觉，不一而足。在道德标准方面，功利主义、相对主义、主观主义、主体间性、历史主义等都宣告了绝对的道德标准不存在。从根本上说，都是休谟的回响，从事实无法推出规范，从存在本身无法推出道德。虽然普特南

等人提出事实与规范的边界是模糊的，但是同样也没有恢复统一的体系，同样
从根本上否认天道或绝对对道德的终极基础作用。所以，西方现代化进程中伴
随着传统道德规范的堕落。而中国式现代化则要求物质文明与精神文明相协
调，克服西方现代化在道德规范领域的不足之处。那么，从根本上说就必须克
服道德规范与形而上学的分离，重新融合两者的关系，为道德规范重新建立形
而上学基础，并以此获得道德规范的绝对性。

　　牟宗三和李泽厚都喜欢用康德来对比宋明理学。李泽厚说："（新儒学）在
实质意义上更接近康德。因为它的基本特征是，将伦理提高为本体，以重建人
的哲学。"① 为道德哲学建立绝对基础，也以道德哲学重建形而上学，这是康德
的理论主旨。牟宗三通过康德哲学重新发现理学的道德哲学意义，试图构建道
德的形而上学，完成康德的形而上学理想。康德试图从实践哲学的路径重构形
而上学，摒弃传统形而上学从认识论角度构建形而上学的路径。牟宗三认为康
德式道德的形而上学之所以在西方没有成功，关键在于康德式道德的形而上学
最终走向了神学的道德哲学。上帝之死最终必将瓦解康德式形而上学，但未必
能瓦解理学思想中道德的形而上学路径。因为理学思想并未预设形而上学的神
学，而是从自然和社会本身构想天道。

　　周敦颐以《中庸》解《易》，一方面构建了道德实践的形而上学基础，实
现了为天地立心，并没有像康德那样以"我们应该做什么"和"我们可以希望
什么"来确立道德哲学的形而上学基础。天道是自然和社会之"极"，而不是
外在超越的存在。另一方面，形而上学意义必"依践仁知天之圆教而理解"②，
人的理解和行为就是根据太极之道而来，但人的行为和理解不是直接对太极和
天道的反应，而是根据人的理解而来。人的理解和行为是对天道的实现，牟宗

---

① 李泽厚：《中国古代思想史论》，生活·读书·新知三联书店，2017 年，第 208 页。
② 牟宗三：《心体与性体》，上海古籍出版社，1999 年，第 276 页。

三所谓"理不空言，道不虚悬，必以德性人格实现之"①。所以，周敦颐所谓的天道与人道的统一，太极和人极的统一，不是简单的一致，而是说人极是太极的实现，人道是天道的在场。如此，周敦颐的路径就可以克服康德哲学中二元论的趋向，实现人道与天道的一致。进一步，我们可以沿着周敦颐开创的路径，重构道德的形而上学。根据太极和天道确立道德的形而上学基础，同时更加强调人的道德理解和道德实践对天道的实现。这样一来，我们的道德就获得了规范的来源，克服了现代西方思潮中规范来源虚弱、模糊的缺陷。我们的道德是具有确定性的，天道保证了这种确定性。

沿着周敦颐的路径，我们还可以克服康德式德性和幸福的两分。天人合一，践行天道、人极，我们就可以获得幸福。德性之路就是幸福之路。武内义雄认为"把宇宙现象看作太极之生成的周子，认为人之道德仁义不外是生成之作用。……周子相信了顺宇宙生成调和之理，即是人间道德"②。周敦颐的理论之所以能够克服德性与幸福的两分，就在于他以《易》的思路贯穿形而上学与道德哲学。吉凶的根本在于顺化，也就是根据天道的行为就是吉，反之为凶。而根据天道的行动也就是"诚之者"，也就是合乎德性的行为。那么为什么两者是统一的？朱子说：太极之道，"天地、日月、四时、鬼神有所不能违矣"。这就意味着人极、人之道本质上就是继承太极之道，而太极唯一，保证了人的德行也必然和幸福保持一致。人遵循德性的行动也就是合乎天地日月四时鬼神之道的行动。而合乎天地日月四时鬼神之道的行为，焉能不吉？故周子引《易传》曰："君子修之吉，小人悖之凶。"

自近代以来，伦理学和政治哲学中，权利的概念得到了彰显。特别是近代以来的自由主义思想强调权利是伦理的基础概念，由此导致了现代西方社会道

---

① 牟宗三：《心体与性体》，上海古籍出版社，1999年，第276页。
② ［日］武内义雄，汪馥泉译：《中国思想史》，崇文书局，2023年。

德责任感的沦丧。更进一步，在政治哲学和政治秩序方面，现代西方人逐渐丧失了公民美德和公民精神，政治和社会责任感不足，导致了现代西方社会和政治方面的诸多问题。虽然近些年来，社群主义、共和主义思潮的兴起，开始反思这种权利哲学，但其现实效果并不理想。究其根源，现代西方思潮已经放弃了绝对责任的理论取向，大概只有列维纳斯除外。而周敦颐的伦理思想中，我们可以看到一种完全不同于西方权利哲学的伦理思想，一种基于绝对责任感的伦理思想。在周敦颐的思想中，人道与天道是统一的，但不是对称的。人顺应天道才是行人道。圣人定"中正仁义"并不是出于圣人的主观想象，而是对天道的感悟，所谓"圣希天"。所以天人关系固然是合一的，但是两者是非对称的伦理关系。人的本性就是天命。这种天命就在于人"得其秀而最灵"。人的天命不同于其他事物，天道将自身最为精华的部分赋予了人。所以，一方面，人的灵使得人能够感悟天道，这是人的权利；另一方面，人的天命也是人的义务，人之为人也必须去"复性"。人之为人的规定性来自天道和天命，那么人的价值和意义本质上来自天道和天命。所以，周敦颐的伦理思想强调了一种绝对的责任伦理，确立了天道的绝对性和优先性。因此，周敦颐是责任本位，而不是西方的权利本位。从根本上说不同于西方的人类中心论，有力地遏制了人类的自大。人生的意义在于践行天道，获得自身的意义和价值。但同时，天道的绝对性是道德意义上的绝对性，并不是决定论意义上的绝对性。这就是说天道的绝对性并不是宿命，否则就没有道德。人的主体性并没有被天道消除。正因为人有自身的主体性，所以才能感悟天道、回应天道、践行天道。践行天道也就是人的自我实现，这种自我实现也是一种道德责任。

图书在版编目(CIP)数据

周敦颐理学思想研究 / 邹宏如著. -- 上海 ：上海
三联书店，2025.5. --（周敦颐理学研究丛书）.
ISBN 978-7-5426-8892-7

Ⅰ．B244.25

中国国家版本馆 CIP 数据核字第 2025WK5384 号

周敦颐理学思想研究

著　　者 / 邹宏如

责任编辑 / 李天伟
装帧设计 / 徐　徐
监　制 / 姚　军
责任校对 / 王凌霄

出版发行 / 上海三联书店

　　　　　(200041)中国上海市静安区威海路 755 号 30 楼
邮　　箱 / sdxsanlian@sina.com
联系电话 / 编辑部：021－22895517
　　　　　发行部：021－22895559
印　　刷 / 上海巅辉印刷厂有限公司

版　　次 / 2025 年 5 月第 1 版
印　　次 / 2025 年 5 月第 1 次印刷
开　　本 / 710 mm×1000 mm　1/16
字　　数 / 320 千字
印　　张 / 25.25
书　　号 / ISBN 978－7－5426－8892－7/B·957
定　　价 / 128.00 元

敬启读者，如发现本书有印装质量问题，请与印刷厂联系 021－56152633